CUCKOO
SANDBOX

쿠쿠 샌드박스 구축과 확장 + 운영 팁

CUCKOO SANDBOX

쿡쿠 샌드박스 구축과 확장 + 운영 팁

최우석 지음

¡!¡
에이콘

| 지은이 소개 |

최우석(hakawati@naver.com)

㈜한국정보보호교육센터에서 정보보안 교육을 이수하고, ㈜트
라이큐브랩에 입사해 정보보안 업계에 처음 발을 내딛었다. ㈜
트라이큐브랩에서는 악성코드 유포를 분석하고, 악성코드 분
석과 관련있는 다양한 오픈소스를 테스트해 분석 서버의 기능
을 강화 그리고 정보 수집 및 분석하는 연구 조직에서 일을 했
다. 현재 처음 공부를 했던 ㈜한국정보보호교육센터로 다시 돌
아와 연구소에서 다양한 정보보안 관련 연구를 주 업무로 하고
있다.

㈜트라이큐브랩에서 공격자의 악성코드 유포를 분석하거나 다양한 악성코드 분석
과 관련있는 오픈소스를 다루는 과정에서 많은 공부를 했고, 이를 공유하고자 www.
hakawati.co.kr 도메인의 블로그를 운영하기 시작했다. 이직할 때쯤 보안프로젝트와
의 인연으로 『칼리 리눅스와 백트랙을 활용한 모의 해킹』(에이콘, 2014), 『파이썬 오
픈소스 도구를 활용한 악성코드 분석』(에이콘, 2015)을 공저하게 됐고, 글쓰기의 희
노애락을 알게 돼 『DBD 공격과 자바스크립트 난독화로 배우는 해킹의 기술』(한빛미
디어, 2016)을 단독 집필했다.

최근에는 여러 분야의 정보보안이 매우 밀접한 관계가 있다는 것을 알게 돼 분야를
넓히기 위해 고민하고 있다. 그 일환으로 성균관대학원 법대 과학수사학과 3기로 진
학, 노명선 교수님의 지도하에 법과 디지털 포렌식을 공부하고 있다.

| 차례 |

지은이 소개 5

들어가며   **15**

이 책의 내용 18

이 책의 표현 방법 19

이 책을 읽기 전에 20

이 책이 필요한 독자 20

1편   쿠쿠 샌드박스 개요 및 인프라 구성

1장   쿠쿠 샌드박스 개요   **25**

제 1절 악성코드와 악성코드 분석 25

제 2절 인텔리전스와 악성코드 29

바이러스토탈 32

urlscan.io 33

Malwr.com 34

ThreatMiner.org 36

말테고 37

제 3절 오픈소스와 라이선스 39

제 4절 샌드박스와 하이퍼바이저 44

2장   VM웨어 워크스테이션 설치 및 가상머신 생성   49

제 1절 가상화 기술 확인 및 설정 49

제 2절 VM웨어 워크스테이션 다운로드 및 설치 54

제 3절 VM웨어 워크스테이션 설정 59

　　　사설 네트워크 IP 대역 설정 59

　　　가상머신 저장 위치 설정 62

제 4절 가상머신 생성 63

3장   운영체제 설치   75

제 1절 우분투 16.04 LTS AMD64 Desktop 설치 및 설정 75

제 2절 우분투 데스크톱 네트워크 설정 83

제 3절 우분투 업데이트 비활성화 89

제 4절 우분투 데스크톱 VMware tools 설치 93

2편 쿠쿠 샌드박스 기본 구축 및 운영

4장   쿠쿠 샌드박스 코어 설치   99

제 1절 기본 구성 패키지 및 C 라이브러리 설치 99

제 2절 쿠쿠 샌드박스 코어 설치 104

제 3절 샌드박스 구성 111

　　　가상머신 다운로드 및 가져오기 112

　　　샌드박스 구성 116

제 4절 데이터베이스 구성 145

스케줄링 데이터베이스 구성 146

웹 서비스 데이터베이스 구성 149

제 5절 **기본 운영을 위한 쿠쿠 샌드박스 설정** 153

cuckoo.conf 설정 154

virtualbox.conf 설정 156

reporting.conf 설정 157

제 6절 **쿠쿠 샌드박스 엔진 및 웹 서비스 실행** 158

5장   쿠쿠 샌드박스 기본 운영   **167**

제 1절 **웹 서비스 운영의 이해** 167

제 2절 **악성코드 수집 방법** 171

제 3절 **악성코드 분석 요청 방식** 178

좌측 제어 창 179

가운데 제어 창 186

우측 제어 창 188

제 4절 **악성코드 분석 요청에 따른 상태 변화** 190

6장   악성코드 분석 결과   **193**

제 1절 **요약 정보** 193

파일 영역 193

점수 영역 198

동작 정보 영역 200

제 2절 **정적 분석 정보** 204

정적 분석 206

문자열 217

안티바이러스 218

IRMA 220

제 3절 흔적 추출 정보 223

제 4절 행위 분석 정보 225

제 5절 네트워크 분석 정보 230

    호스트 231

    DNS 232

    TCP 235

    UDP 235

    HTTP(S) 236

    ICMP 238

    IRC 238

    수리카타와 스노트 239

제 6절 드롭 파일 정보 239

제 7절 드롭 버퍼 정보 240

제 8절 프로세스 메모리 정보 242

제 9절 비교 분석 정보 243

제 10절 분석 결과 다운로드 244

제 11절 기타 기능 246

    재 분석 246

    옵션 246

    피드백 247

    사이드바 잠금 247

7장 쿠쿠 샌드박스 응용 운영   **249**

제 1절 쿠쿠 코어의 기능 249

제 2절 Nginx, uWSGI 서버 구축 252

제 3절 쿠쿠 웹 서비스 운영을 위한 web 256

Nginx와 uWSGI를 이용한 WEB 서버 운영 257

제 4절 편리한 원격 제어를 위한 api 261

　　Nginx와 uWSGI를 이용한 API 서버 운영 262

　　분석 요청 관련 쿠쿠 API 266

　　분석 결과 관련 쿠쿠 API 272

　　운영 관련 쿠쿠 API 288

제 5절 분석 데이터 초기화를 위한 clean 294

제 6절 쿠쿠 확장을 위한 community 294

제 7절 설정 초기화를 위한 init 297

제 8절 샌드박스 설정 제어를 위한 machine 298

　　가상머신 복제 298

　　두 번째 샌드박스 설정 303

　　새로운 샌드박스 등록 및 운영 306

제 9절 보고서 처리를 위한 process 307

　　악성코드 분석과 보고서 생성 프로세스 분리 309

제 10절 터미널에서 악성코드 분석 요청을 위한 submit 313

제 11절 분산처리 시스템을 위한 distributed 316

제 12절 네트워크 라우팅을 위한 rooter 316

3편 쿠쿠 샌드박스 확장 운영

8장　supervisor를 이용한 쿠쿠 샌드박스 서비스 관리 구성　　321

9장　일래스틱서치 데이터베이스를 활용한 검색 기능 확장　　327

제 1절 일래스틱서치 설치 328

제 2절 일래스틱서치와 쿠쿠 샌드박스 연동 331

10장 볼라틸리티를 이용한 메모리 분석   **335**

제 1절 볼라틸리티 설치 336

제 2절 볼라틸리티와 쿠쿠 샌드박스 연동 337

제 3절 쿠쿠 샌드박스의 메모리 분석 340

제 4절 베이스라인 분석 345

11장 스노트를 이용한 네트워크 패턴 탐지   **349**

제 1절 스노트 설치 350

제 2절 스노트와 쿠쿠 샌드박스 연동 354

12장 수리카타를 이용한 네트워크 패턴 탐지   **357**

제 1절 수리카타 설치 358

제 2절 수리카타와 쿠쿠 샌드박스 연동 361

13장 몰록을 이용한 네트워크 포렌식   **363**

제 1절 몰록 설치 364

제 2절 몰록과 쿠쿠 샌드박스 연동 371

14장 위협 정보 공유 플랫폼 MISP와 연동   **375**

제 1절 MISP 구축 376

제 2절 MISP와 쿠쿠 샌드박스 연동 390

15장 야라를 이용한 정적 패턴 제작   **397**

제 1절 야라 패턴 제작 398

16장 파이썬 프로그래밍을 이용한 쿠쿠 샌드박스의 동적 패턴 제작   **403**

17장 네트워크 라우팅 구축   **409**

제 1절 기본 라우팅 410

제 2절 inetsim 설치 및 쿠쿠 샌드박스 연동 415

    inetsim 설치 및 설정 415

    inetsim과 쿠쿠 샌드박스 연동 420

제 3절 토르 설치 및 쿠쿠 샌드박스 연동 424

    토르 설치 426

    토르와 쿠쿠 샌드박스 연동 428

제 4절 VPN 설치 및 쿠쿠 샌드박스 연동 432

4편 악성코드 분석 유형 확장 및 쿠쿠 샌드박스 운영 팁

18장 응용프로그램 추가를 통한 확장   **435**

제 1절 파이어폭스를 이용한 URL 분석 437

제 2절 JAR 파일 분석 442

제 3절 PDF 파일 분석 448

제 4절 기타 문서형 악성코드 구축 팁 454

제 5절 플래시 플레이어 설치 454

19장 쿠쿠 샌드박스 운영 팁   **455**

제 1절 우분투 운영체제의 데몬 관리 455

제 2절 쿠쿠 데몬 관리 456

제 3절 NginX와 uWSGI 운영에서 대용량 파일 처리 문제 458

제 4절 분석 결과 대용량 데이터 처리 459

제 5절 일래스틱서치 필드 한계치 설정 460

제 6절 쿠쿠 샌드박스 업그레이드 461

마무리하며 464

찾아보기 465

Cuckoo Sandbox

들어가며

쿡쿠 샌드박스^{Cuckoo Sandbox}는 악성코드를 자동으로 분석하는 오픈소스 도구다. 사용하는 방법도 간편하다. 쿡쿠 샌드박스에서 제공하는 웹 서비스에 접속해 분석할 악성코드 샘플을 전달하면 자동으로 분석한다.

2010년, 공격자가 해킹할 수 있도록 고의적으로 환경을 취약하게 구성하고, 이 환경에서 발생하는 공격 형태를 분석하는 프로젝트인 허니팟^{HoneyPot}에서 쿡쿠는 시작했다. 첫 도구는 2011년 1월에 공개했고, 새내기 개발자를 지원하는 구글의 SoC^{Summer of Code} 멘토링 프로그램에 참가해 지속적으로 발전할 수 있는 기반을 마련했다.

허니팟과 SoC 멘토링 프로그램을 통해 쿡쿠 샌드박스 발전 기반을 구축했다. 시대적으로 악성코드 분석가보다 악성코드 수가 더 많아졌기에 자동화 분석의 필요성이 있었고, 이런 상황에서 누구나 사용할 수 있는 오픈소스로 공개된 쿡쿠 샌드박스는 분석가들의 이목을 끌 수밖에 없었다. 현재 쿠쿠 개발자는 오픈소스 생태계를 적극적으로 활용하고, 세계 각지에서 모여드는 피드백을 적극 수용해 점점 나은 형태로 발전하고 있다.

지속적인 발전을 하는 쿠쿠 샌드박스 팀은 2014년 네덜란드에서 비영리 재단으로 법인을 등록하고, 활동에 필요한 비용을 기부 받는 형태로 운영한다. 비영리 재단으로 등록한 것은 꾸준히 오픈소스로 운영해 사회의 발전에 기여하겠다는 의지로 보여진다.

필자는 2012년 당시 사용 가능했던 최신 버전인 0.3부터 사용하기 시작해 버전이 변경될 때마다 꾸준히 테스트해왔다. 당시 버전을 구축하고 테스트할 때 사회 초년생이었기에 실력이 없어 매우 고생했다. 0.3 버전의 웹 서비스는 단순하게 HTML, 자바스크립트[JavaScript], CSS를 읽어 단편적인 정보만을 제공했기에 상세한 정보를 확인하려면 커맨드 명령을 이용하는 것이 더 편리했다.

옛 쿠쿠 샌드박스 웹 서비스

2.0 버전부터 대용량 데이터를 처리할 수 있는 데이터베이스를 사용할 수 있으며, 사용자가 사용하기 편리한 웹 서비스를 제공한다. 단순히 클릭 몇 번만으로 누구든지 쉽게 악성코드 분석을 요청할 수 있으며, 웹 서비스이기에 인터넷만 연결할 수 있으면 악성코드 분석을 요청하고 분석 결과를 확인할 수 있다.

최신 쿠쿠 샌드박스 웹 서비스

필자는 이 오픈소스 프로젝트의 생태계에 관심이 많은 한 명의 연구가로서 오픈소스 개발자들이 구성한 많은 기능을 직접 구현하고 테스트한다. 제대로 구현되지 않은 기능을 개발자에게 제보하는 방식으로 도구의 발전에 기여하려 노력한다. 이 책을 읽는 정보보안 전문가와 이를 목표로 하는 꿈나무와 함께 새로운 기능을 구현하고 공유해 함께 사회 발전에 기여하는 것도 좋은 길이라고 생각한다. 누구나 참여할 수 있는 오픈소스이기에 가질 수 있는 목표가 아닌가 싶다.

이 책의 내용

- 쿠쿠 샌드박스에는 많은 공격과 방어 개념과 자동화를 분석하기 위해 다양한 IT 기술이 사용된다. '제 1편 쿠쿠 샌드박스 개요 및 인프라 구성'에서는 쿠쿠 샌드박스와 그 주변 상태계에 대해 이야기한다. 쿠쿠 샌드박스를 구축하기 위해 하이퍼바이저와 운영체제를 설치한다.

- '제 2편 쿠쿠 샌드박스 기본 구축 및 운영'에서는 기본으로 구축한 윈도우 운영체제에서 악성코드를 분석할 수 있는 기초적인 수준의 쿠쿠 샌드박스를 이야기한다. 악성코드를 수집하는 방법과 수집한 악성코드를 쿠쿠 샌드박스에 분석 요청하고, 분석이 끝난 후 볼 수 있는 분석 결과 정보를 함께 살펴본다.

- 쿠쿠 샌드박스는 다양한 또 다른 오픈소스 도구를 적극 활용해 기능을 확장할 수 있다. '제 3편 쿠쿠 샌드박스 확장 운영'에서 다양한 도구를 구축하고 쿠쿠 샌드박스와 연동한다.

- 쿠쿠 샌드박스는 윈도우에서 기본으로 실행되는 악성코드뿐만 아니라 다른 유형의 악성코드를 분석할 수 있다. 이러한 구성은 응용프로그램을 샌드박스에 설치해 해당 응용프로그램으로 실행되는 악성코드를 분석하도록 확장할 필요가 있는데, 이 방법에 관한 내용을 '제 4편 악성코드 분석 유형 확장'에서 다룬다.

이 책의 표현 방법

이 책에서 명령 코드나 소스코드는 다음과 같이 표현한다. 이 내용을 이해하고 책을 보면 좀 더 이해하기 쉽고, 구축 실습을 하는데 많은 도움이 될 것이다. 다음은 첫 번째 예시로, hakawati@Cuckoo-Core:~$는 현재 로그인된 사용자 계정(hakawati)과 명령을 입력하는 서버(Cuckoo-Core), 디렉터리 경로(~)를 한번에 살펴볼 수 있다. 직접 입력할 부분은 진한 색으로 표현한다.

코드 1 예시 1

```
hakawati@Cuckoo-Core:~$ sudo apt update
```

다음과 같이 파일 내용을 작성하거나 수정할 때 볼 수 있는 예시로 45행, 46행은 변동 사항이 없어 수정할 필요가 없으므로 회색으로 표현한다. 앞서 언급한 것과 같이 수정할 부분은 검은색으로 표현한다. 다시 말해, 50행의 hosts 옵션에 192.168.0.200:9200을 직접 입력해 수정한다는 의미다. ...snip... 은 내용 생략을 의미한다.

코드 2 예시 2

```
hakawati@Cuckoo-Core:~$ vim $cwd/conf/reporting.conf
                        ...snip...
45      [elasticsearch]
46      enabled = yes
                        ...snip...
50      hosts = 192.168.0.200:9200
```

이 책에서 설정과 관련있는 대부분의 내용은 리눅스는 터미널에서, 윈도우는 명령 프롬프트에서 명령으로 설정한다. 명령을 입력할 경우 잘 입력됐는지 비교할 지표가 있으면 도움이 될 수 있다. 다음과 같이 curl 명령을 입력하면 출력되는 결과를 확인할 수 있다. 명령 입력과 출력 사이는 점선으로 구분한다.

코드 3 예시 3

```
hakawati@Cuckoo-Core:~$ curl -X PUT 192.168.0.200:9200/_template/cuckoo_
                       template -T $cwd/elasticsearch/template.json
 % Total     % Received % Xferd  Average Speed   Time    Time     Time  Current
                                 Dload  Upload   Total   Spent    Left  Speed
100  3843  100    21  100  3822    338  61535 --:--:-- --:--:-- --:--:-- 62655
{"acknowledged":true}
```

이 책을 읽기 전에

사용자가 입력해야 할 명령이 매우 많을 수 있다. 터미널의 자동완성 기능과 같이 운영체제에서 제공하는 다양한 기능을 활용하는 것이 좋다. 이 책을 읽기 전에 공부하면 좋은 주제는 다음과 같다.

- 운영체제 활용 능력
- 파이썬 언어의 기초적 이해
- 가상머신 활용 능력
- 악성코드에 관한 기초적 이해

위 내용을 꼭 이해한 후에 이 책을 읽을 필요는 없다. 다만, 어렵게 느껴지더라도 차근히 이해하면서 공부하면 쉽게 따라올 수 있을 것이다.

이 책의 대상 독자

쿠쿠 샌드박스를 이해하고 다양한 악성코드 분석 방법의 흐름에 대한 지식을 알고 싶은 독자에게 이 책이 필요할 수 있다. 필자 주변 지인들 중에 쿠쿠 샌드박스를 업무적으로 활용하는 분들이 있다. 종합적으로 다음과 같은 독자에게 이 책을 추천한다.

- 정보보안을 공부하고 싶은 독자
- 정보보안 관제 업무를 수행하는 독자
- 정보보안 침해사고대응을 수행하는 독자
- 정보보안 인텔리전스 분야를 연구하는 독자
- 악성코드 분석 업무를 수행하는 독자
- 기업 보안을 담당하는 독자

Cuckoo Sandbox

1편

쿠쿠 샌드박스 개요 및 인프라 구성

제 1편, 쿠쿠 샌드박스 개요 및 인프라 구성에서는 쿠쿠 샌드박스를 다루기에 앞서 이해하면 좋을 다양한 요소와 사전에 구축해야 할 환경 설정을 진행한다.

Cuckoo Sandbox

쿠쿠 샌드박스 개요

쿠쿠 샌드박스는 악성코드 분석 도구이며, 오픈소스다. 악성코드를 분석하려면 격리된 환경이 필요한데 이를 샌드박스라 부르며, 샌드박스를 구축하는데 있어 가장 유용한 기술로 평가받는 것이 가상화 기술이다. 이러한 요소들은 쿠쿠 샌드박스를 다루기 앞서 한번쯤 다뤄보면 좋은 주제이기에 제1장에서 살펴본다.

제 1절 악성코드와 악성코드 분석

필자가 정의하는 악성코드는 정확한 용어로 악성 소프트웨어[Malware - Malicious Software]로 사용자가 컴퓨터를 이용하는 데 있어 의도하지 않은 기능에 의해 불편, 피해를 초래하는 소프트웨어다. 소프트웨어로 정의할 수 있는 요소로는 컴퓨터가 구동된 상태에서 동작할 수 있는 프로그램, 코드 등을 의미한다.

1988년 11월 2일 로버트 태판 모리스[Robert Tappan Morris]가 전 세계에 연결된 호스트의 개수를 파악해 인터넷의 크기를 알아내고 싶은 호기심이 생겼다. 호기심을 해소하기 위해 밤새 프로그램을 제작했고, 완성됐다고 생각한 그는 네트워크를 연결하고 프로그램을 실행했다. 결과는 네트워크에 연결된 전 세계 시스템의 10%를 파괴했다. 이 프로그램을 모리스 웜[Morris Worm]이라 부른다. 미 정부 책임 사무소[U.S. Government

Accountability Office에서 이 사고의 피해액을 산출했는데, 약 10만에서 100만 달러 정도의 손실을 입혔다고 발표했다. 당연히 그는 유죄판결을 받았고, 3년의 집행 유예, 400시간의 사회 봉사 그리고 그를 감시 감독하는 데 필요한 10,050달러의 벌금을 선고 받았다.

이 이야기가 시사하는 것은 비록 호기심과 같은 순수한 의도임에도 불구하고, 시스템이 파괴되고 누군가가 불편이나 피해를 받았다면, 이는 법적 처벌을 받을 수 있다는 점이다. 악성코드는 프로그램이나 코드를 제작한 제작자의 목적이 중요하지 않다. 결과론적으로 소프트웨어를 이용해 사용자나 사용자가 사용하는 시스템에 피해를 입히는 모든 것이 악성코드로 분류될 수 있다.

만약 정상적인 목적으로 만들어진 프로그램이 시스템에 피해를 주는 것이 아닌 불편함을 가져다 주거나 사용자가 원하지 않은 동작으로 물질적인 피해가 아닌 심리적인 피해를 입힌다면 악성코드로 분류할 수 있을까? 충분히 가능하다. 대표적인 사례로 사용자가 컴퓨터를 켰는데 광고로 인해 다른 프로그램을 실행할 수 없는 경우가 있다. 이 프로그램은 애드웨어Adware라는 악성코드로 분류한다. 다른 경우로, 컴퓨터 시스템에 어떠한 피해를 입히지 않고 사용자를 깜짝 놀라게 하거나 장난치는 악성코드도 존재하는데 이는 조크Joke라는 악성코드로 분류한다. 그림 1-1은 조크 악성코드가 사용자를 조롱하는 장면이다.

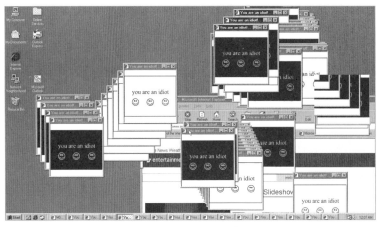

그림 1-1 조크 악성코드(출처: http://y2u.be/LSgk7ctw1HY)

현재의 컴퓨터는 물리적인 시스템과 여기서 구동되는 운영체제, 사용자가 목적에 따라 사용하는 응용프로그램 등 다양한 요소가 상호 유기적으로 동작한다. 악성코드도 다양한 플랫폼에 따라 다양한 모습으로 변모한다. PHP와 같이 웹 서버에서 사용하는 언어로 작성한 백도어Backdoor 악성코드인 웹셸Webshell, 데이터베이스에서 민감한 데이터를 추출하는 SQL 인젝션SQL Injection 코드, 브라우저에서 악성코드를 유포하기 위해 실행되는 자바스크립트, 메모리에 공격자가 원하는 명령을 주입해 시스템을 장악하기 위해 찾아낸 취약성Vulnerability, 찾아낸 취약성을 통해 공격자가 원하는 명령을 수행하도록 작성한 셸코드Shellcode, 컴퓨터 시스템을 감시하고 제어할 수 있는 RATRemote Access Trojan, 게임 시스템을 변조해 게임 개발자가 의도하지 않은 형태의 동작을 수행하는 게임 핵Game Hack 등 악성코드는 플랫폼에 따라 다양한 모습을 가진다. 어떤 모습을 가졌든 결론적으로 사용자에게 피해를 입히는 프로그램과 코드 모두 악성코드로 분류한다.

이처럼 분석할 대상과 이해할 시스템, 플랫폼이 너무 많으므로 분석가는 모든 유형의 악성코드를 분석할 역량을 가진다는 것은 매우 어려운 일이다. 평생을 공부해도 부족할 수 있다. 하지만 어떠한 악성코드를 만나더라도 분석하는 방법론이 크게 다르지 않다. 악성코드를 분석하는 방법에는 악성코드 분석 시 실행 유무로 분류하는 정적 분석과 동적 분석이 있으며, 악성코드에 대응하는 방법을 기준으로 분류하는 초동 분석과 상세 분석이 있다.

정적 분석은 파일 구조 분석, 문자열 추출, 패킹Packing 유무 확인, 코드 분석, 해싱Hashing, 디컴파일Decompile, 디스어셈블Disassemble 등 분석할 악성코드를 실행하지 않고 분석하는 방법이다. 사전 준비가 잘 돼 있다면, 빠르게 분석할 수 있고 정보 수집도 동적 분석에 비해 쉽다는 것이 장점이다. 단점으로는 악성코드의 상세한 기능을 확인하기 어렵다.

동적 분석은 네트워크 연결 정보, 프로세스 실행 정보, 레지스트리 변경 정보, 파일 시스템 변경 정보, 디버깅을 통한 세부 기능 파악 등 악성코드를 안전한 환경에서 실행해 분석하는 방법이다. 시스템이나 운영체제에 끼치는 영향을 찾아내고 해석하는 작업이므로 이들의 상호 관계를 사전에 이해해야 하며 정적 분석에 비해 많은 영역을 공부할 필요가 있다. 또한 악성코드가 아닌 정상적인 운영체제 운영 정보와 정상적인 응용프로그램 행위 정보를 함께 분석해야 하므로 정적 분석에 비해 정보 수집이 어렵다.

그림 1-2는 실행 관점인 정적 분석과 동적 분석을 대응 관점인 초동 분석과 상세 분석 관점에 맞게 분류했다. 좀 더 이해하기 쉽게 대표적으로 사용하는 분석 기술을 간단하게 추가했다. 그림 1-2에 표현한 기술은 윈도우 악성코드를 분석할 때 기준으로 제작한 흐름이지만, 다른 운영체제에서 분석 기술만 바뀔뿐 방법론이 달라지지 않는다.

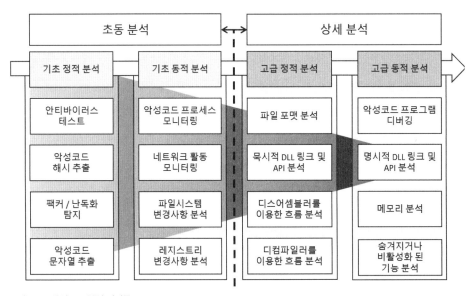

그림 1-2 악성코드 분석 방법론

초동 분석은 정적 분석 기술과 동적 분석 기술 중 일부를 이용해 빠르게 악성코드를 분석하고 찾아낸 정보를 토대로 사고 대응 및 정보를 공유하기 위한 방법이다. 악성코드의 정체성을 나타내는 해시, 악성코드를 제어하거나 명령할 수 있도록 통신하는 C&C^{Command and Control} 서버의 IP와 도메인, 감염된 후 변경되는 운영체제 요소를 파악할 수 있다.

상세 분석은 초동 분석을 하는 과정에서 찾을 수 없는 숨겨진 기능을 파악하거나 악성코드 고유 시그니처를 제작하기 위해 깊이 있게 분석할 필요가 있을 때 사용하는 방법이다. 주로 정적 분석에 해당하는 디스어셈블과 디컴파일을 이용한 흐름분석 그리고 동적 분석에 해당하는 응용프로그램 디버깅 기술을 사용한다.

자동화 분석은 초동 분석을 모두 수행할 수 있으며, 일부 상세 분석까지 진행할 수 있다. 하지만 악성코드 프로그램 디버깅과 같이 사람의 관여가 필요한 경우는 아직 자동화하기 힘든 부분이 한계라고 할 수 있다. 매년 발견되는 악성코드가 1억 개가 넘는다. 이 중 초동 분석만으로 문제를 해결할 수 있는 악성코드의 비중이 높아진다면 당연히 자동화 분석 시스템의 필요성을 체감할 수 있다.

제 2절 인텔리전스와 악성코드

인텔리전스^{Intelligence}는 지능을 의미하는 단어지만, 정보보안에서는 첩보라는 의미를 가진다. 첩보에 중요한 요소는 방대한 데이터의 양이다. 방대한 데이터에서 중요한 정보를 추출하고, 정보에서 지식을, 다시 지식에서 지혜를 발견할 수 있다. 이러한 개념을 DIKW^{Data, Information, Knowledge, Wisdom} 피라미드 또는 지식 피라미드라고 부른다.

이 개념을 악성코드 분야에 적용하면, 먼저 악성코드가 동작하는 환경에서 수집할 수 있는 모든 종류의 데이터를 수집한다. 다음으로 수집한 데이터에서 악성코드의 악의적인 행위만을 선별한다. 이러한 정보를 축적해 유사 악성코드나 유사 공격 방법을 사용하는 악성코드를 분류하면서 새로운 지식을 발견한다. 발견한 지식이 모이면 어떤 공격 집단인지, 위협이 발생하진 않았지만 기존 공격 사례로부터 어떤 대응 전략을 구성해 위협으로부터 예방할 수 있는 지혜를 얻을 수 있다. 악성코드에서 추출한 정보만 이용하는 것보다 인프라, 타기업, 타국가의 정보까지 영역을 확장하면 엄청난 지혜를 만들 수 있다.

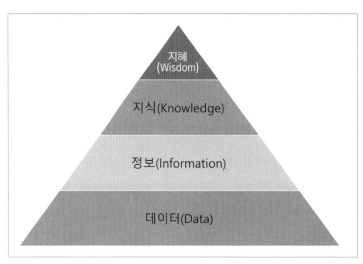

그림 1-3 DIKW 피라미드

지혜의 단계까지 도달하는 과정에 근간이 되는 방대한 데이터를 분석하는 과정은 매우 중요하므로 상당히 힘든 일이 될 수 있다. 파이어아이 업체의 연구가는 다음과 같이 발표했다.

가장 아래에 있는 해시^Hash^는 특정 정보의 고유한 값을 의미하며, IP 주소, 도메인 이름, 네트워크나 호스트 흔적 정보^Host Artifact^ 그리고 공격자가 사용한 도구 순으로 정보 수집 난이도가 상승한다. 가장 높은 위치에 있는 TTPs는 공격자의 전술^Tatics^, 기법 ^Techniques^ 그리고 절차^Procedures^를 의미하는 축약어로 이 단계는 하위 단계의 데이터를 꾸준히 수집한 후 취합하고 정리해 공격자를 파악하는 데 사용된다. 그리고 이 단계는 매우 어려운 단계임을 알려준다.

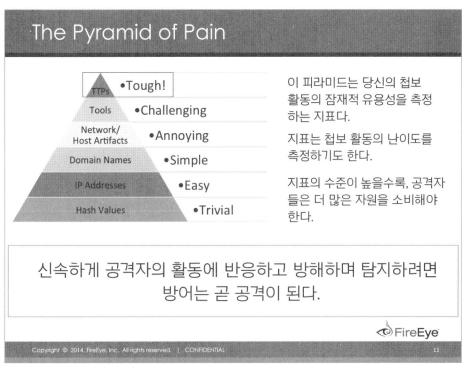

그림 1-4 The Pyramid of Pain(출처 – http://rvasec.com/slides/2014/Bianco_Pyramid%20of%20Pain.pdf)

정보보안 인텔리전스를 서비스하는 기업은 고객이 지불하는 비용의 크기에 따라 지혜에 가까운 정보를 제공한다. 큰 비용을 지불할 수 없는 개인 연구가나 기업은 직접 데이터를 수집해야 할지도 모른다. 이런 부담감을 줄이기 위해 직접 첩보활동을 할 때 사용하는 무료 데이터를 공개출처정보^{OSINT - Open Source INTelligence}라 부른다.

쿠쿠 샌드박스는 악성코드를 분석하는 과정에 수집할 수 있는 데이터가 상당히 많고 다른 데이터와 취합될 수 있으므로 OSINT의 한 도구로 분류된다. 추가적으로 악성코드와 관련있는 OSINT를 소개한다. 소개하는 서비스 중 일부는 비용을 지불하면 더욱 다양한 기능을 가진 인텔리전스 서비스를 사용할 수 있다.

바이러스토탈

바이러스토탈은 백신을 제작하는 전 세계 수많은 기업에서 악성코드 탐지 엔진을 제공받아 운영하는 온라인 서비스다. 사용자는 바이러스토탈 사이트에 방문하고, 의심스러운 파일을 업로드해 전 세계 백신사의 악성코드 탐지 결과를 통해 악성코드인지 아닌지를 인지할 수 있게 도와준다.

단순히 백신이 악성코드를 탐지하는지 확인하는 것은 모든 사용자에게 무료로 제공되며, 제공하는 API 기능을 통해 자동화할 수 있다. 한 달 최소 600유로를 지불해 유료로 사용하면 인텔리전스 모드 또는 사설 모드^{Private Mode}를 할당받는데, 사설 모드에서는 유사 악성코드, 타 악성코드와의 연관성, 악성코드 샘플 수집 및 다운로드 등 다양한 기능을 이용할 수 있다. 흥미로운 점은 바이러스토탈에서 악성코드 동적 분석을 제공하기 위해 사용하는 도구가 쿠쿠 샌드박스다. 그림 1-5는 바이러스토탈에서 제공하는 행위 분석에 대한 내용으로 설명 첫 줄에 쿠쿠 샌드박스를 이용하고 있음을 명시한다.

그림 1-5 바이러스토탈의 행위 분석 서비스

urlscan.io

urlscan.io는 도메인을 분석하는 서비스다. 이 온라인 서비스를 이용하면 사용자가 해당 사이트를 직접 방문하지 않아도 방문했을 때 보여지는 화면을 수집하고, 어떤 국가에서 해당 도메인으로 서버를 운영하는지, 연결된 다른 도메인이 있는지, IP와 프로토콜 그리고 사용하는 서버 애플리케이션을 조사한다. 조사한 데이터를 다양한 플랫폼에서 활용하기 좋은 JSON 구조체 형태로 제공하며, 실시간으로 연동할 수 있도록 API도 제공한다. 아쉬운 점은 단 한번도 분석하지 않은 도메인과 연동된 서버가 오프라인일 경우 분석할 수 없다는 것이다. 이러한 문제는 사용자의 분석 요청이 많아질수록 해결할 수 있을 것으로 보여진다.

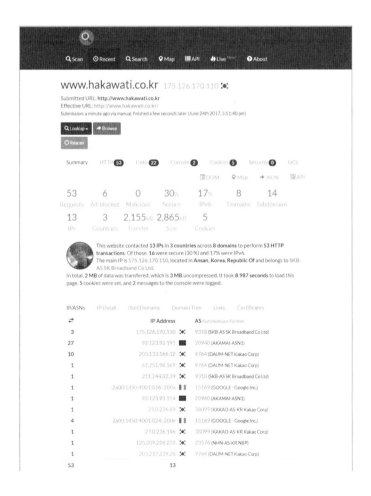

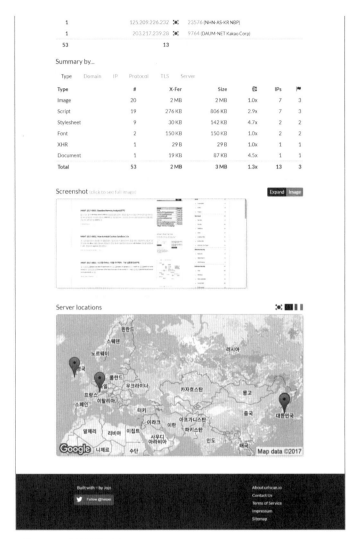

Type	#	X-Fer	Size	🌐	IPs	⚑
Image	20	2 MB	2 MB	1.0x	7	3
Script	19	276 KB	806 KB	2.9x	7	3
Stylesheet	9	30 KB	142 KB	4.7x	2	2
Font	2	150 KB	150 KB	1.0x	2	2
XHR	1	29 B	29 B	1.0x	1	1
Document	1	19 KB	87 KB	4.5x	1	1
Total	53	2 MB	3 MB	1.3x	13	3

그림 1-6 도메인 분석 서비스

Malwr.com

Malwr.com은 쿠쿠 샌드박스를 제작한 쿠쿠 재단이 운영하는 서비스다. 이 온라인 서비스를 이용하면 쿠쿠 샌드박스를 공개적으로 이용할 수 있다. 이 서비스는 악성코드 공유 허가 유무를 분석가의 요청에 따라 설정할 수 있어 공유가 허가됐다면 간단한 회원가입으로 악성코드 샘플을 수집할 수 있다. 만약 분석 요청자가 샘플 공유를 허가하지 않았더라도, 다른 분석가가 동일한 샘플을 공유 허가하는 형태로 요청했을 수 있어 수집하고 싶은 악성코드의 해시를 알아냈다면 이 서비스에서 검색해볼 것을 추천한다. 이 사이트의 단점은 운영하는 쿠쿠 샌드박스의 버전이 1.0 또는 1.2 버전으로 추정되므로 2.0 버전보다 적은 분석 정보를 제공하며, 서버의 운영이 불안정해 서비스가 자주 중단된다.

그림 1-7 쿠쿠 샌드박스 온라인 서비스

2018년 5월 최신 버전으로 서비스를 다시 운영하기 위해 업그레이드를 진행하고 있다.

그림 1-8 새로운 Malwar 메인 페이지

ThreatMiner.org

ThreatMiner는 오픈소스 도구를 적극 활용해 인텔리전스를 운영하는 서비스다. 특히 침해사고대응이라는 정보보안 분야에서 정보 공유를 위해 생성하는 침해지표인 IoC[Indicator of Compromise]를 활용해 위협적인 악성코드, 도메인, 호스트, 이메일 등의 정보를 공유한다. 직접 분석한 데이터를 제공하기보단 다른 OSINT 서비스를 연동해 한 단계 가공된 정보를 제공한다. 특색 있는 요소로 전 세계 다양한 정보보안 업체에서 공개한 지능형 지속 공격[APT - Advanced, Persistant, Threat] 보고서와 보고서 안의 글을 파싱하고 분석해 특별한 IoC를 제공한다.

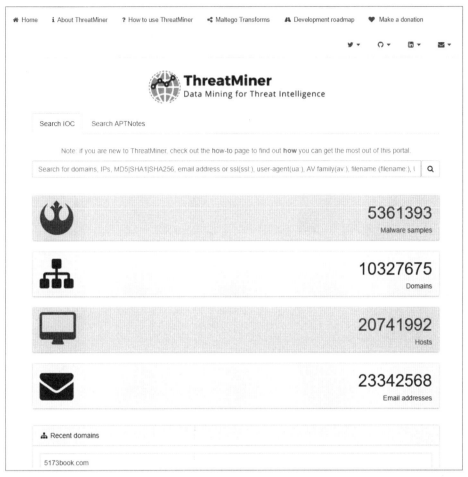

그림 1-9 ThreatMiner 서비스

말테고

오랫동안 주요 OSINT로 자리잡은 말테고^{Maltego}는 침투테스트에 특화된 운영체제인 칼리 리눅스에 기본으로 설치돼 있다. 물론 윈도우, 리눅스 등 다른 운영체제에 직접 설치해 사용할 수 있다. 이 도구를 이용하면 네트워크 구성을 스캔해 다양한 정보를 수집한다. 공격자가 공격 대상의 인프라 정보를 수집할 때 자주 사용하는 것으로도 알려져 있으며, 일부 분석가는 말테고가 제공하는 깔끔하고 통일된 아이콘으로 공격 흐름을 도식화할 때 사용한다.

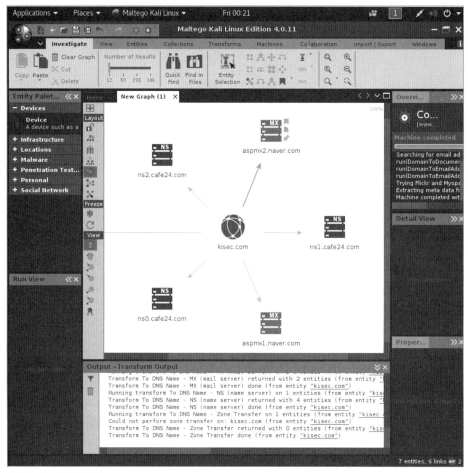

그림 1-10 말테고 서비스

그 외 다양한 서비스를 소개한다. 기능적인 측면에서 중복되는 부분이 많으므로 비교 분석해 본인에게 맞는 서비스를 이용할 것을 추천한다.

- 호스트, IP, 도메인 분석 서비스
  - ipvoid.com

- whois.domaintools.com
- iplists.firehol.org
- 악성코드 정보 공유 서비스
  - www.hybrid-analysis.com
  - www.joesecurity.org
  - malware-traffic-analysis.net
- 오픈소스 도구
  - www.misp-project.org
  - github.com/cve-search/cve-search
  - github.com/Neo23x0/Loki
  - github.com/certtools/intelmq
  - thehive-project.org
  - github.com/cloudtracer/ThreatPinchLookup
  - www.viper.li
  - github.com/ANSSI-FR/polichombr
- 위협 정보 공유 서비스
  - threatcrowd.org
  - passivetotal.org
  - www.alienvault.com/open-threat-exchange
  - virusshare.com

제 3절 오픈소스와 라이선스

오픈소스란 이름에서 알 수 있듯이 소스코드를 공개한 것을 의미한다. 대부분은 무료로 사용할 수 있다는 느낌이 강하기 때문에 FOSS^{Free and Open Source Software}로 분류한다. 위키피디아는 오픈소스를 다음과 같이 정의한다.

"소프트웨어나 하드웨어의 제작자의 권리를 보장하며 원시
코드를 누구나 열람할 수 있도록 한 소프트웨어나 오픈소스
라이선스를 준하는 모든 것"

개발자들은 왜 시간과 노력을 투자해서 오픈소스 형태의 소프트웨어를 개발할까?
두 가지로 구분할 수 있는데, 하나는 사회 공헌이고 다른 하나는 창업으로 생각한다.
후자의 경우 자본주의 시대에서 도전과 기회를 잡기 위해 아이디어를 공유하는 성향
을 가진다. 실리콘밸리의 우수한 개발자들은 업무 시간엔 회사 일에 집중하고, 퇴근
후 뜻이 맞는 사람들과 모여 사이트 프로젝트를 진행한다. 사이트 프로젝트의 산출
물을 오픈소스로 공개하는 경우가 많으며, 우수한 아이디어인 경우 창업까지 이어지
기도 한다. 쿡쿠 샌드박스는 후자인 사회 공헌을 목적으로 시작했고, 2014년부터 비
영리 기업으로 기부를 통해 운영하고 있다.

최근 기술 동향에서 오픈소스는 엄청난 인기를 끌고 있다. 오픈소스로 구축할 수 있
는 클라우드 컴퓨팅 프로젝트 오픈스택^{OpenStack}, 운영체제에 종속적인 도구를 컨테이
너처럼 묶어 여러 운영체제의 종속성을 줄인 도커^{Docker}도 성공한 오픈소스 프로젝트
다. 오픈소스에 있어 보수적인 성향을 가졌던 마이크로소프트는 오픈소스가 주는 영
향을 수용하기 위해 다양한 정책을 펼치고 있는데 그 중 하나가 리눅스 커널을 제공
하는 WSL$^{Windows\ Subsystem\ for\ Linux}$이 있다.

오픈소스를 사용하는 장점은 비용이 들지 않고 자유롭게 구축하고 테스트를 할 수
있기 때문이다. 코드가 공개돼 있기에 새로운 기능을 추가하거나 개선도 자유롭다.
단점으로는 소스코드를 사용하기 위해 환경을 직접 구성해야 하며, 요구하는 다양한
라이브러리나 패키지를 직접 구축해야 한다. 구축한 후 사용 방법에 대한 친절한 가
이드가 없어 연구와 학습이 필요하기도 하다. 오픈소스 제작자는 유지보수할 의무가
없으므로 문제가 발생할 경우 스스로 해결해야 하는 상황이 발생할 수도 있다. 기능
구현에 우선순위를 두기에 사용자 친화적인 디자인, 예를 들어 UX / UI를 제공하지

않기도 한다.

오픈소스는 장점은 부각시키고, 단점은 보강하면서 느리지만 점점 발전하고 있다. 이 생태계가 안정적인 형태로 운영되도록 체계를 형성하는데 큰 이바지를 한 것이 오픈소스에 맞춘 라이선스 정책이다. 만약 라이선스가 없다면 누구나 쉽게 소스코드를 도용하고 상업적인 형태로 이용할 수 있으며, 문제가 발생할 경우 법적 분쟁을 결정짓는데 어려움에 처한다. 오픈소스가 무료라는 착각과 라이선스 해석의 차이 때문에 발생하는 경우가 대부분이다. 대표적인 두 사례를 살펴보자.

- 2010년 8월 오라클이 구글의 안드로이드가 GPL 라이선스를 가진 자바 언어를 사용한 것이 저작권 및 특허를 침해했다고 주장하며 고소했다. 논란은 API로 구현한 37개 기능의 구조와 순서를 도용했다는 것이다. 이 소송은 1심에는 구글이, 2심에서는 오라클이 승소했고, 2018년 최종적으로 오라클이 이겨 구글이 큰 벌금을 물었다.
- 2017년 5월 미국 문서 소프트웨어 아티펙스^{Arttifex}가 한글과컴퓨터를 대상으로 국제 소송을 진행했다. 한글과컴퓨터 오피스 제품은 아티펙스가 GPL 라이선스로 제작한 고스트스크립트를 내장하고 있다. 이렇게 사용한 경우 한글과컴퓨터 오피스 제품은 GPL 라이선스 조항에 따라 전체 소스코드를 공개해야 한다. 만약 공개할 수 없다면 아티펙스의 유료 라이선스를 구매해서 사용해야 하기에, 한글과컴퓨터는 아티펙스에 이용대금을 지불하는 것으로 이 소송은 마무리됐다.

오픈소스 라이선스는 버전에 따라 정책이 달라지므로 이러한 기준까지 고려한다면 약 70여 개의 라이선스들이 존재한다. 이 모든 라이선스를 알고 있을 필요는 없다. 다만 우리가 사용할 오픈소스가 어떤 라이선스를 채택해 사용하는지는 알아두는 것이 좋다.

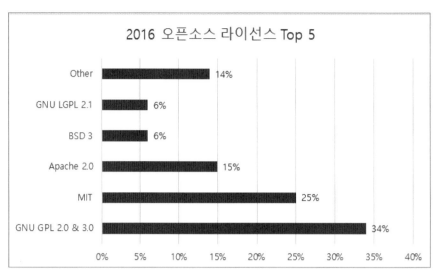

그림 1-11 오픈소스 라이선스 Top 5

대부분의 오픈소스 라이선스 정책의 핵심 요소는 다음과 같다.

- **링크**: 다른 라이선스와 섞일 수 있는 여부
- **배포**: 타인에게 코드를 배포할 권한 여부
- **수정**: 타인에 의해 소스코드 수정 가능 여부
- **특허**: 개발자가 오픈소스로 만든 소스코드를 특허 받을 수 있는지에 관한 여부
- **비공개 사용**: 공개하지 않고 수정해 사용할 수 있는지에 관한 여부
- **라이선스 재설정**: 기존의 라이선스를 배제하고 다른 라이선스를 부여할 수 있는지, 동일한 라이선스로만 유지해야 하는지에 관한 여부
- **상표**: 라이선스가 부여된 코드나 기여자와 관련 있는 상표를 사용자가 사용할 수 있는 권한

표 1-1은 핵심 요소에 따라 사용 가능 여부를 비교한 표다.

표 1-1 오픈소스 라이선스 비교표

라이선스	링크	배포	수정	특허	비공개 사용	라이선스 재설정	상표
GNU GPL	자기 자신	비상업적 가능	비상업적 가능	가능	가능	비상업적 가능	가능
MIT	가능	가능	가능	불가능	가능	가능	불가능
Apache	가능	가능	가능	가능	가능	가능	불가능
BSD	가능	가능	가능	불가능	가능	가능	불가능
GNU LGPL	제한	비상업적 가능	비상업적 가능	가능	가능	비상업적 가능	가능

쿠쿠 샌드박스는 GNU GPL 3 라이선스를 가진 다양한 오픈소스를 사용하기에 링크 정책에 따라 GNU GPL 3 라이선스를 사용한다. 만약, 소프트웨어를 수정해서 재배 포할 경우 수정한 제작자 정보를 포함하고, GNU GPL 3 라이선스도 유지해야 한다.

GPL 라이선스 버전 2와 버전 3의 차이의 핵심은 특허 권한이다. 버전 3은 저작권자 와 특허권자의 명시적 해결방안이 주요 사안인데, 저작권자와 특허권자가 같은 경우 특허권으로 발생하는 로열티를 포기하고, 다른 경우 저작권자가 로열티를 포기하도 록 버전 3에 명시됐다.

정리하면 쿠쿠 샌드박스를 이용해 영리 목적의 솔루션을 만들었을 경우 GNU 라이 선스에 따라 수정하거나 추가 개발한 소스코드를 공개해야 한다. 이 경우 솔루션을 제작해 특허를 획득한 특허권자와 쿠쿠 샌드박스를 개발한 저작권자가 달라 쿠쿠 샌 드박스를 활용해 제작한 솔루션의 수익으로부터 저작권자는 특허권자로부터 로열 티를 받을 수 없다. 비공개로 구축해 사용하는 것은 자유롭다. 특히 여기서 언급하는 비공개는 개인과 회사를 구분하지 않는다. 쿠쿠 샌드박스의 라이선스 정책에 관한 자세한 정보는 다음 웹 주소에서 확인할 수 있다.

https://github.com/cuckoosandbox/cuckoo/blob/master/docs/LICENSE

제 4절 샌드박스와 하이퍼바이저

정보보안에서 샌드박스란 무언가를 격리하는 기술로, 마치 모래가 모래사장을 벗어나지 않도록 하는 것처럼 공격자의 공격으로부터 실제 환경에 영향을 미치지 않도록 하는 메커니즘이다. 위협적인 공격을 분석하기 위해서 격리된 공간 즉, 샌드박스가 필요하다.

샌드박스는 실행 격리형 샌드박스와 환경 격리형 샌드박스로 구분할 수 있다. 실행 격리형 샌드박스는 접근 제어, 권한 제어 등 정책적으로 격리하는 방법과 커널 레벨과 사용자 레벨로 구분해 추상화적 구분 방법으로 격리하는 방법이다. 환경 격리형 샌드박스는 말 그대로 운영 환경 전체를 격리하는 방법으로 이 경우 컴퓨터 시스템을 모두 구비하는 것은 매우 많은 비용이 소비되므로 소프트웨어 가상화^{Virtualization} 즉, 하이퍼바이저^{Hypervisor}를 이용해 환경을 구성한다.

하이퍼바이저란 가상화 기술을 이용해 호스트 컴퓨터에 다수의 운영체제를 설치해 운영할 수 있도록 도와주는 소프트웨어다. 통상적으로 우리는 대부분 윈도우 운영체제를 사용하는데, 우분투라는 리눅스 운영체제를 사용하려면 윈도우와 우분투 중 하나를 선택해야 한다. 하지만 하이퍼바이저를 윈도우 운영체제에 설치한 후 가상머신이라는 가상의 하드웨어를 구성해 우분투 운영체제를 설치하고 운영할 수 있다. 하이퍼바이저는 이렇게 구성한 가상머신을 통제하고 운영할 수 있어 가상머신 모니터_{VMM - Virtual Machine Monitor}라고 불리기도 한다.

하이퍼바이저의 종류에는 오라클에서 인수해 무료로 운영중인 버추얼박스^{Virtualbox}, 유료 소프트웨어지만 가장 인기있는 VM웨어^{VMware}, 애플의 OS X에서 사용하는 패럴렐즈^{Parallels}, 마이크로소프트에서 윈도우 2008 이후부터 제공하는 하이퍼-V^{Hyper-V} 등이 있다.

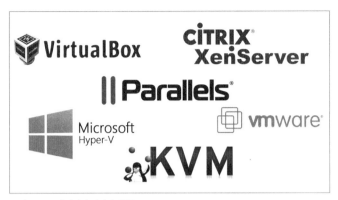

그림 1-12 하이퍼바이저의 종류

하이퍼바이저는 형태에 따라 반-가상화(베어 메탈^{Bare Metal})인 Type 1과 전-가상화(호스티드^{Hosted})인 Type 2로 분류한다. Type 1의 특징은 가상화 지원 대상이 하드웨어라는 점이다. 이러한 특징은 가상 시스템을 운영하는데 있어 경량화할 수 있고, 하드웨어 제어를 위해 여러 단계를 거쳐야 하는 Type 2보다 빠르기에 엔터프라이즈 가상화에 적합하다. 하지만 하드웨어의 종류에 따라 지원하지 않는 경우가 단점으로 작용한다. Type 1 하이퍼바이저의 대표적인 제품에는 VM웨어의 ESX, 마이크로소프트의 하이퍼-V, 오라클의 젠서버^{XenServer} 등이 있다.

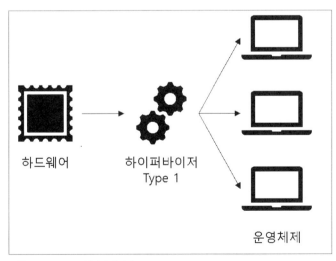

그림 1-13 Type 1 하이퍼바이저

Type 2는 가상의 하드웨어에 발생하는 I/O를 하이퍼바이저를 통해 운영체제에 전달한 후, 물리적인 하드웨어에 전달하는 구조를 가진다. 이러한 구조는 다양한 하드웨어 지원과 사용자가 이용하기 편리하다는 장점을 가진다. 반대로, 가상의 하드웨어에서 물리적인 하드웨어로 접근하는 과정이 복잡해 Type 1보다 느리며, 하이퍼바이저를 실행하는 운영체제의 장애가 곧 모든 가상 시스템의 장애와 직결되는 단점을 가진다. Type 2 하이퍼바이저의 대표적인 제품에는 오라클의 버추얼박스, VM웨어 워크스테이션 등이 있다.

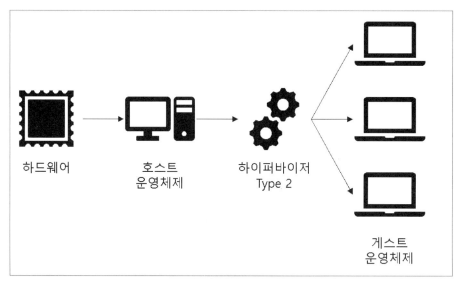

그림 1-14 Type 2 하이퍼바이저

악성코드를 분석하기 위해 어떤 하이퍼바이저 타입을 고를지는 전적으로 분석가의 선택에 달렸다. 어떤 하이퍼바이저를 사용하든 샌드박스로써 충분한 요건을 갖췄다면 남은 것은 분석가가 하이퍼바이저를 사용하는데 있어 불편함이 적은 것이 중요할 것이다. 필자는 개인적으로 Type 2 하이퍼바이저를 사용한다. 쿠쿠 샌드박스는 악성코드를 분석하기 위해 다양한 유형의 하이퍼바이저와 연동해 샌드박스를 구성할 수 있도록 기능을 지원하며, 그 중 가장 많은 개발과 노력이 투자된 하이퍼바이저는 버추얼박스다. 다음은 쿠쿠가 샌드박스를 제어해 악성코드 분석 환경으로 사용할 수 있는 하이퍼바이저의 종류와 유형이다.

- Type 1
  - Oracle XenServer
  - VMware ESX
  - RedHat KVM
  - VMware vSphere
- Type 2
  - VMware
  - Open Source Qemu
  - Oracle VirtualBox

하이퍼바이저는 아니지만 안드로이드를 구동하고 제어해 안드로이드 악성코드를 분석하기 위해 안드로이드 에뮬레이터도 연동할 수 있다.

- Emulator
  - AVD

Cuckoo Sandbox

VM웨어 워크스테이션 설치 및 가상머신 생성

쿠쿠 샌드박스는 우분투 리눅스에서 구축하는 것을 기본으로 한다. 윈도우 운영체제에 익숙한 사용자가 많으므로 쿠쿠 코어가 설치될 우분투 운영체제를 구축하기 위해 하이퍼바이저를 사용한다. 우분투를 설치할 하이퍼바이저로 VM웨어 워크스테이션을 선택하는데, 그 이유는 이 하이퍼바이저가 중첩 가상화 지원이 탄탄하기 때문이다. 제2장에서는 VM웨어 워크스테이션 체험판을 설치하고 가상머신을 생성하는 방법을 다룬다.

제 1절 가상화 기술 확인 및 설정

하이퍼바이저를 사용하기에 앞서 CPU가 가상화를 지원하는지 확인한다. 필자가 사용하는 CPU 모델은 다음과 같다.

- Intel(R) Core(TM) i7-3630QM

CPU 모델명을 검색해 상세 스펙을 알 수 있다. 이 모델에 구현된 기능을 확인해보면 그림 2-1과 같이 인텔 가상화 기술인 VT-x를 사용할 수 있음을 확인할 수 있다. 하이퍼바이저가 사용하는 가상화 기술은 보통 VT^{Virtualization Technology}라는 키워드를 사용한다. 이 기술을 지원하지 않는다면 하이퍼바이저 운영이 매우 느리고 제대로 된 성능을 가질 수 없어 가상머신을 구축해 운영할 수 없다.

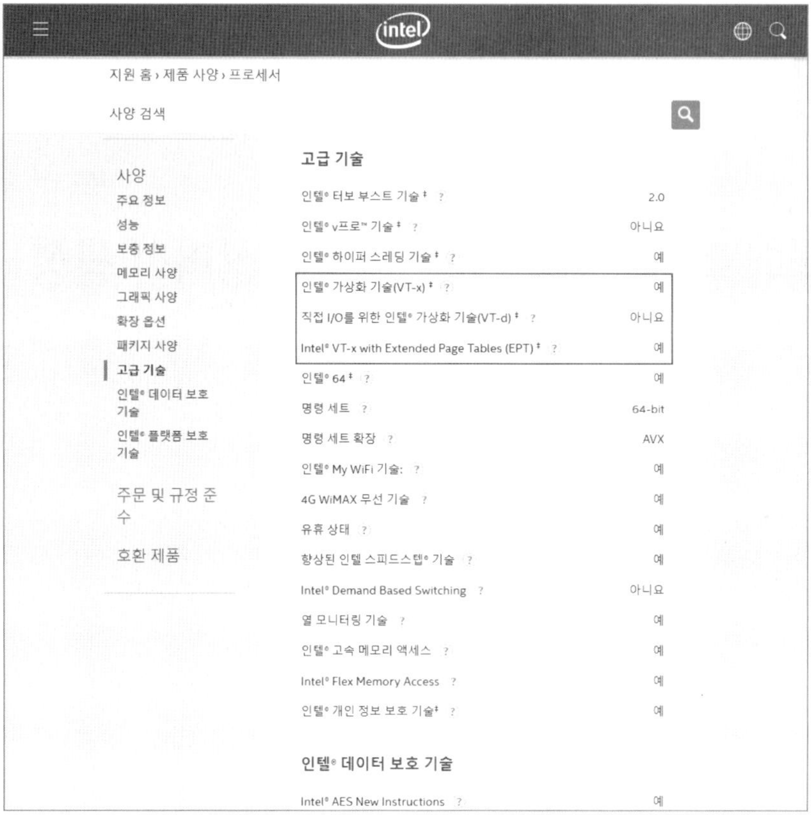

그림 2-1 가상화 기술 지원 여부 확인

가상화 기술을 지원하는지 확인했다면 기능의 활성화 유무를 확인하며, 이미 기능이 활성화돼 있으면 굳이 기능을 활성화할 필요는 없다. 윈도우 10은 작업 관리자에서 가상화 기능의 활성화 유무를 확인할 수 있다. 시작 버튼을 클릭해 작업 관리자를 검색해 실행(또는 Ctrl + Shift + ESC)한다. 상단의 목록 중 성능에 들어가면 CPU, 메모리, 하드 디스크, 네트워크 등의 현황을 확인할 수 있다. 이 중 CPU를 선택한다. 오른쪽 하단 CPU 스펙과 관련된 내용 중 가상화 항목이 사용으로 설정됐다면 하이퍼바이저를 자유롭게 사용할 수 있다.

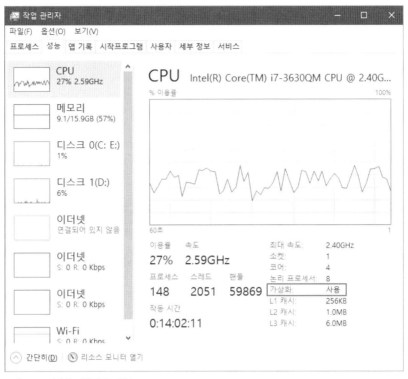

그림 2-2 가상화 사용 유무 확인

다른 운영체제의 경우 확인하는 방법이 까다롭기 때문에 별도의 도구를 이용해야 한다. CPUID에서 제작한 CPU-Z라는 소프트웨어를 추천하며, 다운로드받을 수 있는 주소는 다음과 같다.

http://www.cpuid.com/softwares/cpu-z.html

설치를 끝내고 프로그램을 실행하면 그림 2-3과 같은 화면을 볼 수 있다. Instructions에 VT-x가 있으면 가상화 기술을 지원하고 있는 상태다.

그림 2-3 CPU-Z를 이용한 CPU 기능 확인

만약 가상화를 지원하는 CPU를 사용하는데 기능이 비활성화돼 있다면, 시스템이 시작할 때 F2(바이오스 유형에 따라 다름) 버튼을 클릭해 바이오스에 접근한 후 설정할 수 있다. 바이오스에 접근하면, 일반적으로 Advanced 항목에 가상화 관련 설정 항목이 존재한다. 그림 2-4와 같이 VT나 가상화 단어가 포함된 항목이 설정된 값을 확인하고 Disabled로 설정돼 있다면 가상화 기술 지원 기능이 활성화된 것이 아니기에 Enabled로 변경해 지원하도록 설정한다.

```
Onboard VGA output connect[D-SUB/HDMI]          Item Help
UMA Frame Buffer Size       [ Auto]
Init Display First          [Onboard]           Menu Level    ▶
  Surround View             Disabled
  Virtualization            [Disabled]          Hardware assisted
  AMD K8 Cool&Quiet control [Auto]              Virtualization
▶ Hard Disk Boot Priority   [Press Enter]       Technology which help
  First Boot Device         [Hard Disk]         improve performance of
  Second Boot Device        [Hard Disk]         system running
  Third Boot Device         [Disabled]          Virtual Machine
  Password Check            [Setup]             Softwares.
  HDD S.M.A.R.T. Capability [Disabled]
  Away Mode                 [Disabled]          Virtual Machine
```

그림 2-4 바이오스 설정에서 가상화 기능 설정

만약 가상화 관련 설정 항목을 찾지 못했다면, 해당 CPU는 가상화 기술을 제공하지 않는 것으로 생각해도 무방하다. 하지만, CPU 모델 검색을 통해 가상화를 지원한다고 명시돼 있으나 바이오스 설정에는 해당 부분을 찾지 못했다면 해당 시스템은 기본으로 가상화 기술을 지원한다고 봐도 무방하다. 가상화 기술을 활성화했다면 하이퍼바이저를 다운로드하고 설치한다.

그림 2-5 윈도우 10 안의 우분투 16.04 안에 윈도우 7

버추얼박스는 중첩 가상화를 지원하지 않지만 VM웨어 워크스테이션은 중첩 가상화를 지원하며 가상화 안의 가상화로 구현된 운영체제를 64비트로 운영할 수 있도록 다양한 기술을 지원한다. 우리가 구축할 쿠쿠 샌드박스는 중첩 가상화를 이용하며, 실제 구축해서 운영할 경우 중첩 가상화를 사용하지 않을 것을 추천한다. 쿠쿠 샌드박스의 중첩 가상화는 첫 번째 사용하는 하이퍼바이저는 VM웨어 워크스테이션이고, 두 번째 사용하는 하이퍼바이저는 버추얼박스다.

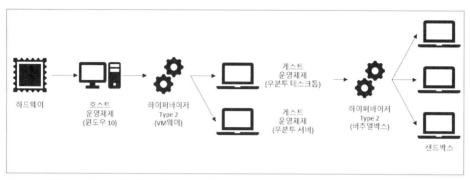

그림 2-6 쿠쿠 샌드박스 구현을 위한 중첩 가상화 구현 모델

참고로 Type 2 하이퍼바이저에서 만드는 가상머신은 파일 형태로 생성해 운영되기에 HDD보다 SSD를 사용하면 속도가 빨라진다.

제 2절 VM웨어 워크스테이션 다운로드 및 설치

다음 사이트에서 윈도우 10에 설치할 하이퍼바이저인 VM웨어 워크스테이션을 다운로드한다. 먼저 다음 주소를 이용해 VM웨어 홈페이지에 방문한다.

https://www.vmware.com/kr.html

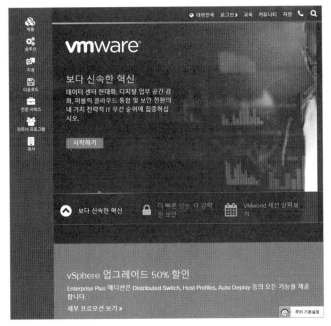

그림 2-7 VM웨어 홈페이지

VM웨어에서는 다양한 도구를 제공한다. 주력으로 사용하는 워크스테이션 버전은 한화로 약 31만 원 정도하며, 미국의 할인 대축제인 블랙 프라이데이때 40% 할인해 판매한다. 30일 체험하고 구매할 수 있도록 구성돼 있어 당장 이 도구를 구매할 필요는 없다. 왼쪽의 다운로드를 클릭하고 무료 제품 평가판 및 데모 카테고리의 Workstation Pro를 선택한다.

그림 2-8 VM웨어 워크스테이션 항목 선택

Download VMware Workstation Pro Trial 페이지가 열리면서 그림 2-9와 같이 다운로드할 수 있는 링크를 보여준다. 집필 시 최신 버전은 14다.

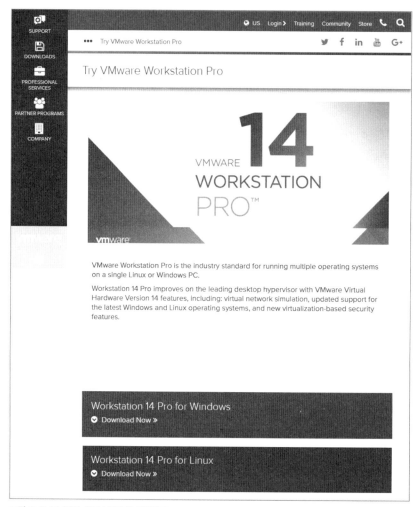

그림 2-9 VM웨어 워크스테이션 다운로드

다운로드한 VM웨어 워크스테이션을 설치한다. 사용자 라이선스에 동의하고, 설치할 디렉터리를 설정한 후 설치를 계속 진행한다. 별 다른 설정 없이 **다음** 버튼을 클릭해 설치를 진행해도 무방하다.

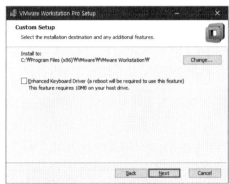

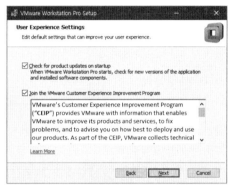

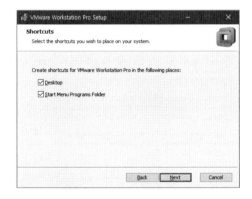

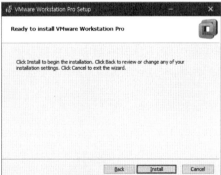

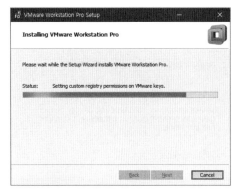

그림 2-10 VM웨어 워크스테이션 설치

설치가 끝나면 바탕화면에 VM웨어 워크스테이션 아이콘이 생성된 것을 볼 수 있다. 워크스테이션을 실행하면 그림 2-11과 같이 정품 라이선스를 물어보는데, 라이선스 구매를 하지 않았기 때문에 30일 무료 버전을 선택한다. 이때 이메일을 입력하면 30일 사용이 끝날 때쯤 구매 의사 여부를 물어본다.

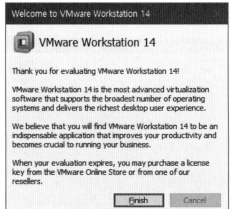

그림 2-11 VM웨어 30일 무료 사용 선택

설치가 끝난 후 바탕화면에 생성된 VM웨어 워크스테이션을 실행하면 그림 2-12와 같이 30일 후에 종료된다는 메시지와 함께 가상머신을 생성하고 운영할 수 있다.

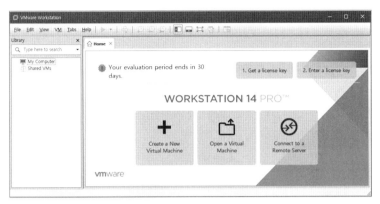

그림 2-12 VM웨어 워크스테이션 실행

제 3절 VM웨어 워크스테이션 설정

독자와 필자 사이의 환경을 동일하게 구성하기 위해 VM웨어 워크스테이션 설정을
변경한다.

사설 네트워크 IP 대역 설정

VM웨어 워크스테이션을 설치했을 때 가장 먼저 네트워크를 설정한다. 가상머신의
IP는 사설 IP 대역을 사용하는 것이 관리하기 편리하다. 사설 IP는 사용자마다 익숙
한 대역이 다를 수 있다. 필자의 경우 192.168.0.1/24 사설 IP 대역이 익숙하므로 그
림 2-13과 같이 VM웨어 워크스테이션에서 **Edit**를 클릭하고 **Virtual Network Editor**를
선택해 네트워크 설정을 진행한다.

그림 2-13 Virtual Network Editor 선택

그림 2-14와 같이 네트워크 구성을 볼 수 있다. 이 네트워크 설정은 윈도우 10 운영
체제의 시스템 설정을 할 수 있는 권한 즉, 관리자 권한을 요구한다. 오른쪽 아래의
Change Settings를 클릭해 글관리자 권한을 얻고 네트워크를 수정한다.

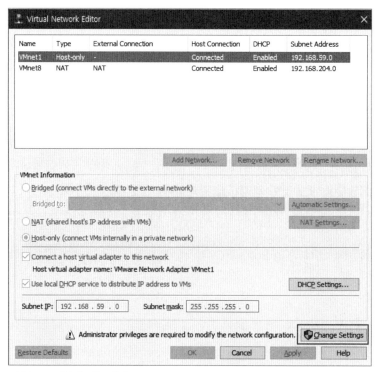

그림 2-14 가상 네트워크 설정

VM웨어 워크스테이션이 제공하는 가상 네트워크는 총 세 종류가 있다.

- **브릿지드**: 브릿지드^{Bridged}는 호스트 운영체제와 게스트 운영체제가 같은 물리적인 네트워크 인터페이스를 사용한다. 물리적인 네트워크 인터페이스를 공유하므로 호스트와 게스트 운영체제의 IP 대역은 같도록 구성한다. 예를 들어 윈도우 10 호스트 운영체제의 IP가 10.10.10.10이면 게스트 IP도 10.10.10.x로 구성해 사용한다.

- **호스트-온리**: 호스트-온리^{Host-Only}는 게스트 운영체제가 인터넷 통신을 하지 않고 호스트 운영체제와 통신하는데 사용하는 네트워크다. 어떻게 보면 네트워크 망을 분리시킨 것으로 볼 수 있다.

- **NAT**: NAT는 네트워크 주소 변환^{Network Address Translation}의 약자로 쉽게 이해하자면 전 세계 어디서든 연결할 수 있는 하나의 공인 IP에 여러 개의 시스템을 운영하기 위해 사설 IP를 매핑하기 위한 기술이다. 외부로 나가거나 외부에서 들어오는 패킷은 주소 변환 과정을 반드시 거쳐야 하므로 보안상 문제를 해결하는 데 도움이 된다.

여기서는 NAT 네트워크를 사용한다. 이 네트워크 방식을 선택한 이유는 사설 IP 대역을 설정하므로 이 책을 읽는 독자와 필자의 환경을 동일하게 구성할 수 있기 때문이다. 필자의 기준으로 NAT 네트워크로 설정된 **VMnet8** 인터페이스를 선택하고 Subnet IP:의 IP를 **192.168.0.0**으로 변경한다. Subnet IP: 바로 위의 Use local DHCP service to distribute IP address to VMs 항목이 체크돼 설정됐는지 확인한다. DHCP 서비스는 NAT 네트워크로 설정한 가상머신이 IP를 자동으로 할당받을 수 있게 도와준다.

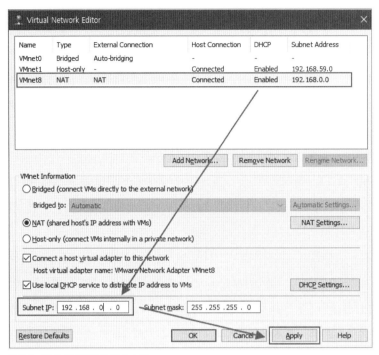

그림 2-15 NAT 네트워크 대역 수정

가상머신 저장 위치 설정

먼저 가상머신이 저장되는 위치를 설정해두면 가상머신을 구성하는 과정에서 생성되는 파일이 자동으로 해당 위치에 저장된다. 별도의 하드 디스크나 파티션으로 분할된 공간으로 지정하면 호스트 운영체제가 망가져도 가상머신은 그대로 사용할 수 있다.

상단의 Edit를 클릭하고 Preferences를 선택해 환경 설정을 진행한다. 좌측 항목 중에 Workspace를 선택하고 오른쪽의 Default location for virtual machines를 통해 디렉터리 경로를 수정한다. 필자는 데이터들을 보관하는 별도의 하드 디스크가 E 드라이브로 할당돼 있어 해당 위치를 선택했다.

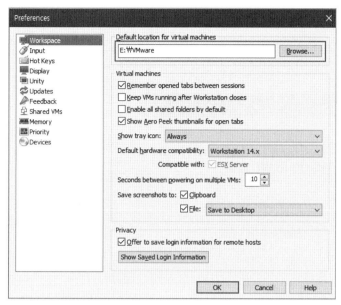

그림 2-16 기본 머신 폴더 설정

제 4절 가상머신 생성

우분투 운영체제를 설치하기 위해 VM웨어 워크스테이션에 가상머신을 생성한다. 상단의 File을 선택하고 New Virtual Machine을 클릭한다.

그림 2-17 가상머신 생성

새로 실행되는 창에서 두 가지 설정을 볼 수 있다. Typical은 VM웨어가 설치하는 운영체제를 파악해 자동으로 가상 시스템 구성을 설정하는데 사용한다. Custom은 시스템 구성을 사용자가 하나하나 설정할 수 있다. 우리는 Custom을 선택한다.

그림 2-18 가상머신 생성 유형 선택

그림 2-19와 같이 워크스테이션 버전을 선택하면 버전에 따라 제공하는 서비스가 부분적으로 다르며, 버전이 높을수록 메모리나 프로세스, 네트워크 어댑터 개수, 하드 디스크 크기가 달라진다. 또한, 가상머신을 복사해 이동할 경우 버전에 따라 호환성이 달라진다. 14.x 버전을 쓰고 있으므로 그대로 설정한다.

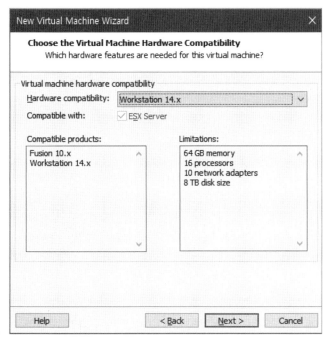

그림 2-19 워크스테이션 버전 선택

운영체제를 설치할 방법을 선택한다. 두 가지 선택사항이 있다.

- Installer disc image file (iso): 다운로드한 운영체제 설치 파일인 ISO의 경로를 바로 입력해 설치한다.
- I will install the operating system later: 가상머신을 다 구축한 후에 설치 파일인 ISO를 사용한다.

Installer disk image file (iso)은 운영체제를 편리하게 설치할 때 선택하는 방법으로, 설치할 운영체제를 자동으로 인식해 환경을 자동으로 구성하기 때문에 편리할 수 있으나 일부 운영체제는 인식하지 못할 수 있다. 직접 가상머신을 상세히 구성하려면 I will install the operating system later를 선택한다. 아직 우분투 데스크톱 운영체제를 다운로드하지 않으므로 후자를 선택한다.

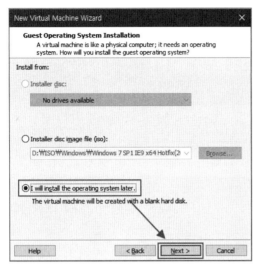

그림 2-20 운영체제 설치할 방법을 선택

그림 2-21은 설치할 운영체제 종류를 선택하는 부분이다. 이 선택에 따라 지원하는
장치가 다르기 때문에 정확하게 선택하는 것이 중요하다. 우분투는 리눅스 계열이
며, 64비트이므로 다음과 같이 선택한다.

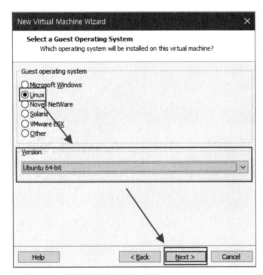

그림 2-21 설치할 운영체제 종류 선택

가상머신 이름은 기억하기 쉽게 **Cuckoo-Core**로 입력한다. 사전에 설정한 경로에 가상머신 파일들이 생성되며, 파일의 이름에 Cuckoo-Core 키워드를 사용했으므로 식별하기도 쉽다.

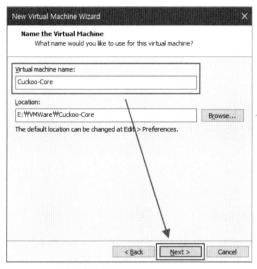

그림 2-22 가상머신 설치 경로

가상 프로세서의 개수를 설정하는 부분으로 워크스테이션 7.0 버전부터 도입된 기능이다. 최신 운영체제는 프로세서의 리소스를 적절하게 사용하므로 지원하는 CPU의 개수를 넘기지 않게 설정한다. 필자의 CPU는 쿼드코어에 하이퍼스레드를 지원하기에 가상 프로세서 개수는 최대 8개까지 설정할 수 있다. 가상 프로세서의 총 개수는 Number of processors와 Number of cores per processor를 곱한 값이다.

오래된 운영체제는 여러 개의 프로세서를 운영할 기회가 없었고, 빠른 속도를 내기 위해 모든 리소스를 아낌없이 써야 했다. 만약 윈도우 XP와 같이 오래된 운영체제를 운영할 때 가상 프로세서를 지원하는 최대로 설정하면 CPU 리소스를 모두 차지해 시스템이 느려질 수 있다. 하지만, 최신 운영체제는 그렇지 않다. 최대한 많이 설정해도 운영에 있어 적절한 프로세서 자원을 소비하도록 구성돼 있다.

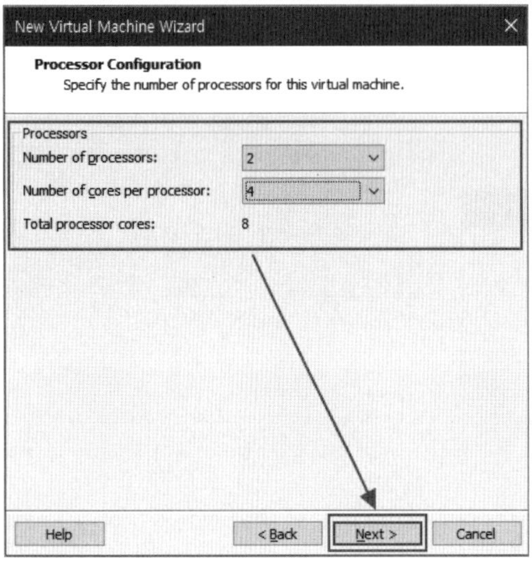

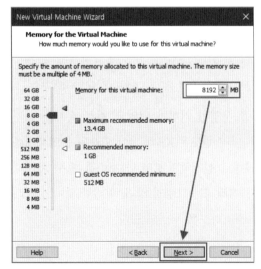

그림 2-23 프로세서 개수 설정

구성한 가상머신의 메모리 크기를 설정한다. 쿠쿠는 악성코드를 실행할 별도의 샌드박스를 추가적으로 운영하며, 다양한 데이터베이스와 도구를 사용한다. 이 책에서 언급하는 대부분의 구성과 실습을 따라하려면 메모리를 최소 **8GB**로 설정할 필요가 있다. 우측에 8192MB를 입력하거나 왼쪽 그래프의 8GB를 클릭한다.

그림 2-24 가상머신 메모리 설정

이제 네트워크 설정을 진행한다. Virtual Network Editor를 설정하는 과정에서 NAT를 사용하기 위해 설정을 진행했으므로 Use network address translation (NAT)를 선택한다.

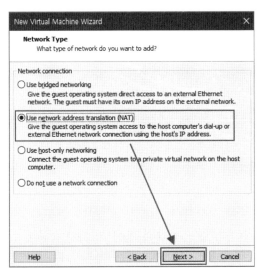

그림 2-25 가상머신 네트워크 구성

가상머신의 입출력 컨트롤러 타입을 선택하는 부분으로 쉽게 설명하면 입력하는 키보드나 마우스 같은 것이 동작하는 방식을 의미한다. 다음과 같이 세 가지 유형이 있으며, LSI Logic 컨트롤러를 많이 사용한다.

- Buslogic: 오래된 입출력 컨트롤러로 64비트 운영체제에서 지원하지 않으므로 비활성화돼 있다.
- LSI Logic: 현재 가장 많이 사용하는 컨트롤러로 32비트와 64비트를 모두 지원한다.
- LSI Logic SAS: 스카시 컨트롤러 모듈로 불리며 최근에 만들어진 윈도우 운영체제에서 사용한다.

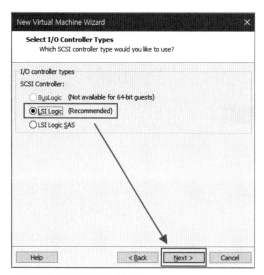

그림 2-26 입출력 컨트롤러 선택

하드 디스크를 연결하는 방식을 선택하는 부분으로, 다음과 같이 네 가지 유형이 있다. 기본 값인 SCSI를 선택한다.

- IDE^{Integrated Drive Electronics}: 윈도우 XP때 사용하던 연결 방식으로 네 가지 유형 중 속도가 가장 느리다.

- SATA^{Serial Advanced Technology Attachment}: 일반적으로 가장 많이 사용하는 연결 방식이다.

- SCSI^{Small Computer System Interface}: 고속 처리를 위한 서버나 워크스테이션에서 사용하는 연결 방식이다.

- NVMe^{None-Volatile Memory express}: VM웨어 14 버전에 최초로 도입된 방식으로 SSD와 같은 비휘발 메모리형 하드 디스크와 연결하는 PCI 익스프레스^{Peripheral Component Interconnect Express}를 의미한다.

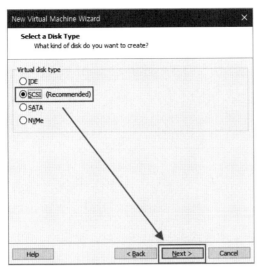

그림 2-27 가상 디스크 연결 유형 선택

가상 디스크 관련 설정을 진행한다. 선택하는 유형은 세 가지가 있으며, 가상머신을
처음 생성하기 때문에 Create a new virtual disk를 선택한다.

- Create a new virtual disk: 가상 디스크를 생성하는 항목이다. 가상 디스크
  는 파일 형태로 생성하며, 파일은 VMDK^Virtual Machine DisK 확장자를 가진다.
- Use an existing virtual disk: 이미 가상 디스크가 있다면, 이 항목을 선택해 기
  존 가상 디스크를 사용한다.
- Use a physical disk: 다루기는 어려우나 고성능을 원한다면 이 항목을 선택
  한다.

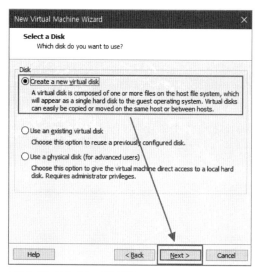

그림 2-28 가상 디스크 종류 설정

가상 디스크의 크기와 처리 방식을 설정한다. 용량은 넉넉히 **100GB**로 설정하며, **Spilit virtual disk into multiple files**를 선택한다.

- **Allocate all disk space now**: 이 항목을 선택하고 100GB로 생성하면 즉시 VMDK가 100GB로 할당된다. 이렇게 사용하면 가상머신 사용에 따라 추가 공간을 계산할 필요가 없기 때문에 속도는 빨라지나, 설정한 용량만큼 쓰지 않더라도 디스크 공간을 차지하고 있으므로 효율적이지 않다. Store virtual disk as a single file, Split virtual disk into multiple files 선택과 상관없이 Allocate all disk space now를 설정할 수 있다.

- **Store virtual disk as a single file**: 가상 디스크 파일을 단일 파일로 생성할 때 선택한다. VMDK 파일의 최대 크기는 950GB로 이 크기보다 작을 경우 분할하지 않고 생성된다.

- **Split virtual disk into multiple files**: 32비트 운영체제를 사용하던 시기에는 단일 파일이 4GB 이상 용량을 가질 수 없었으므로 이 기능으로 VMDK 파일이 최대 2GB로 분할된 형태로 생성한다.

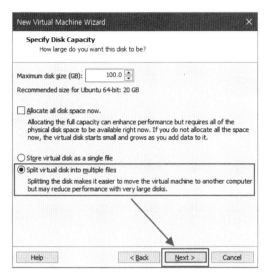

그림 2-29 가상 디스크 크기와 저장 방식 선택

생성하는 가상 디스크 이름을 보여준다. 가상 디스크가 생성되는 위치는 앞서 설정한 가상머신이 저장되는 위치와 동일하다.

그림 2-30 가상 디스크 이름 설정

가상머신 생성을 위한 모든 설정이 끝났다. 설정한 가상머신 스펙에 잘못된 부분이 있다면, Customize Hardware를 클릭해 다시 수정할 수 있다.

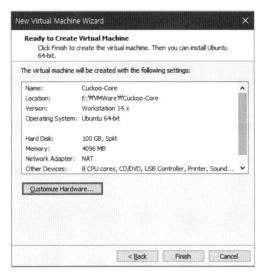

그림 2-31 가상머신 구성 완료

Finish 버튼을 클릭하면 VM웨어 워크스테이션 왼쪽 가상머신 리스트에 방금 생성한 가상머신이 등록돼 있는 것을 볼 수 있다. 이제 우리는 우분투 운영체제를 방금 생성한 가상머신에 설치한다.

Cuckoo Sandbox

운영체제 설치

쿠쿠 샌드박스는 운영체제에 종속적이지 않은 파이썬으로 제작됐지만, 우분투 운영체제에 구축한다. 우분투 운영체제를 선택한 이유는 쿠쿠 샌드박스 주 개발자들이 우분투 기준으로 개발하고 운영하고 있기 때문이다. 제3장에서는 우분투 운영체제 설치에 대해 다룬다.

제 1절 우분투 16.04 LTS AMD64 Desktop 설치 및 설정

우분투는 집필하는 시점으로 안정화 버전인 Xenial(16.04) 그리고 GUI를 제공하는 데스크톱 버전에 설치한다. 구성하는 가상머신 스펙은 다음과 같으며, 구성하는 방법은 제2장의 제 4절을 참고한다.

- **운영체제**: 우분투 16.04 LTS AMD64 Desktop
- **가상머신 이름**: Cuckoo-Core
- **네트워크 유형**: NAT 네트워크
- IP: 192.168.0.100
- CPU: 4 코어 이상
- **메모리**: 8GB 이상

- **디스크 용량**: 100GB 이상

우분투 운영체제는 다음 웹사이트에서 다운로드받을 수 있다. 데스크톱 버전을 쓰는 이유는 샌드박스로 운영될 하이퍼바이저가 그래픽 사용자 인터페이스^{GUI - Graphic User}^{Interface}에서 구성하는 것이 편리하기 때문이다.

http://releases.ubuntu.com/16.04/

그림 3-1 우분투 다운로드 공식 홈페이지

Cuckoo-Core 가상머신에 다운로드한 우분투 ISO를 삽입한다. Cuckoo-Core 가상머신의 좌측에 있는 **CD/DVD (SATA) Auto detect**를 클릭한다.

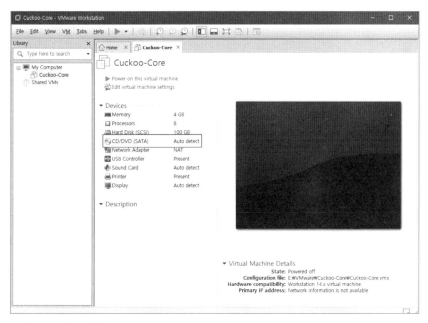

그림 3-2 CD/DVD 삽입

오른쪽의 Use ISO image file:을 선택하고, Browse 버튼을 클릭해 다운로드받은 ISO 파일을 선택한다.

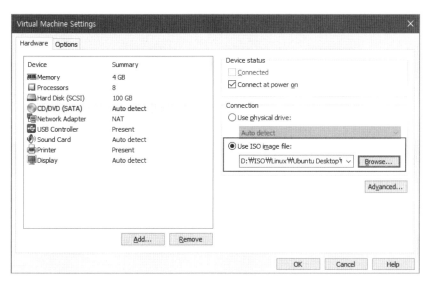

그림 3-3 우분투 데스크톱 ISO 삽입

가상머신을 시작하면 우분투 설치모드가 시작된다. 우분투 데스크톱 설치는 GUI로 진행하므로 그림 3-4와 같이 화면을 볼 수 있다. 첫 화면은 언어를 선택하는 과정인데, 필자는 영어를 선택했다. 익숙한 한국어를 선택해도 좋다. 언어 선택이 끝났다면 우측 Install Ubuntu를 클릭한다.

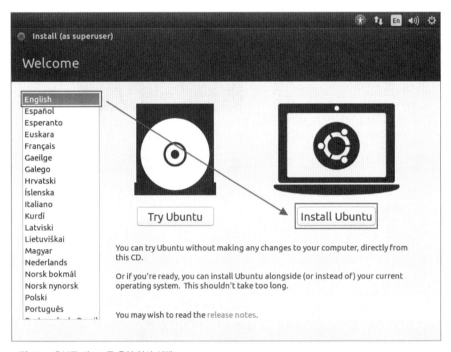

그림 3-4 우분투 데스크톱 운영 언어 선택

설치하는 과정에 우분투를 업데이트할 것인지 물어본다. 업데이트를 선택하지 않고 Continue를 클릭해 다음으로 진행한다. 만약 업데이트 과정을 진행하려면 네트워크에 연결돼 있어야 한다. 이미 우리는 NAT 네트워크로 구성했고, DHCP 서버도 활성화돼 있기에 사설 IP가 자동으로 할당돼 인터넷에 연결된다. 만약 네트워크 구성을 잘못해 통신이 원활하지 않다면, Download updates while installing Ubuntu 선택이 비활성화된다.

그림 3-5 우분투 업데이트 설정

다음은 디스크 파티션을 구성하는 것과 디스크 암호를 설정하는 부분이다. 선택한 디스크의 모든 파일을 삭제하고 우분투 운영체제를 설치하는 Erase disk and install Ubuntu를 선택한다. 만약 다른 운영체제와 혼용해서 사용한다면, 자동으로 기존의 운영체제를 보호하고 설치하는 또 다른 선택지가 표시된다. 하위 항목에 디스크 암호화와 관련 있는 부분이 있는데, 이 부분은 설정하지 않는다. 상황에 따라 데이터를 안전하게 보관해야 한다면 선택해도 무방하다.

Something else는 파티션을 세부적으로 구성할 때 사용한다. 리눅스 시스템은 데이터의 변동이 거의 없는 영역(/boot)과 부분적으로 변동하는 영역(/, /usr, /tmp, /var), 그리고 가장 변동성이 높은 영역(/home) 세 가지로 구분할 수 있다. 이 부분을 파티션으로 분할해 사용한다면, 효율적으로 운영할 수 있다. 윈도우 기준으로 파티션을 운영체제와 애플리케이션이 설치되는 영역(보통 C 드라이브)과 데이터를 저장하는 영역(보통 D 드라이브)으로 분할하면, 운영체제를 다시 설치할 때 C 드라이브만 초기화하기에 D 드라이브의 데이터는 영향을 받지 않아 효율적으로 운영할 수 있다.

실제 환경에서 구성한다면 상황에 따라 파티션 분할을 고려할 필요가 있지만, 쿠쿠 샌드박스 구축과 테스트가 목적이기 때문에 Install Now를 클릭한다. 데이터를 모두 삭제하고 운영체제를 설치하므로 확인차 다시 한 번 설치할 것인지 물어보면 Continue를 클릭해 설치를 진행한다.

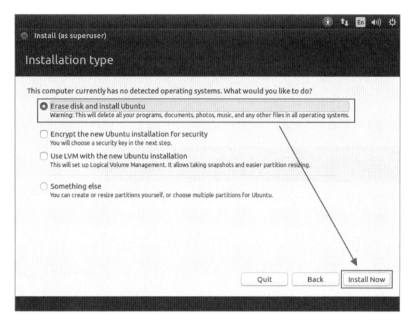

그림 3-6 디스크 포맷 및 운영체제 설치

그림 3-7은 시간을 선택하는 부분으로 대한민국 기준인 서울을 선택하고 Continue를 클릭한다. 네트워크가 연결돼 있다면 자동으로 서울로 선택된다. 이 시간 설정이 잘못될 경우 HTTPS 통신에 문제가 발생하며, 다양한 도구를 설치하지 못할 수 있다.

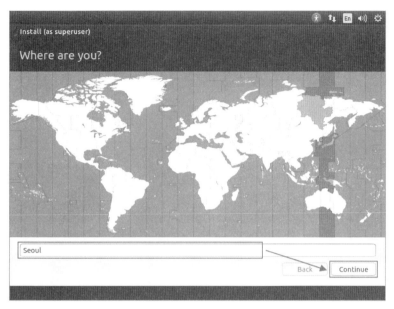

그림 3-7 지역 선택

키보드 설정으로 우리가 사용하는 대부분의 키보드는 QWERTY 구성을 가지고 있
으며, 이는 미국 기준이므로 English(US)를 선택한다.

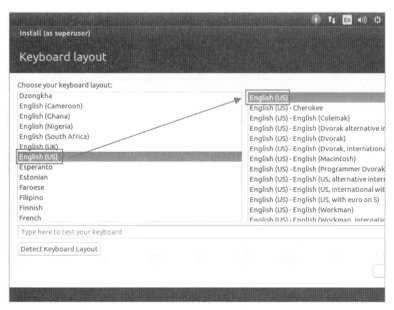

그림 3-8 키보드 선택

다음으로 사용자 계정과 패스워드를 설정한다. 사용자 계정은 cuckoo로 생성하고 컴퓨터 이름은 이해하기 쉽게 Cuckoo-Core를 입력한다. 이 사용자의 비밀번호를 입력하고 Continue를 클릭한다.

그림 3-9 계정 설정

본격적으로 우분투 데스크톱 설치가 진행되며 모든 설치가 끝나면 재부팅한다.

그림 3-10 우분투 설치

만약 우분투 데스크톱 설치가 끝났음에도 불구하고 재부팅되지 않는다면, 강제로 가상머신을 종료해 재부팅한다. 이유는 모르겠으나 버그로 판단되며, 필자 경험상 강제로 재부팅할 경우 새로 설치하거나 기타 다른 문제가 발생하지는 않는다. 성공적으로 재부팅이 된다면 다음과 같이 우분투 바탕화면을 볼 수 있다.

그림 3-11 우분투 데스크톱 바탕화면

제 2절 우분투 데스크톱 네트워크 설정

우분투 운영체제 네트워크를 설정한다. 우리는 NAT로 구성했으므로 사설 IP를 사용하며, DHCP를 사용하므로 IP가 자동으로 할당돼 있다. IP가 자주 변경되면 서버 운영이 불편하므로 고정 IP를 할당한다.

참고로 IP는 총 네 가지로 분류할 수 있다.

- **공인 IP**: 전 세계에서 단 하나의 IP를 의미하며, 사설 IP와 대비된다. 이 IP를 사용하면 전 세계 어디서든 이 IP에 접속하거나 연결할 수 있다.
- **사설 IP**: 연구를 위해 만들어진 IP로 누구든 할당해 사용할 수 있어 공인 IP와 대비된다. 사설 IP는 같은 네트워크 대역에 연결하지 않으면 외부에서 접속할 수 없다.
- **유동 IP**: 변하는 IP로 고정 IP와 대비된다. 일반적으로 DHCP라는 서비스에 의해 자동으로 설정되는 IP를 의미하며, DHCP로 설정된 운영체제는 재시작과 함께 IP가 변경될 수 있다. 유동 IP에는 공인 IP나 사설 IP 모두 사용할 수 있다.
- **고정 IP**: 고정 IP는 직접 IP를 지정해 사용하는 것으로 유동 IP와 대비된다. DHCP 서비스를 이용하지 않고 특정 IP를 직접 입력해 설정하며, 이렇게 설정할 경우 운영체제가 재시작돼도 IP가 변경되지 않는다. 고정 IP에는 공인 IP나 사설 IP 모두 사용할 수 있다.

네트워크 설정은 터미널과 GUI 설정에 차이가 있어 두 방식을 혼용해 구성하면 네트워크 충돌이 일어날 수 있다. 데스크톱 운영체제이므로 운영체제에서 제공해주는 GUI 형태로 설정한다. 오른쪽 상단의 **설정 아이콘**을 클릭하고 System Settings를 선택한다.

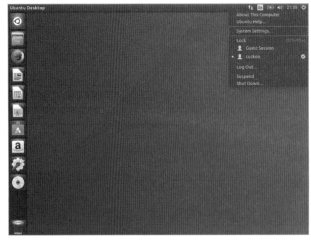

그림 3-12 우분투 데스크톱 네트워크 설정 1

그림 3-13의 Hardware 영역에 있는 **Network 아이콘**을 선택한다.

그림 3-13 우분투 데스크톱 네트워크 설정 2

그림 3-14의 좌측 항목에 Wired가 있는 것을 볼 수 있다. DHCP를 설정했기 때문에 우측에는 자동으로 할당된 사설 IP를 볼 수 있다. 좌측 Wired가 선택된 상태에서 우측 하단의 **Options**를 클릭한다.

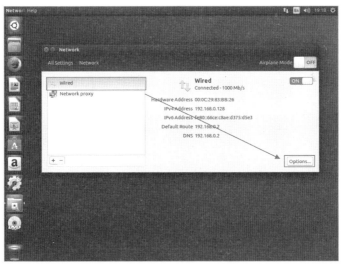

그림 3-14 우분투 데스크톱 네트워크 설정 3

새롭게 나타난 창에서 IPv4 Settings를 선택하고 Method 항목을 Automatic (DHCP)에서 Manual로 변경한다. Add를 클릭해 그림 3-15와 같이 사설 IP를 직접 입력해 고정 IP로 사용한다. 설정하는 내용은 다음과 같다.

- IP: 192.168.0.100
- 넷마스크: 24
- 게이트웨이: 192.168.0.2
- DNS 서버: 8.8.8.8

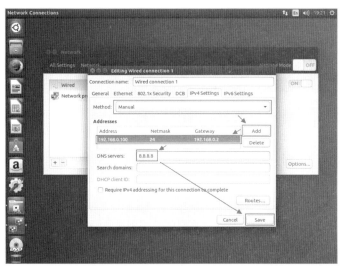

그림 3-15 우분투 데스크톱 네트워크 설정 4

게이트웨이는 VM웨어의 NAT 네트워크에서는 기본으로 x.x.x.2를 사용한다. 호스트 운영체제에 x.x.x.1 인터페이스가 생성되고, 이 인터페이스와 x.x.x.2 게이트웨이가 통신하며 가상머신이 외부와 통신할 수 있게 구성된다. 만약 이 구성을 변경하려면 VM웨어 워크스테이션에서 Edit 〉 Virtual Network Editor, NAT 네트워크를 선택한 후 NAT Settings를 클릭하면 게이트웨이를 변경할 수 있다. 하지만 변경하지 않고 그대로 사용한다.

그림 3-16 NAT 네트워크 게이트웨이 변경

다음으로 Save를 클릭하고 처음 Network 설정창의 우측 상단에 ON으로 표시된 부분을 클릭해 OFF로 변경한 후 똑같이 반복해 ON으로 돌려 놓는다. 그러면 다시 네트워크가 연결되면서 우측에 표시되는 IP가 직접 입력한 192.168.0.100 IP로 변경된 것을 확인할 수 있다.

그림 3-17 우분투 데스크톱 네트워크 설정 5

네트워크가 잘 연결돼 있는지 알고 싶다면 호스트 운영체제에서 구축한 우분투 데스크톱으로 핑 테스트를 통해 확인할 수 있다.

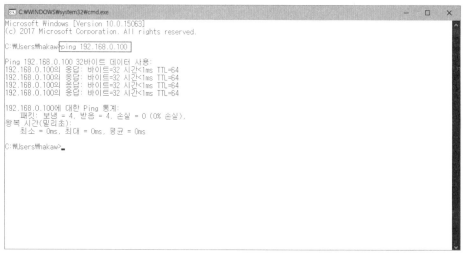

그림 3-18 네트워크 연결 확인

제 3절 우분투 업데이트 비활성화

운영하는 우분투 운영체제의 기능적 보안적 문제를 해결하기 위해 업데이트를 자동으로 진행할 수 있다. 하지만 업데이트는 때론 기존에 동작하던 소프트웨어의 호환성 문제가 일어날 수 있다. 이러한 문제는 운영과 보안에서 항상 이슈가 된다. 서비스를 운영하는 입장에서 업데이트로 인해 서비스가 중단돼 가용성이 훼손될 수 있기 때문이며, 보안에서는 패치를 하지 않아 사고가 발생하는 사고의 위험이 있기 때문이다. 우리가 사용할 우분투 운영체제는 두 가지 방식이 존재한다.

- **업데이트**: 사용 가능한 패키지와 버전 목록을 업데이트^{Update} 하지만 설치하거나 업그레이드^{Upgrade} 하지 않는다.
- **업그레이드**: 자동으로 최신 버전을 설치하는 명령으로, 업데이트 명령 이후에 사용할 수 있다.

업데이트와 업그레이드를 모두 비활성화한다. 우분투 시스템에서는 자동으로 진행하도록 네 가지 서비스가 동작한다.

- **apt-daily.service**: 시스템이 부팅되면서 바로 동작하는 업데이트 서비스다.
- **apt-daily.timer**: 오전 6시와 오후 6시에 업데이트를 확인하고 동작하는 서비스다.
- **apt-daily-upgrade.service**: 시스템이 부팅되면서 바로 동작하는 업그레이드 서비스다.
- **apt-daily-upgrade.timer**: 오전 6시와 오후 6시에 업그레이드를 확인하고 동작하는 서비스다.

이 서비스들을 종료한다.

코드 3-1 apt-daily 서비스 종료
***

```
hakawati@Cuckoo-Core:~$ sudo systemctl stop apt-daily.service
Warning: Stopping apt-daily.service, but it can still be activated by:
```

```
     pat-daily.timer
hakawati@Cuckoo-Core:~$ sudo systemctl stop apt-daily.timer
```

```
hakawati@Cuckoo-Core:~$ sudo systemctl stop apt-daily-upgrade.service
Warning: Stopping apt-daily-upgrade.service, but it can still be activated by:
  apt-daily-upgrade.timer
```

```
hakawati@Cuckoo-Core:~$ sudo systemctl stop apt-daily-upgrade.timer
```

종료한 서비스는 우분투 운영체제가 재부팅하더라도 동작하지 않게 비활성화한다.

코드 3-2 apt-daily 서비스 자동실행 비활성화

```
hakawati@Cuckoo-Core:~$ sudo systemctl disable apt-daily.service
```

```
hakawati@Cuckoo-Core:~$ sudo systemctl disable apt-daily.timer
Removed symlink /etc/system/system/timers.target.wants/apt-daily.timer.
```

```
hakawati@Cuckoo-Core:~$ sudo systemctl disable apt-daily-upgrade.service
```

```
hakawati@Cuckoo-Core:~$ sudo systemctl disable apt-daily-upgrade.timer
Removed symlink /etc/system/system/timers.target.wants/apt-daily-upgrade.timer.
```

다음은 GUI로 활성화돼 있는 업그레이드를 비활성화한다. 우측 상단 톱니바퀴 모양
의 **설정**을 선택하고 System Settings…를 클릭한다.

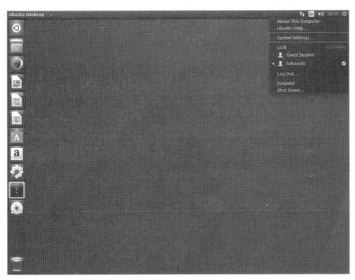

그림 3-19 업데이트 비활성화를 위한 시스템 설정 선택

그림 3-20과 같이 다양한 설정 항목을 볼 수 있으며 Software & Updates 아이콘을 클릭한다.

그림 3-20 Software & Updates 아이콘 선택

updates 항목을 선택하면 시스템 업데이트 관련 내용들이 출력된다. 이 구성을 그림 3-21과 동일하게 설정한다. 이 설정 변경은 root 권한이 필요하므로 설정을 변경하려는 시도에서 사용자 비밀번호를 물어본다.

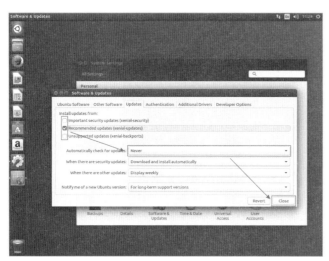

그림 3-21 우분투 운영체제 업데이트 비활성화

Close 버튼을 클릭하면 변경한 설정을 업데이트하는 알림창을 볼 수 있다. Reload 버튼을 틀릭해 변경한 설정을 업데이트한다.

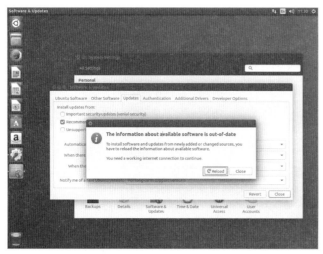

그림 3-22 설정 변경 업데이트

제 4절 우분투 데스크톱 VMware tools 설치

호스트 운영체제와 게스트 운영체제 사이에서 클립보드나 파일 그리고 화면 크기의 자유로운 변경 등 편리한 기능을 활성화할 수 있는 도구를 설치한다. 가상머신 상단의 VM 항목을 선택하고, Install VMware Tools를 선택하면 우분투에 VM웨어 툴 설치 CD가 마운트된다.

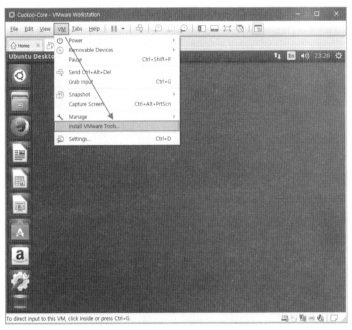

그림 3-23 VM웨어 툴 설치 CD 마운트

성공적으로 마운트됐다면 그림 3-24와 같이 CD롬의 폴더와 파일을 보여준다.

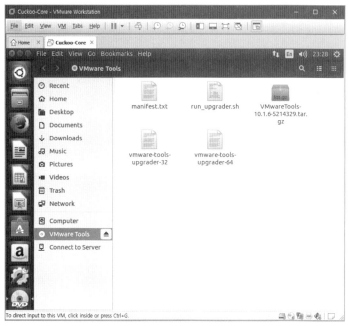

그림 3-24 VM웨어 툴 마운트 성공

터미널을 실행(Ctrl + Alt + t)해 마운트한 CD롬에서 VMwareTools-로 시작하는 압
축 파일을 복사한다. 복사하는 경로는 임시 파일을 저장하는 /tmp/ 디렉터리다. 경
로에 사용된 $USER는 현재 로그인한 사용자를 가리키는 별칭이다.

코드 3-3 VMwareTools 복사

```
hakawati@Cuckoo-Core:~$ cp /media/$USER/VMware\ Tools/VMwareTools-* /tmp/
```

복사한 디렉터리에서 압축 파일을 해제한다.

코드 3-4 VMwareTools 압축 해제

```
hakawati@Cuckoo-Core:~$ cd /tmp/
```

```
hakawati@Cuckoo-Core:/tmp$        tar xfz VMwareTools-*
```

압축 해제하면 vmware-tools-distrib 디렉터리가 생성된다. 이 디렉터리에 VM웨어 툴을 설치하는 스크립트가 있다. 스크립트는 펄Perl 언어로 작성돼 있으며, 설치하는 파일은 커널 영역의 일부를 수정하므로 관리자인 루트 권한이 필요하다. 임시적으로 루트 권한을 부여하기 위해 sudo 명령을 함께 사용해 실행한다. 설치를 진행할 때 첫 질문이 다를 수 있지만, 어떤 질문이 나오든 yes를 입력한다. 그 후 모든 질문은 기본 값으로 설정해 설치하면 되므로 Enter를 입력해 설치를 진행한다. 커널 영역을 변경했으므로 시스템을 재부팅해야 기능이 적용된다.

코드 3-5 VMware Tools 설치

```
hakawati@Cuckoo-Core:/tmp$          cd vmware-tools-distrib
```

```
hakawati@Cuckoo-Core:/tmp/vmware-tools-distrib$   sudo ./vmware-install.pl
open-vm-tools packages are available from the OS vendor and VMware recommends
using open-vm-tools packages. See http://kb.vmware.com/kb/2073803 for more
information.
Do you still want to proceed with this installation? [no] yes
                          ...snip...
```

```
hakawati@Cuckoo-Core:/tmp$          sudo reboot
```

재부팅이 끝나면 가상머신 상단 메뉴에서 View 〉 Autosize 〉 Autofit Guest를 활성화해 운영체제 해상도를 자유롭게 변경할 수 있다. 그 외에도 파일 복사나 클립보드 공유 등 다양한 기능을 수행할 수 있다.

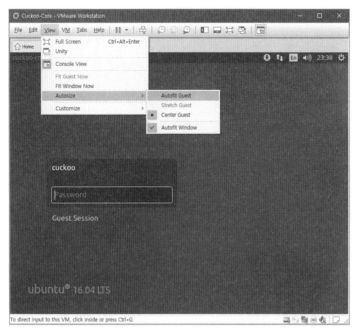

그림 3-25 Autofit Guest 활성화

2편

쿠쿠 샌드박스 기본 구축 및 운영

제 2편, **쿠쿠 샌드박스 기본 구축 및 운영**에서는 본격적으로 쿠쿠 코어와 쿠쿠가 운영할 샌드박스를
구축한다. 추가로 기본적인 쿠쿠 코어 운영과 쿠쿠 웹 서버 운영을 다룬다.

Cuckoo Sandbox

쿠쿠 샌드박스 코어 설치

구성한 가상머신에 설치한 우분투에서 쿠쿠 샌드박스를 운영하기 위한 다양한 프로그램을 설치한다. 기본적으로 쿠쿠 샌드박스는 파이썬 언어로 작성돼 있으며, 운영에 필요한 다양한 라이브러리와 패키지를 함께 설치한다.

제 1절 기본 구성 패키지 및 C 라이브러리 설치

쿠쿠 샌드박스에서 사용하는 다양한 파이썬 라이브러리를 설치하려면 다음 패키지와 라이브러리들을 선행으로 설치해야 한다. 설치할 때 sudo 명령과 함께 비밀번호를 입력하는 과정이 불편해 root 권한을 부여하고 설치를 진행하는 경우가 많은데, 이를 주의해야 한다. 이렇게 구축한 경우, 리눅스 시스템의 계정 권한에 따른 소유권 문제로 인해 쿠쿠 샌드박스가 원활하게 동작하지 않을 수 있다.

예를 들어, cuckoo 사용자로 버추얼박스를 실행한 후 가상머신을 생성하면 cuckoo 소유권으로 가상머신 파일들이 생성된다. 다시 말해 root 사용자로 버추얼박스를 실행하고 가상머신을 생성하면 소유자는 root가 된다. 만약 root로 가상머신을 생성한 상황에서 cuckoo 사용자로 실행하면 당연히 root 소유자로 생성된 가상머신에 접근할 수 없다. 즉, 쿠쿠 샌드박스를 root 권한을 획득한 후 설치를 진행하면 설정이 꼬일 수 있다.

만약 공격자가 쿠쿠 샌드박스 웹 서비스를 이용해 시스템에 침투했을 때 별다른 추가 공격 없이 root 권한을 얻을 수 있다는 문제도 발생한다. 리눅스가 제공하는 사용자 권한에 따른 운영방식을 이해하는 것과 쿠쿠 코어의 운영과 기타 서비스의 운영에 따른 권한 문제가 발생하는 것을 방지하기 위해서는 root 권한으로 구축하는 것을 추천하지 않는다. 저장소에서 설치할 수 있는 패키지와 라이브러리 목록을 가져와 최신으로 업데이트한다.

코드 4-1 저장소 목록 업데이트

```
hakawati@Cuckoo-Core:~$ sudo apt update
Hit:1 http://kr.archive.ubuntu.com/ubuntu xenial InRelease
Hit:2 http://kr.archive.ubuntu.com/ubuntu xenial-updates InRelease
Reading package lists... Done
Building dependency tree
Reading state information... Done
295 packages can be upgraded. Run 'apt list --upgradable' to see them.
```

쿠쿠 샌드박스를 구축하는데 필요한 패키지와 파이썬 라이브러리가 요구하는 C 라이브러리를 설치한다.

코드 4-2 쿠쿠 필수 패키지 및 라이브러리 설치

```
hakawati@Cuckoo-Core:~$ sudo apt install -y python-pip python-dev libssl-dev
                       libjpeg-dev zlib1g-dev tcpdump apparmor-utils vim curl
                       iptables-persistent
                              ...snip...
Setting up vim (2:7.4.1689-3ubuntu1.2) ...
update-alternatives: using /usr/bin/vim.basic to provide /usr/bin/vim (vim) in
auto mode
update-alternatives: using /usr/bin/vim.basic to provide /usr/bin/vimdiff
```

```
(vimdiff) in auto mode
update-alternatives: using /usr/bin/vim.basic to provide /usr/bin/rvim (rvim)
in auto mode
update-alternatives: using /usr/bin/vim.basic to provide /usr/bin/rview (rview)
in auto mode
update-alternatives: using /usr/bin/vim.basic to provide /usr/bin/vi (vi) in
auto mode
update-alternatives: using /usr/bin/vim.basic to provide /usr/bin/view (view)
in auto mode
update-alternatives: using /usr/bin/vim.basic to provide /usr/bin/ex (ex) in
auto mode
Processing triggers for libc-bin (2.23-0ubuntu9) ...
```

설치하는 패키지와 C 라이브러리를 살펴보면 표 4-1과 같다.

표 4-1 설치 패키지 및 라이브러리

	이름	설명
1	python-pip	파이썬 전용 레파지토리와 연동해 파이썬 도구 및 라이브러리를 쉽게 설치하도록 도와주는 도구다.
2	python-dev	파이썬 개발자 버전이다. 파이썬 헤더(python.h)를 제공해 고성능, 확장을 할 수 있도록 도와준다.
3	libssl-dev	cryptography 파이썬 라이브러리를 설치하기 위해 설치하는 C 라이브러리로 다양한 암호 기술을 제공한다.
4	libjpeg-dev	pillow 파이썬 라이브러리를 설치하기 위해 설치하는 C 라이브러리로 jpeg 이미지 파일을 위해 사용되는 C 라이브러리다.
5	zlib1g-dev	pillow 파이썬 라이브러리를 설치하기 위해 설치하는 C 라이브러리로 gzip과 PKZIP을 지원하기 위해 제작됐지만, 여기서는 PNG 이미지 파일을 위해 사용되는 C 라이브러리다.
6	tcpdump	패킷을 캡처하기 위한 프로그램으로 악성코드가 실행될 샌드박스의 네트워크를 수집하기 위해 사용한다. 수집한 패킷은 pcap 파일로 저장되며, 수집된 파일을 네트워크 분석 도구로 분석해 사용자에게 보여준다.
7	apparmor-utils	앱 아머App Armor는 Application Armor의 약자로 프로그램의 네트워크 접근, 파일 읽기, 쓰기 그리고 실행과 같은 기능을 제어해 접근 통제할 수 있도록 제작된 리눅스 커널 보안 모듈이다. 이 패키지는 앱 아머를 편리하게 제어할 수 있다.

8	vim	vi 에디터를 현대식 키보드에 맞춰 사용할 수 있으며, 소스코드에 색을 입히는 신택스 하이라이트 기능 등 vi 에디터에 추가 기능을 사용할 수 있게 도와주는 패키지다.
9	curl	커맨드라인에서 간단하게 http 프로토콜을 사용할 수 있게 지원하는 도구다.
10	iptables-persistent	iptables를 이용해 방화벽 정책을 설정한 후 저장하고 적용하기 위해 사용하는 방화벽 정책 관리 도구다.

iptables-persistent를 설치하는 과정에 TUI^{Terminal User Interface}로 그림 4-1과 같은 선택 화면이 두 번 출력된다. iptables로 설정한 방화벽 정책이 시스템이 재부팅될 때 자동으로 로드해 운영할 저장될 파일을 IP 버전별로 설정한다.

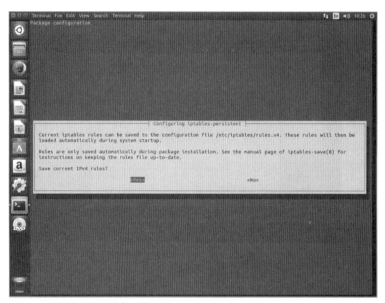

그림 4-1 방화벽 정책이 저장될 파일 설정

쿡쿠 샌드박스의 핵심 운영 서비스를 쿡쿠 코어라 부른다. 이 코어 서비스는 일반 사용자 권한으로 실행되는데 네트워크 인터페이스에서 패킷을 수집하는 tcpdump 는 관리자 권한이 필요하다. 하지만 코드 4-3과 같이 설정하면 일반 사용자가 tcpdump를 사용할 수 있다. 기본 권한 통제 외에 추가 권한 통제를 하는 앱 아머를 이용해 tcpdump를 비활성화하고, 관리자 권한을 그대로 부여하면 보안상 문제가 발생할 수 있기 때문에 비 관리자가 사용할 수 있도록 setcap 명령을 사용한다.

코드 4-3 tcpdump 보호기능 비활성화와 사용 권한 수정

```
hakawati@Cuckoo-Core:~$ sudo aa-disable /usr/sbin/tcpdump
Disabling /usr/sbin/tcpdump.

hakawati@Cuckoo-Core:~$ sudo setcap cap_net_raw,cap_net_admin=eip /usr/sbin/
                       tcpdump
```

샌드박스로 사용할 하이퍼바이저인 버추얼박스를 설치한다. 버추얼박스는 현재 오라클에서 개발하고 관리하고 있으며, 무료로 사용할 수 있는 좋은 가상머신 소프트웨어다. 버추얼박스를 설치하기 위해 공식 사이트에서 제공하는 패키지 저장소를 등록한다. 새롭게 저장소가 등록됐으니 저장소 업데이트를 통해 적용한다.

코드 4-4 버추얼박스 저장소 등록과 인증

```
hakawati@Cuckoo-Core:~$ echo deb http://download.virtualbox.org/virtualbox/
                       debian xenial contrib | sudo tee -a /etc/apt/sources.
                       list.d/virtualbox.list
deb http://download.virtualbox.org/virtualbox/debian xenial contrib

hakawati@Cuckoo-Core:~$ wget -q https://www.virtualbox.org/download/oracle_
                       vbox_2016.asc -O- | sudo apt-key add -
OK

hakawati@Cuckoo-Core:~$ sudo apt update
                              ...snip...
Fetched 113 kB in 4s (23.9 kB/s)
Reading package lists... Done
287 packages can be upgraded. Run 'apt list --upgradable' to see them.
```

이제 버추얼박스를 설치한다. 쿡쿠 샌드박스 공식 가이드에서 언급한 버추얼박스의 버전은 4.3, 5.0 그리고 5.1 버전이다. 코드 4-5와 같이 5.1 버전을 설치한다.

코드 4-5 저장소 업데이트 및 버추얼박스 설치

```
hakawati@Cuckoo-Core:~$ sudo apt install -y virtualbox-5.1
                              ...snip...
Adding group `vboxusers' (GID 129) ...
Done.
Processing triggers for libc-bin (2.23-0ubuntu9) ...
```

제 2절 쿠쿠 샌드박스 코어 설치

쿠쿠 샌드박스 코어 서비스를 설치한다. 파이썬 레파지토리를 통해 설치할 수 있는
pip 명령으로 설치하면 편리하다. 먼저 pip를 최신 버전으로 업그레이드한다.

코드 4-6 pip 최신 버전 업그레이드

```
hakawati@Cuckoo-Core:~$ sudo -H pip install -U pip
Collecting pip
  Downloading pip-9.0.3-py2.py3-none-any.whl (1.3MB)
    100% |                                    | 1.3MB 303kB/s
Installing collected packages: pip
  Found existing installation: pip 8.1.1
    Not uninstalling pip at /usr/lib/python2.7/dist-packages, outside
environment /usr
Successfully installed pip-9.0.3
```

쿠쿠 코어를 설치한다. 쿠쿠 코어의 특정 버전으로 설치하고 싶다면 버전을 명시해
서 사용하며, 우리는 2.0.5.3 버전을 설치한다.

코드 4-7 쿠쿠 코어 설치

```
hakawati@Cuckoo-Core:~$ sudo -H pip install cuckoo==2.0.5.3
```

```
Collecting cuckoo==2.0.5.3
  Downloading Cuckoo-2.0.5.3.tar.gz (3.4MB)
    100% |████████████████████████████████| 3.4MB 75kB/s
Collecting alembic==0.8.8 (from cuckoo==2.0.5.3)
  Downloading alembic-0.8.8.tar.gz (970kB)
    100% |████████████████████████████████| 972kB 891kB/s
Collecting androguard==3.0.1 (from cuckoo==2.0.5.3)
  Downloading androguard-3.0.1.tar.gz (3.5MB)
    100% |████████████████████████████████| 3.5MB 347kB/s
                              ...snip...
```

버전을 기입하지 않으면 설치할 수 있는 버전의 종류를 확인할 수 있다. 버전을 명시
하지 않고 명령을 입력하면 최신 버전으로 설치한다.

코드 4-8 설치 가능한 쿠쿠 버전 확인하기

```
hakawati@Cuckoo-Core:~$ sudo -H pip install cuckoo==
Collecting cuckoo==
  Could not find a version that satisfies the requirement cuckoo== (from
versions: 2.0.0a1, 2.0.0, 2.0.1a1, 2.0.1a2, 2.0.1a3, 2.0.1, 2.0.2a1, 2.0.2a2,
2.0.2a3, 2.0.2a4, 2.0.2, 2.0.3a2, 2.0.3a3, 2.0.3a4, 2.0.3a5, 2.0.3, 2.0.4a1,
2.0.4a2, 2.0.4a3, 2.0.4a5, 2.0.4, 2.0.4.1, 2.0.4.2, 2.0.4.3, 2.0.4.4, 2.0.5,
2.0.5.1, 2.0.5.2, 2.0.5.3)
No matching distribution found for cuckoo==
```

쿠쿠 샌드박스를 운영하기 위해 사용하는 다양한 파이썬 라이브러리가 있다. 이 라
이브러리는 쿠쿠 샌드박스를 기본으로 운영할 때 모두 사용하는 것은 아니지만 쿠쿠
샌드박스를 어떤 목적으로 운영하는가는 분석가의 요구에 따라 달라지므로 모두 설
치하는 형태로 구성돼 있다. 쿠쿠 샌드박스 2.0.5.3을 설치하면 표 4-2와 같이 파이
썬 라이브러리가 자동으로 설치된다.

04 _ 쿠쿠 샌드박스 코어 설치   **105**

표 4-2 핵심 라이브러리

	이름	버전	설명
1	sflock	0.2.17	아카이브 파일 형식의 모음집을 풀어 내부에 포함된 샘플을 추출하는데 사용되는 라이브러리다. 이 라이브러리를 사용하기 위해 olefile, pycrypto 라이브러리를 추가로 설치해야 한다.
2	dpkt	1.8.7	TCP/IP 기반으로 패킷을 생성하거나 파싱하는데 사용되는 라이브러리다.
3	peepdf	0.3.6	PDF 문서를 분석하는데 사용되는 라이브러리다. 이 라이브러리를 사용하기 위해 colorama와 pythonaes 라이브러리를 추가로 설치해야 한다.
4	beautifulsoup4	4.5.3	XML과 HTML을 파싱하는데 사용되는 라이브러리다.
5	pymongo	3.0.3	몽고 DB를 제어하는데 사용되는 라이브러리다.
6	python-magic	0.4.12	파일의 유형을 식별하는데 사용되는 라이브러리다.
7	chardet	2.3.0	문자에서 언어를 탐지하는 라이브러리다.
8	scapy	2.3.2	다양한 프로토콜의 패킷을 변조, 분석, 해독, 수집 등 가능하도록 지원하는 라이브러리다.
9	flask	0.12.2	파이썬으로 운영할 수 있는 경량화된 웹 프레임워크다. 이 라이브러리를 사용하기 위해 Werkzeug와 itsdangerous 라이브러리를 추가로 설치해야 한다.
10	pymisp	2.4.54	악성코드 정보 공유 프레임워크인 MISP 서비스를 이용하기 위해 사용하는 라이브러리다. 이 라이브러리를 사용하기 위해 jsonschema 라이브러리를 추가로 설치해야 한다.
11	django	1.8.4	파이썬으로 만들어진 웹 프레임워크다.
12	wakeonlan	0.2.2	네트워크 통신을 통해 컴퓨터를 켤 수 있는 wake on lan 기능을 사용할 수 있는 라이브러리다.
13	pefile2	1.2.11	윈도우 실행 파일인 PE 구조를 분석하는데 사용되는 라이브러리다.
14	python-dateutil	2.4.2	datetime 모듈을 확장한 시간과 관련 있는 파이썬 라이브러리다.
15	oletools	0.51	olefile 라이브러리를 활용해 문서 유형의 파일에서 많이 사용되는 OLE 구조를 분석하는 데 사용되는 라이브러리다.
16	requests[security]	2.13.0	HTTP 프로토콜을 이용해 요청을 보내는 데 사용되는 requests 라이브러리에 HTTPS까지 사용할 수 있는 기능이 추가된 라이브러리다. 이 라이브러리를 사용하기 위해 idna, cryptography, pyOpenSSL 라이브러리를 추가로 설치해야 한다.
17	jinja2	2.9.6	문서를 작성하는 데 사용되는 라이브러리다. 이 라이브러리를 사용하기 위해 MarkupSafe 라이브러리를 추가 설치한다.

18	elasticsearch	5.3.0	분산형 검색 데이터베이스인 일래스틱서치를 지원하는 라이브러리다. 이 라이브러리를 사용하기 위해 urllib2 라이브러리를 추가로 설치해야 한다.
19	androguard	3.0.1	안드로이드 파일인 APK를 분석하는 데 사용되는 라이브러리다. 이 라이브러리를 사용하기 위해 distribute를 추가로 설치해야 한다.
20	sqlalchemy	1.0.8	관계형 데이터베이스에서 사용하는 SQL 쿼리를 지원하는 라이브러리다.
21	pillow	3.2	이미지를 분석하거나 생성하는 데 사용되는 라이브러리다.
22	httpreplay	0.2.1	패킷 저장 파일인 PCAP 기반으로 HTTP를 요청하고 재사용할 수 있도록 지원하는 라이브러리로 HTTPS까지 지원한다. 이 라이브러리를 사용하기 위해 tlslite-ng 라이브러리를 추가로 설치해야 한다.
23	alembic	0.8.8	SQLAlchemy 기반으로 제작된 라이브러리로 데이터베이스 마이그레이션을 할 때 사용한다. 이 라이브러리를 사용하기 위해 Mako, python-editor 라이브러리를 추가로 설치해야 한다.
24	jsbeautifier	1.6.2	자바스크립트 언어가 가독성 좋게 구문 강조 기능을 제공하며, 일부 자바스크립트 난독화 해제를 지원한다.
25	click	6.6	커맨드라인으로 옵션을 지정하고 명령을 전달해 운영할 때 도와주는 라이브러리다.
26	egghatch	0.2.1	쿠쿠 샌드박스에서 개발한 쉘 코드 판별 및 형식을 맞추는 파이썬 라이브러리다. 이 라이브러리를 사용하기 위해서 Capstone 디스어셈블러를 사용한다.
27	pyelftools	0.24	리눅스 실행 파일 구조인 ELF를 분석하는 라이브러리다.
28	unicorn	1.0.1	CPU 에뮬레이터를 제공하기 위한 프레임워크다.
29	yara-python	3.6.3	패턴 탐지에 인기 있는 YARA 도구를 사용하기 위한 라이브러리다.

보조 라이브러리는 앞서 설치한 필수 라이브러리를 설치하기 위해 추가 설치되는 파이썬 라이브러리다.

표 4-3 보조 라이브러리

	라이브러리 이름	버전	설명
1	django_extensions	1.6.7	장고Django 웹 프레임워크를 커스텀해 확장한 기능을 모은 라이브러리다. 이 라이브러리를 사용하기 위해 six 라이브러리를 추가 설치한다.
2	olefile	0.43	문서 유형의 파일에서 많이 사용되는 OLE 구조를 분석하는 데 사용되는 라이브러리다.

3	pycrypto	2.6.1	다양한 암호 알고리즘과 해시 함수를 지원하는 라이브러리다.
4	colorama	0.3.7	터미널에 출력되는 문자에 색을 칠하는 라이브러리다.
5	pythonaes	1.0	대칭키 암호화의 표준인 AES를 지원하는 파이썬 라이브러리다.
6	flask-sqlalchemy	2.1	Flask 웹 프레임워크가 SQL을 사용할 수 있도록 지원하는 라이브러리다.
7	Werkzeug	0.13	경량화된 웹 프레임워크다.
8	itsdangerous	0.24	장고 프레임워크에 서명을 사용해 위험을 통제하는 데 사용한다.
9	six	1.11.0	파이썬 2와 파이썬 3의 호환성을 위해 사용하는 라이브러리다.
10	jsonschema	2.6.0	json 스키마 유효성을 검사하는 라이브러리다. 이 라이브러리를 사용하기 위해 functools32 라이브러리를 추가로 설치해야 한다.
11	idna	2.6	도메인과 관련 있는 IDNA 프로토콜을 지원하는 라이브러리다.
12	cryptography	2.1.4	표준 암호를 지원하는 라이브러리다. 이 라이브러리를 사용하기 위해 cffi, enum34, asn1crypto, ipaddress, pycparser 라이브러리를 추가로 설치해야 한다.
13	pyOpenSSL	17.5.0	OpenSSL을 지원하는 파이썬 라이브러리다.
14	MarkupSafe	1.0	XML, HTML, XHTML 마크업 언어를 구현하는 데 사용되는 파이썬 라이브러리다.
15	urllib3	1.22	HTTP 클라이언트를 제공하는 파이썬 라이브러리다.
16	tlslite-ng	0.6.0	SSL과 TLS 프로토콜을 지원하기 위해 사용되는 파이썬 라이브러리다. 이 라이브러리를 사용하려면 ecdsa 라이브러리를 추가 설치한다.
17	python-editor	1.0.3	파이썬 편집을 위해 에디터와 연동하기 위해 사용하는 라이브러리다.
18	Mako	1.0.7	문서형 템플릿을 지원하기 위해 사용되는 라이브러리다.
19	functools32	3.2.3-2	함수를 기존의 기능으로 사용하지 않고 새로운 목적으로 사용할 수 있게 확장 가능한 도구로 파이썬 3의 라이브러리를 파이썬 2 라이브러리로 변경된 라이브러리다.
20	ipaddress	1.0.19	IP 주소를 IPv4와 IPv6 형태로 생성, 조작, 동작할 수 있는 기능을 제공한다.
21	asn1crypto	0.24.0	공개 키 구조나 인증서 기반의 암호를 운영하는 데 사용되는 라이브러리다.
22	enum34	1.1.6	데이터 열거를 위해 사용하는 라이브러리다.

23	cffi	1.11.2	파이썬이 C 언어를 호출하고 사용할 수 있도록 도와주는 라이브러리다. 이 라이브러리를 사용하기 위해서 pycparser 라이브러리를 추가 설치한다.
24	ecdsa	0.13	타원 곡선 전자 서명 알고리즘(ECDSA) 구현을 위해 사용하는 라이브러리다.
25	pycparser	2.18	파이썬이 C 언어의 구문을 분석하는 데 사용되는 라이브러리다.
26	capstone	3.0.5rc2	기계어를 어셈블리 언어로 생성하거나 어셈블리 언어를 분석하는 데 사용되는 파이썬 라이브러리다.

코드 4-9 첫 쿠쿠 코어 실행

```
hakawati@Cuckoo-Core:~$ cuckoo
```

```
Cuckoo Sandbox 2.0.5
www.cuckoosandbox.org
Copyright (c) 2010-2017


=====================================================================
   Welcome to Cuckoo Sandbox, this appears to be your first run!
   We will now set you up with our default configuration.
   You will be able to see and modify the Cuckoo configuration,
   Yara rules, Cuckoo Signatures, and much more to your likings
   by exploring the /home/hakawati/.cuckoo directory.

   Among other configurable items of most interest is the
   new location for your Cuckoo configuration:
           /home/hakawati/.cuckoo/conf
=====================================================================
```

```
Cuckoo has finished setting up the default configuration.
Please modify the default settings where required and
start Cuckoo again (by running `cuckoo` or `cuckoo -d`).
```

쿠쿠 운영을 위해 CWD 디렉터리를 직접 지정해 운영하고 싶을 수 있다. 쿠쿠 작업 디렉터리는 옵션을 사용해 변경할 수 있다. 사용자가 원하는 디렉터리를 CWD로 운영하고 싶다면 코드 4-10과 같이 --cwd 옵션을 이용한다. 코드 4-10을 살펴보면 디렉터리 경로가 달라진 것을 볼 수 있다.

코드 4-10 쿠쿠 디렉터리 경로 직접 명시 방법

```
hakawati@Cuckoo-Core:~$ cuckoo --cwd ~/test


                      _
  ____  _   _  ____| |  _ ___   ___
 / ___) | | |/ ___) |_/ ) _ \ / _ \
( (___| |_| ( (___|  _ ( |_| | |_| |
 \____)____/ \____)_| \_)___/ \___/


Cuckoo Sandbox 2.0.5
www.cuckoosandbox.org
Copyright (c) 2010-2017


======================================================================
    Welcome to Cuckoo Sandbox, this appears to be your first run!
    We will now set you up with our default configuration.
    You will be able to see and modify the Cuckoo configuration,
    Yara rules, Cuckoo Signatures, and much more to your likings
    by exploring the /home/hakawati/test directory.

    Among other configurable items of most interest is the
    new location for your Cuckoo configuration:
            /home/hakawati/test/conf
======================================================================
```

```
Cuckoo has finished setting up the default configuration.
Please modify the default settings where required and
start Cuckoo again (by running `cuckoo` or `cuckoo -d`).
```

편리하게 사용하기 위해 CWD를 환경변수에 등록한다. 환경변수 등록은 현재 로
그인 사용자(이 책에서는 hakawati 계정)에 적용할 수 있는 ~/.profile에 기록하고
source 명령을 통해 변경된 설정을 적용한다.

코드 4-11 쿠쿠 디렉터리를 환경변수에 설정

```
hakawati@Cuckoo-Core:~$ echo "export cwd=/home/\"\$USER\"/.cuckoo" >>
                        ~/.profile
```

```
hakawati@Cuckoo-Core:~$ source ~/.profile
```

환경변수 설정이 잘 적용됐는지 확인하고 싶다면 코드 4-12 명령을 입력하고 출력
되는 결과가 유사하다면 설정이 잘 적용된 것이다.

코드 4-12 환경변수 등록 확인

```
hakawati@Cuckoo-Core:~$ env | grep cwd
cwd=/home/hakawati/.cuckoo
```

제 3절 샌드박스 구성

쿠쿠 코어는 샌드박스를 직접 제어해 악성코드를 분석하고, 그 결과를 분석가에
게 제공하는 과정이 자동화돼 있다. 샌드박스로 사용될 수 있는 운영체제는 윈도
우, 리눅스, OS X 그리고 안드로이드가 있다. 초기 설치가 잘 동작하는 것을 확인

하기 위해 윈도우 운영체제를 샌드박스로 구성한다. 샌드박스 구성은 다음과 같이 진행한다.

가상머신 다운로드 및 가져오기

윈도우 운영체제는 유료이므로 구매해야 한다. 다행히도 웹 개발자가 브라우저 별로 테스트할 수 있도록 마이크로소프트에서는 90일 사용 제한돼 있는 가상머신 이미지를 제공한다. 이 이미지를 다운로드 받는 사이트의 주소는 다음과 같다.

```
https://developer.microsoft.com/en-us/microsoft-edge/tools/vms/
```

쿡쿠 샌드박스의 브라우저 분석 기능은 인터넷 익스플로러 11 버전과 엣지[Edge] 브라우저의 분석을 제공하지 않으며, 웹을 이용해 악성코드를 유포하는 드라이브-바이 다운로드[Drive-by Download]와 같은 공격 기술을 분석하려면 낮은 버전의 브라우저를 선택할 필요가 있다. 하이퍼바이저는 앞서 설치한 버추얼박스를 선택하고 다운로드한다. 이 모든 과정은 우분투의 브라우저인 파이어폭스에서 진행한다.

그림 4-2 가상머신 다운로드

다운로드한 파일이 저장되는 기본 위치는 ~/Download/ 디렉터리다. 파일은 ZIP으로 압축돼 있어 마우스 클릭으로 압축을 해제해도 좋고, 터미널 명령을 통해 해제해도 좋다.

코드 4-13 다운로드한 윈도우 가상머신 압축 해제

```
hakawati@Cuckoo-Core:~$ unzip ~/Downloads/IE8.Win7.VirtualBox.zip
Archive:   /home/hakawati/Downloads/IE8.Win7.VirtualBox.zip
  inflating: IE8 - Win7.ova
```

성공적으로 압축이 해제되면 IE8 - Win7.ova 파일이 생성한다. 이 파일을 버추얼박스에서 가져오기해서 가상머신으로 사용할 수 있다. 터미널에서 버추얼박스를 실행한다.

코드 4-14 버추얼박스 실행

```
hakawati@Cuckoo-Core:~$ virtualbox
```

그림 4-3과 같이 버추얼박스가 실행되면, 최상단 바에서 File을 선택하고 Import Appliance를 클릭한다.

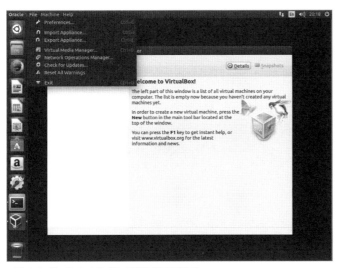

그림 4-3 윈도우 7 가상머신 파일(OVA) 가져오기

그림 4-4와 같이 우측 폴더 아이콘을 클릭해 IE8 – Win7.ova 파일을 선택하고 Next 〉 버튼을 클릭한다. OVA^Open Virtual Appliance를 이해하려면 OVF^Open Virtualization Format부터 이해하는 것이 좋다. OVF는 가상머신을 생성할 때 만들어지는 파일들의 집합으로 가상머신 스펙, 가상 디스크, 가상 메모리 등 다양한 시스템 자원의 스펙을 정의하고 각각의 파일을 하나의 디렉터리에 모아서 가상머신을 운영하는 방식을 의미한다. 이러한 파일을 단일 파일로 묶은 것이 OVA다.

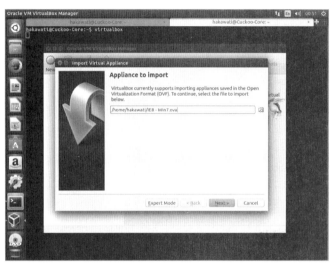

그림 4-4 윈도우 7 가상머신 저장 경로 설정

Next 〉 버튼을 클릭하면, 가져오려는 가상머신의 구체적인 시스템 스펙을 볼 수 있다. 각 요소를 더블클릭하면 수정할 수 있다. 먼저 가상머신 이름을 cuckoo1로 변경한다. 가상머신 이름은 쿠쿠 코어가 가상머신을 인식할 때 사용하고, 인식하도록 우리가 설정해야 하므로 기억하기 쉬운 이름을 사용한다. 하단의 체크 박스는 네트워크 인터페이스의 물리 주소인 맥^MAC 주소를 초기화하는 기능이다. 물리 주소를 변경해야 다수의 샌드박스를 운영할 수 있으므로 체크 박스를 선택하고 Import를 클릭한다.

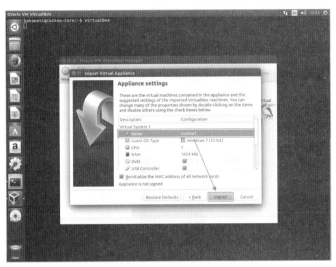

그림 4-5 윈도우 7 가상머신 이름 변경과 MAC 주소 초기화

그림 4-6과 같이 가상머신을 읽어올 때 진행 표시가 움직이지 않아도 기다리면 갑자기 진행 표시가 움직이기 시작하므로 조금 느긋하게 기다릴 필요가 있다.

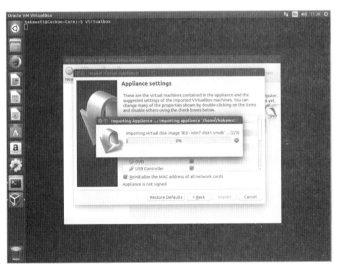

그림 4-6 가상머신 Import

가져오기가 끝나면 윈도우 7 가상머신을 실행해 부팅한다. 부팅이 완료되면 이 알림 창이 뜨지 않도록 Treat all future networks that I connect to as public, and don't ask me again 체크박스를 선택하고 Public network를 선택한다.

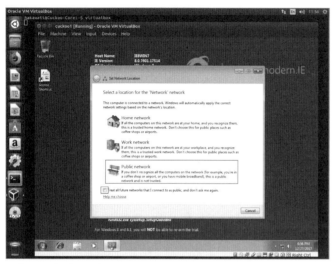

그림 4-7 샌드박스 부팅

샌드박스 구성

샌드박스는 악성코드가 잘 동작할 수 있도록 취약하게 구성해야 한다. 먼저 관리자 계정을 활성화한다. 시작 버튼에서 Command Prompt 아이콘을 찾아 마우스 오른쪽 버튼을 클릭하고, Run as administrator를 선택해 관리자 권한으로 실행한다.

그림 4-8 CMD를 관리자 권한으로 실행

코드 4-15를 입력해 관리자 계정을 활성화하며, 비밀번호는 * 로 설정하고 비밀번호 설정 메시지는 입력 없이 Enter를 입력한다. 이렇게 설정하면 비밀번호 입력 없이 관리자인 administrator로 로그인할 수 있다.

코드 4-15 관리자 계정 활성화

```
c:\Windows\system32>    net user administrator /active:yes
The command completed successfully.
```

```
c:\Windows\system32>    net user administrator *
Type a password for the user:
Retype the password to confirm:
The command completed successfully.
```

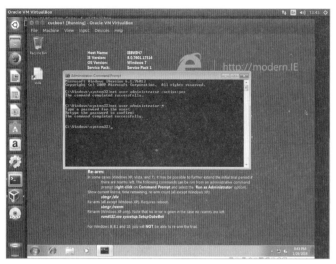

그림 4-9 윈도우 7 관리자 계정 활성화 및 비밀번호 설정

다수의 샌드박스를 동시에 운영할 경우 네트워크상 컴퓨터 이름 때문에 충돌이 일어
날 수 있기에 윈도우 프롬프트에서 wmic 명령으로 컴퓨터 이름을 변경한다.

코드 4-16 컴퓨터 이름 변경

```
c:\Windows\system32>    wmic computersystem where caption='IE8Win7' rename
                        'cuckoo1'
Executing <\\IE8WIN7\ROOT\CIMV2:Win32_ComputerSystem.Name="IE8WIN7")->rename()
Method execution successful.
Out Parameters:
instance of __PARAMETERS
{
        ReturnValue = 0;
};
```

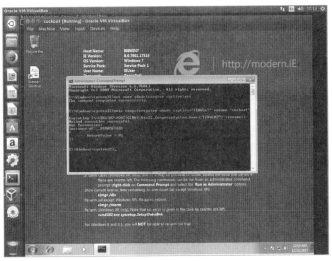

그림 4-10 컴퓨터 이름 변경

컴퓨터 이름을 적용하려면 재시작해야 한다. 하지만 재시작하기에 앞서 관리자 계정으로 자동 로그인되도록 불필요한 계정을 삭제해 재시작하면 바로 관리자로 로그인되도록 구성한다.

코드 4-17 불필요한 사용자 삭제

```
c:\Windows\system32>    net user IEUser /delete
The command completed successfully.
```

```
c:\Windows\system32>    net user sshd /delete
The command completed successfully.
```

```
c:\Windows\system32>    net user sshd_server /delete
The command completed successfully.
```

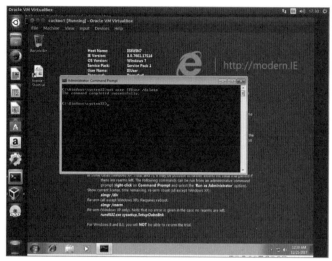

그림 4-11 불필요한 사용자 삭제

이제 시스템을 재시작한다.

코드 4-18 윈도우 시스템 재시작

```
c:\Windows\system32>        shutdown -r -t 0
```

쿠쿠 코어는 샌드박스에 설치된 에이전트를 통해 샌드박스를 제어한다. 쿠쿠 코어와 에이전트 사이에 통신하는 프로토콜은 XML-RPC라는 프로토콜로 통신한다. 이런 통신을 하려면 쿠쿠 코어는 샌드박스의 IP를 알아야 하는데, IP가 유동적으로 변경된 다면 쿠쿠 코어는 샌드박스를 제어할 수 없다.

일부 악성코드는 동일한 IP 대역을 스캔해 공격할 수 있다. 완전하게 격리시키기 위해 논리적으로 망분리를 할 필요가 있다. 이러한 구성을 위해 별도의 네트워크 인터페이스를 버추얼박스에 설정한다. 먼저 샌드박스끼리 통신하도록 Host-Only 네트워크를 구성한다. 그림 4-12의 최상단 카테고리의 File에서 Preferences…를 선택한다.

그림 4-12 가상 네트워크 설정을 위한 버추얼박스 설정

좌측 Network를 선택하고 가운데 카테고리 중 Host-only Networks를 선택한다.

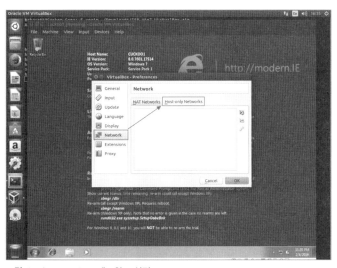

그림 4-13 Host-Only 네트워크 설정

우측의 + 아이콘을 클릭하면 그림 4-14와 같이 vboxnet0 네트워크 인터페이스가
생성된다.

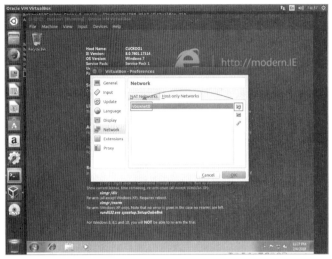

그림 4-14 vboxnet0 가상 네트워크 인터페이스 생성

가상 네트워크 인터페이스가 생성됐을 때 기본으로 설정되는 IP 대역은 192.168.56.0/24다. 자동으로 IP를 할당하는 서비스인 DHCP^{Dynamic Host Configuration Protocol}도 기본으로 운영되며, 이 서비스로 자동으로 설정되는 IP 범위는 101~254까지다. 게이트웨이는 192.168.56.1이며 이러한 내용은 우측 드라이버 아이콘을 클릭하면 확인할 수 있다.

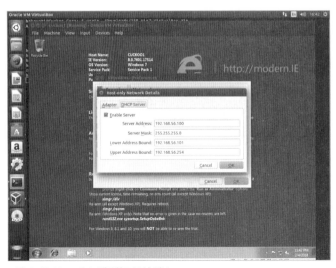

그림 4-15 Host-Only 네트워크 구성 정보

Host-Only Network 설정이 끝나면 우분투에서 새롭게 생성된 가상 네트워크 인터페이스를 확인할 수 있다.

코드 4-19 가상 네트워크 인터페이스 확인

```
hakawati@Cuckoo-Core:~$ ifconfig
ens33     Link encap:Ethernet  HWaddr 00:0c:29:00:5f:a4
          inet addr:192.168.0.100  Bcast:192.168.0.255  Mask:255.255.255.0
          inet6 addr: fe80::bb47:ce64:2e21:6d21/64 Scope:Link
          UP BROADCAST RUNNING MULTICAST  MTU:1500  Metric:1
          RX packets:3110169 errors:0 dropped:0 overruns:0 frame:0
          TX packets:1479808 errors:0 dropped:0 overruns:0 carrier:0
          collisions:0 txqueuelen:1000
          RX bytes:4701089448 (4.7 GB)  TX bytes:89162509 (89.1 MB)

lo        Link encap:Local Loopback
          inet addr:127.0.0.1  Mask:255.0.0.0
          inet6 addr: ::1/128 Scope:Host
          UP LOOPBACK RUNNING  MTU:65536  Metric:1
          RX packets:819 errors:0 dropped:0 overruns:0 frame:0
          TX packets:819 errors:0 dropped:0 overruns:0 carrier:0
          collisions:0 txqueuelen:1000
          RX bytes:84822 (84.8 KB)  TX bytes:84822 (84.8 KB)

vboxnet0  Link encap:Ethernet  HWaddr 0a:00:27:00:00:00
          inet addr:192.168.56.1  Bcast:192.168.56.255  Mask:255.255.255.0
          inet6 addr: fe80::800:27ff:fe00:0/64 Scope:Link
          UP BROADCAST RUNNING MULTICAST  MTU:1500  Metric:1
          RX packets:0 errors:0 dropped:0 overruns:0 frame:0
          TX packets:222 errors:0 dropped:0 overruns:0 carrier:0
          collisions:0 txqueuelen:1000
          RX bytes:0 (0.0 B)  TX bytes:21614 (21.6 KB)
```

vboxnet0 인터페이스가 보여지지 않는다면, vboxnet0으로 설정한 가상머신을 실행하면 볼 수 있다. 이러한 문제는 우분투 시스템이 재부팅될 때마다 vboxnet0

인터페이스는 비활성화돼 있는데, 쿡쿠 샌드박스를 운영하는데 문제가 생기지 않는다.

 Tip

만약 부팅과 함께 vboxnet0 인터페이스를 생성하도록 설정하고 싶다면 systemctl이 관리하는 서비스로 등록하는 방법을 추천한다. systemctl이 관리하는 디렉터리인 /etc/system/system/에 vboxnet0 네트워크 인터페이스를 생성하는 서비스 파일을 생성하고 관리할 수 있다. 이 파일을 구성하는데 있어 주의할 점은 User 값에 로그인하는 사용자 정보를 입력해야 한다.

코드 4-20 systemctl이 관리하는 디렉터리에 서비스 제어 파일 생성

```
hakawati@Cuckoo-Core:~$ sudo vim /lib/systemd/system/vboxhostonlynic.
service
1   [Unit]
2   Description=Autorun VirtualBox Hostonly Network Interface
3   After=vboxdrv.service
4
5   [Service]
6   Type=oneshot
7   RemainAfterExit=yes
8   GuessMainPID=yes
9   User=hakawati
10  ExecStart=/usr/bin/VBoxManage hostonlyif ipconfig "vboxnet0" --ip
192.168.56.1
11
12  [Install]
13  WantedBy=multi-user.target
```

구성한 설정 파일을 systemctl 명령이 인식할 수 있게 로드하고, 시스템이 자동실행으로 등록한 다음 서비스를 실행한다.

코드 4-21 vboxnet0 자동실행 등록

```
hakawati@Cuckoo-Core:~$ sudo systemctl daemon-reload

hakawati@Cuckoo-Core:~$ sudo systemctl enable vboxhostonlynic.service
Created symlink from /etc/systemd/system/multi-user.target.wants/
vboxhostonlynic.service to /etc/systemd/system/vboxhostonlynic.service.

hakawati@Cuckoo-Core:~$ sudo systemctl start vboxhostonlynic.service
```

가상머신에서 방금 생성한 vboxnet0 네트워크 인터페이스를 사용하도록 설정한다. 이 설정을 진행하기 위해 버추얼박스 상단의 Device에서 Network를 선택하고 Network Settings를 클릭한다.

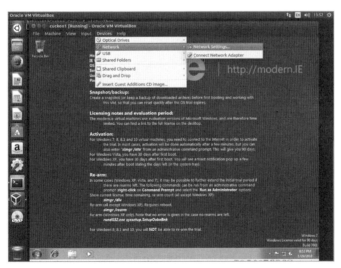

그림 4-16 윈도우 7 네트워크 설정

Attached to: 에서 Host-only Adapter를 선택하고 Name은 vboxnet0을 선택한다.

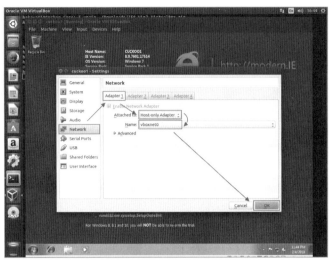

그림 4-17 윈도우 7 가상머신 네트워크 유형 설정

코드 4-22와 같이 윈도우 시스템에 사용할 IP를 고정한다. 필자는 샌드박스를 192.168.56.101로 설정한다. DNS의 경우 구글의 DNS인 8.8.8.8을 사용하는데, 국내에서 이슈가 된 악성코드는 국내 DNS에서 싱크홀^{ShinkHole}을 운영해 빠르게 공격자와 악성코드 사이의 통신을 차단하므로 상대적으로 싱크홀 반영이 느린 구글의 DNS를 사용한다. 반대로 글로벌 이슈인 경우 해외 DNS에 싱크홀에 빠르게 반영되므로 KT에서 운영하는 DNS 주소인 168.126.63.1도 기억해 두는 것도 좋다.

코드 4-22 첫 번째 샌드박스 네트워크 설정

```
c:\Windows\Administrator>     netsh interface ipv4 set address name="Local
                             Area Connection 2" static 192.168.56.101
                             255.255.255.0 192.168.56.1

c:\Windows\Administrator>     netsh interface ipv4 set dns name="Local Area
                             Connection 2" static 8.8.8.8
The configured DNS server is incorrect or does not exist.
```

ipconfig 명령을 통해 설정한 네트워크 구성이 잘 적용됐는지 확인한다.

코드 4-23 네트워크 설정 확인

```
c:\Windows\Administrator>            ipconfig

Windows IP Configuration


Ethernet adapter Local Area Connection 2:

   Connection-specific DNS suffix  . :
   Link-local IPv6 Address . . . . . : fe80::1f0:bb4:4de6:913a%15
   IPv4 Address. . . . . . . . . . . : 192.168.56.101
   Subnet Mask . . . . . . . . . . . : 255.255.255.0
   Default Gateway . . . . . . . . . : 192.168.56.1

Tunnel adapter isatap.{53152A2F-39F7-458E-BD58-24D17099256A}:

   Media State . . . . . . . . . . . : Media disconnected
   Connection-specific DNS Suffix  . :
```

그림 4-18 윈도우 7 가상머신 네트워크 설정 확인

외부와 통신이 되는지 핑ping 테스트한다. 여기서 핑 테스트할 때 도메인을 이용해야 DNS까지 잘 동작하는지 확인할 수 있다. 하지만 외부와 통신이 단절된 Host-Only 네트워크이므로 통신이 되지 않는 것을 확인할 수 있다.

코드 4-24 네트워크 동작 확인 1

```
c:\Windows\Administrator>        ping www.google.co.kr

Ping request could not find host www.google.co.kr. Please check the name and try
again.
```

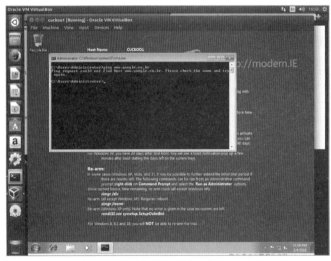

그림 4-19   ping 테스트를 이용한 네트워크 연결 상태 확인

외부와 통신을 위해 우분투에서 iptables를 이용해 포워딩 작업을 진행한다. 이 작업을 통해 Host-Only 네트워크로 설정된 가상머신은 인터넷과 연동돼 외부와 통신할 수 있다.

코드 4-25 iptables 방화벽 설정

```
hakawati@Cuckoo-Core:~$ sudo iptables -t nat -A POSTROUTING -o ens33 -s
```

```
                         192.168.56.0/24 -j MASQUERADE

hakawati@Cuckoo-Core:~$ sudo iptables -P FORWARD DROP

hakawati@Cuckoo-Core:~$ sudo iptables -A FORWARD -m state --state
                         RELATED,ESTABLISHED -j ACCEPT

hakawati@Cuckoo-Core:~$ sudo iptables -A FORWARD -s 192.168.56.0/24 -j ACCEPT

hakawati@Cuckoo-Core:~$ sudo iptables -A FORWARD -s 192.168.56.0/24 -d
                         192.168.56.0/24 -j ACCEPT

hakawati@Cuckoo-Core:~$ sudo iptables -A FORWARD -j LOG
```

방화벽 정책 설정이 잘 설정됐는지 확인하려면 코드 4-26과 같이 명령을 입력한다.

코드 4-26 방화벽 정책 설정 확인

```
hakawati@Cuckoo-Core:~$ sudo iptables -L -v
Chain INPUT (policy ACCEPT 14 packets, 1118 bytes)
 pkts bytes target     prot opt in     out     source              destination
Chain FORWARD (policy DROP 0 packets, 0 bytes)
 pkts bytes target     prot opt in     out     source              destination
   34  8707 ACCEPT     all  -- any    any     anywhere            anywhere
state RELATED,ESTABLISHED
   10   648 ACCEPT     all  -- any    any     192.168.56.0/24     anywhere
    0     0 ACCEPT     all  -- any    any     192.168.56.0/24
192.168.56.0/24
    0     0 LOG        all  -- any    any     anywhere            anywhere
LOG level warning

Chain OUTPUT (policy ACCEPT 11 packets, 884 bytes)
 pkts bytes target     prot opt in     out     source              destination
```

시스템이 IP를 포워딩할 수 있도록 sysctl.conf 파일을 수정한다. 이 파일을 사용하
는 sysctl은 시스템 커널 속성을 설정 기능으로 sysctl.conf 파일에 설정된 내용을 반

영한다. 코드 4-27과 같이 /etc/sysctl.conf 파일의 28행의 주석을 해제한다. 그리고
sysctl 명령으로 변경한 설정을 시스템에 적용한다.

코드 4-27 IP 포워딩 설정

```
hakawati@Cuckoo-Core:~$ sudo vim /etc/sysctl.conf
                              ...snip...
28      net.ipv4.ip_forward=1
                              ...snip...
```

```
hakawati@Cuckoo-Core:~$ sudo sysctl -p /etc/sysctl.conf
net.ipv4.ip_forward = 1
```

iptables 설정이 시스템을 재부팅하더라도 잘 동작하도록 설정한 정책을 저장한다.
저장된 정책은 /etc/iptables/rules.v4 파일에 기록된다.

코드 4-28 방화벽 정책 저장 및 확인

```
hakawati@Cuckoo-Core:~$ sudo netfilter-persistent save
run-parts: executing /usr/share/netfilter-persistent/plugins.d/15-ip4tables
save
run-parts: executing /usr/share/netfilter-persistent/plugins.d/25-ip6tables
save
```

```
hakawati@Cuckoo-Core:~$ sudo cat /etc/iptables/rules.v4
# Generated by iptables-save v1.6.0 on Mon Feb  5 18:28:46 2018
*nat
:PREROUTING ACCEPT [1:1148]
:INPUT ACCEPT [1:1148]
:OUTPUT ACCEPT [7:474]
:POSTROUTING ACCEPT [7:474]
-A POSTROUTING -s 192.168.56.0/24 -o ens33 -j MASQUERADE
COMMIT
# Completed on Mon Feb  5 18:28:46 2018
# Generated by iptables-save v1.6.0 on Mon Feb  5 18:28:46 2018
*filter
```

```
:INPUT ACCEPT [27:10040]
:FORWARD DROP [0:0]
:OUTPUT ACCEPT [27:2034]
-A FORWARD -m state --state RELATED,ESTABLISHED -j ACCEPT
-A FORWARD -s 192.168.56.0/24 -j ACCEPT
-A FORWARD -s 192.168.56.0/24 -d 192.168.56.0/24 -j ACCEPT
-A FORWARD -j LOG
COMMIT
# Completed on Mon Feb  5 18:28:46 2018
```

설정이 끝나면 다시 샌드박스에서 핑 테스트를 진행하며, 외부로 통신이 잘 동작하는 것을 확인할 수 있다.

코드 4-29 네트워크 동작 확인

```
c:\Windows\Administrator>        ping www.google.co.kr

Pinging www.google.co.kr [216.58.221.227] with 32 bytes of data:
Reply from 216.58.221.227: bytes=32 time=39ms TTL=128
Reply from 216.58.221.227: bytes=32 time=41ms TTL=128
Reply from 216.58.221.227: bytes=32 time=38ms TTL=128
Reply from 216.58.221.227: bytes=32 time=41ms TTL=128

Ping statistics for 216.58.221.227:
    Packets: Sent = 4, Received = 4, Lost = 0 (0% loss),
Approximate round trip times in milli-seconds:
    Minimum = 38ms, Maximum = 41ms, Average = 39ms
```

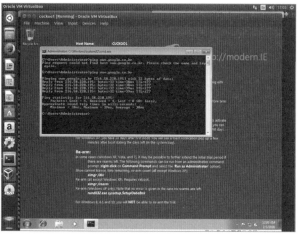

그림 4-20 외부와 통신 확인

윈도우 프롬프트에 코드 4-30의 명령을 입력하면 90일 테스트 제품으로 인증이 활
성화된다. 인증이 활성화되면 우측 하단에 Windows License valid for 90 days라
는 메시지가 출력되는 것을 확인할 수 있다.

코드 4-30 윈도우 임시 인증 활성화

```
c:\Windows\Administrator>        slmgr /ato
```

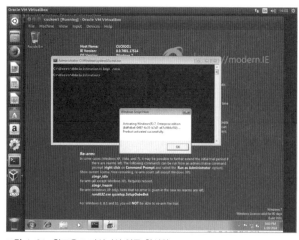

그림 4-21 윈도우 7 가상머신 인증 활성화

이제 시스템 시간도 설정한다. 우측 하단 시계를 클릭한 후 Change date and time settings…를 클릭하고 Change time zone… 버튼을 선택해 서울로 시간을 설정한다.

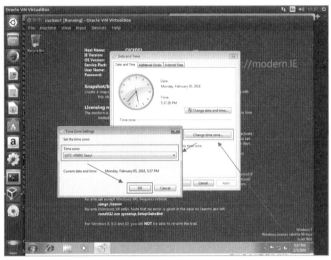

그림 4-22 윈도우 7 시간 설정

쿠쿠 샌드박스는 허니팟에 기초한다. 이는 악성코드가 잘 동작해야 효과적인 분석을 진행할 수 있다는 의미며, 악성코드가 잘 동작하려면 고의적으로 취약한 환경을 구성해야 한다. 따라서 방화벽과 윈도우 업데이트를 비활성화시킨다.

코드 4-31 방화벽 비활성화

```
c:\Windows\Administrator>          netsh advfirewall set allprofiles state off
OK.
```

그림 4-23 방화벽 비활성화

연이어 윈도우 업데이트를 비활성화한다.

코드 4-32 윈도우 업데이트 비활성화 명령

```
c:\Windows\Administrator>     reg add "HKLM\SOFTWARE\Microsoft\Windows\
                              CurrentVersion\WindowsUpdate\Auto Update" /v
                              AUOptions /t REG_DWORD /d 1 /f
The operation completed successfully..
```

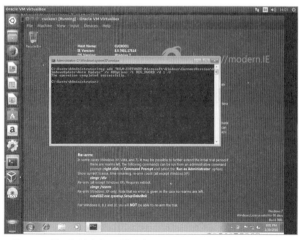

그림 4-24 윈도우 업데이트 비활성화 1

레지스트리의 설정을 변경하는 형태로 명령을 입력하기 어렵다면, 그림 4-25와 같이 제어판에서 비활성화할 수 있다.

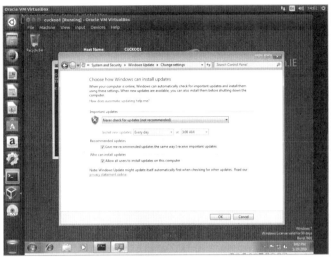

그림 4-25 윈도우 업데이트 비활성화 2

UAC^User Account Control^는 사용자 계정의 권한을 통제해 보안을 강화하는데 사용한다. 윈도우 비스타 운영체제에서 처음 도입된 보안 기술로 리눅스의 사용자 권한 체계와 유사하다. 쿠쿠 코어는 샌드박스를 완전히 제어해야 악성코드가 어떤 행위를 했는지 원활하게 모니터링할 수 있다. 또한 시스템에 모든 권한을 부여해 악성코드가 원활하게 동작하도록 유도하기 위해 UAC를 비활성화한다.

코드 4-33 UAC 비활성화 명령

```
c:\Windows\Administrator>            reg add "HKLM\SOFTWARE\Microsoft\Windows\
                                    CurrentVersion\Policies\System" /v EnableLUA /t
                                    REG_DWORD /d 0 /f
The operation completed successfully..
```

레지스트리의 설정을 변경하는 형태로 명령을 입력하기 어렵다면, 그림 4-26과 같이 제어판에서 비활성화할 수 있다. 실행에서 UserAccountControlSettings를 입력한다.

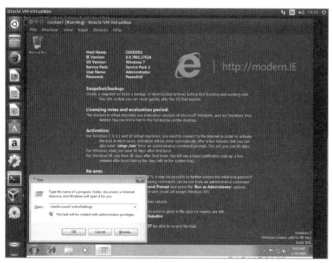

그림 4-26 UAC 설정

그림 4-27과 같이 좌측 제어 바를 최하단으로 위치시켜 UAC를 비활성화할 수 있다.

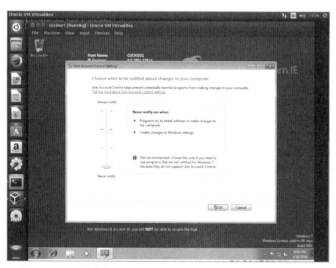

그림 4-27 UAC 비활성화

샌드박스에서 악성코드를 분석하기 위한 도구는 분석할 때마다 쿠쿠 코어에서 전달
받는다. C 언어로 컴파일된 행위 추적 소프트웨어와 이들을 통합 운영하고 쿠쿠 코

어에 분석한 데이터를 전달하는 파이썬 에이전트를 이용한다. 파이썬 에이전트를 운영하기 위해 파이썬 2.7 버전을 설치한다. 파이썬 공식 홈페이지는 다음과 같다.

```
https://www.python.org/
```

다운로드를 클릭하면 그림 4-28과 같은 화면을 볼 수 있는데 Download Python 2.7.14를 클릭한다. 만약 파이썬 버전이 업데이트됐다면 마지막 숫자 14는 다른 숫자로 표기돼 있을 것이다.

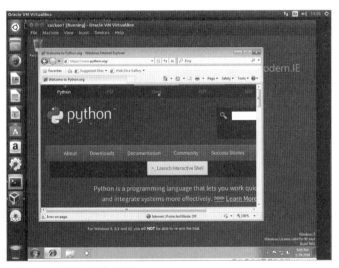

그림 4-28 파이썬 공식 홈페이지

구성하는 윈도우 운영체제는 32비트 운영체제이므로 다운로드 페이지의 하단으로 스크롤해 Windows x86 MSI installer를 선택한다.

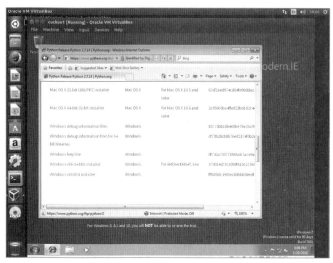

그림 4-29 파이썬 2.7 다운로드

파이썬 설치는 그림 4-30과 같으며, 디렉터리 경로를 변경하지 않아야 한다.

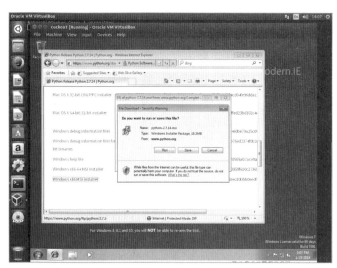

그림 4-30 파이썬 설치 실행

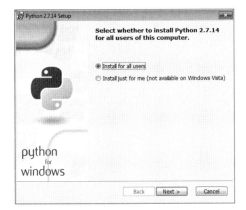

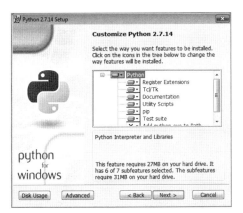

그림 4-31 파이썬 설치 과정

파이썬 설치가 끝났다면 샌드박스에 pillow 라이브러리를 설치한다. 이 라이브러리는 분석하는 과정에 샌드박스 운영체제의 화면을 스크린샷 찍는 기능을 가진다. 예를 들어 랜섬웨어 악성코드를 분석한다면, 사용자에게 랜섬노트로 불리는 협박 메시지를 스크린샷으로 볼 수 있다. 설치 방법은 단순하다. 윈도우 프롬프트를 열고 c:\python27\scripts 디렉터리의 pip 명령으로 코드 4-34와 같이 설치한다.

코드 4-34 샌드박스에 필로우 라이브러리 설치

```
c:\Windows\Administrator>        c:\Python27\Scripts\pip.exe install pillow
Collecting pillow
Downloading Pillow-5.0.0-cp27-cp27m-win32.whl (1.3MB)
  100% |#############################| 1.3MB 30kB/s
Installing collected packages: pillow
Successfully installed pillow-5.0.0
```

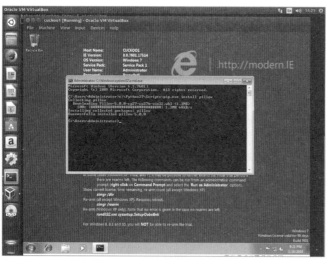

그림 4-32 pillow 라이브러리 설치

쿠쿠는 샌드박스를 에이전트화하는 agent.py 파일을 제공한다. 이 파일은 쿠쿠 작업 디렉터리에 있으며, 샌드박스에서 실행해야 한다. 이 파일을 가져오기 위해 버추얼박스에서 제공하는 공유 폴더를 설정한다. 윈도우 7 가상머신 상단의 Devices를 선

택하고, Shared Folders의 Shared Folders Settings...를 클릭한다.

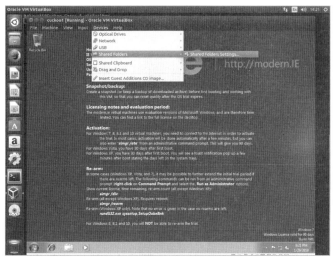

그림 4-33 공유 폴더 선택

그림 4-34의 오른쪽의 폴더에 + 기호가 붙은 아이콘을 클릭하고 Folder Path:를 선택한 후 Other...를 클릭한다.

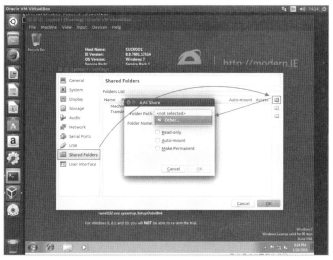

그림 4-34 공유 폴더 구성

그림 4-35와 같이 Directory:에 ./cuckoo/agent를 입력한다. Choose 버튼이 비활성
화되더라도 Enter를 누르면 연결이 이뤄진다. 만약 cwd 위치를 변경했다면, cwd 위
치에 agent 디렉터리를 지정한다.

그림 4-35 쿠쿠 디렉터리 선택

다음으로 Auto-mount와 Make Permanent를 활성화하고 OK 버튼을 클릭한다.
Auto-mount는 설정과 동시에 공유 폴더와 연결하도록 설정하는 옵션이고, Make
Permanent는 다음 번 부팅 시 공유 폴더를 자동으로 마운트해 이용하도록 설정
하는 옵션이다. 간혹 Auto-mount로 공유 폴더와 연결이 잘 안되는 경우가 발생
하는데, 이때 Make Permanent를 활성화했으므로 재부팅해 공유 폴더를 연결할
수 있다.

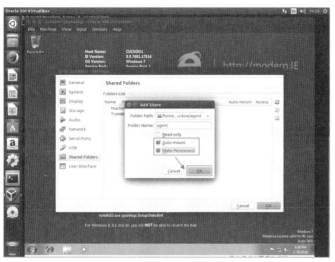

그림 4-36 공유 폴더 설정

공유 폴더 설정이 끝나고 재부팅한 후 그림 4-37과 같이 파일 탐색기를 열면 공유 폴더가 연결된 것을 볼 수 있다.

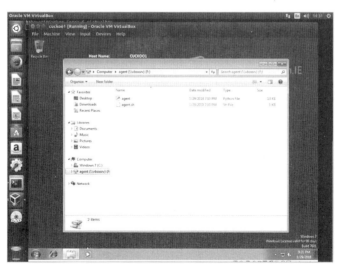

그림 4-37 파일 탐색기 실행

agent.py를 바탕화면에 복사하고 실행한다. agent.py가 실행된 상태로 스냅샷을 구

성하는 것이 매우 중요하다. 악성코드 분석이 끝난 후 새로운 악성코드를 분석할 때
샌드박스는 깨끗한 상태로 복원돼야 하는데, 이렇게 복원될 때 agent.py가 실행된
채로 복원돼야 쿠쿠 코어와 원활히 통신할 수 있기 때문이다.

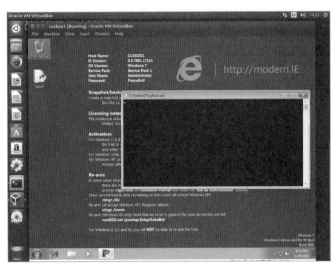

그림 4-38 agent.py 실행

악성코드를 분석한 후 새로운 악성코드를 분석하기 위해 시스템은 악성코드가 실
행되지 않은 초기 상태로 원복돼야 한다. 이러한 과정은 하이퍼바이저의 스냅샷
이란 기능으로 구현할 수 있다. 스냅샷은 우분투 터미널에서 VBoxManage 명령으
로 구성 할 수 있다. 다음 명령은 스냅샷할 가상머신의 이름은 cuckoo1이고, 스냅
샷 이름은 Snapshot 1로 설정했다. 스냅샷 이름은 사용자가 원하는 이름으로 설
정해도 된다. 쿠쿠 코어가 스냅샷을 제어할 때 최근에 찍은 스냅샷을 기준으로 제
어하기 때문이다.

코드 4-35 선택한 가상머신 스냅샷 설정 후 일시정지

```
hakawati@Cuckoo-Core:~$ VBoxManage snapshot "cuckoo1" take "Snapshot 1" --pause
0%...10%...20%...30%...40%...50%...60%...70%...80%...90%...100%
Snapshot taken. UUID: e2bc4426-6862-49fe-8ec2-4eb7dda4150c
```

```
hakawati@Cuckoo-Core:~$ VBoxManage controlvm "cuckoo1" poweroff
0%...10%...20%...30%...40%...50%...60%...70%...80%...90%...100%
```

```
hakawati@Cuckoo-Core:~$ VBoxManage snapshot "cuckoo1" restorecurrent
Restoring snapshot e2bc4426-6862-49fe-8ec2-4eb7dda4150c
0%...10%...20%...30%...40%...50%...60%...70%...80%...90%...100%
```

설정이 끝난 후 버추얼박스에 표현되는 상태는 그림 4-39와 같으며 이로써 하나의
샌드박스 구성이 끝났다.

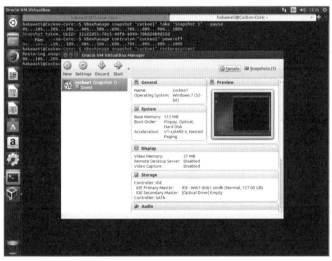

그림 4-39 윈도우 7 샌드박스 구성 완료

제 4절 데이터베이스 구성

쿠쿠 샌드박스가 사용하는 데이터베이스는 크게 두 종류로 구성된다. 하나는 악성코
드 샘플을 대량으로 분석할 때 분석 요청한 샘플을 어떻게 관리하고 어떤 우선순위
로 분석할지 관리하는데 사용한다. 스케줄링 데이터베이스는 DBMS나 RDBMS를 사

용한다. 다른 하나는 분석해 수집한 데이터를 사용자에게 보여주는 웹 서비스에서 사용하는 데이터베이스다. 웹 서비스가 사용하는 데이터베이스는 NoSQL 데이터베이스인 몽고DB를 사용한다. 각각의 데이터베이스를 설치한다.

스케줄링 데이터베이스 구성

분석가는 다수의 악성코드 분석을 쿠쿠 샌드박스에 요청할 수 있다. 다수의 샌드박스를 구축하고 여러 개의 악성코드를 분석 요청 시 한번에 분석할 수도 있지만, 분석할 악성코드가 500개라면 체계적인 관리가 필요하다. 순차적으로 또는 우선순위를 설정해 악성코드 분석 요청을 관리하려면 일정 관리를 해야 한다. 쿠쿠 샌드박스는 일정을 관리하는 방법으로 데이터베이스를 사용하는데, 별도로 구성하지 않으면 기본으로 DBMS인 시퀄라이트^{SQLite} 데이터베이스를 사용한다.

기본으로 사용하는 시퀄라이트 데이터베이스는 단점이 존재한다. 우선 MySQL과 같이 관계형 데이터베이스 관리 시스템$^{RDBMS - Relational Database Management System}$과 다르게 사용자별 권한 관리 체계가 없으며, 스마트폰과 같이 복잡한 데이터 관리용이 아니기므로 성능적인 이슈도 존재한다.

이러한 이유로 시퀄라이트 데이터베이스를 사용하지 않고 관계형 데이터베이스 관리 시스템을 별도로 설치해 운영한다. 이 책에서 설치할 데이터베이스는 PostgreSQL이다. 다른 데이터베이스를 선택해서 운영해도 되지만, 향후 쿠쿠 샌드박스 기능을 다양하게 운영하려면 PostgreSQL을 사용하는 것이 좋다.

코드 4-36 PostgreSQL 설치

```
hakawati@Cuckoo-Core:~$ sudo apt install -y postgresql libpq-dev
                              ...snip...
Creating config file /etc/default/sysstat with new version
update-alternatives: using /usr/bin/sar.sysstat to provide /usr/bin/sar (sar)
in auto mode
Processing triggers for libc-bin (2.23-0ubuntu9) ...
```

```
Processing triggers for systemd (229-4ubuntu19) ...
Processing triggers for ureadahead (0.100.0-19) ...
```

처음 설치했으므로 PostgreSQL의 관리자 계정인 postgres의 패스워드를 설정한다.

코드 4-37 postgres 계정 비밀번호 설정

```
hakawati@Cuckoo-Core:~$ sudo passwd postgres
Enter new UNIX password: Postgres123!@#
Retype new UNIX password: Postgres123!@#
passwd: password updated successfully
```

PostgreSQL의 관리자 계정인 postgres의 권한으로 PostgreSQL 데이터베이스를
사용할 일반 사용자 계정을 생성한다. 코드 4-38과 같이 sudo -u 옵션으로 postgres
계정의 권한을 임시적으로 할당 받아 계정 생성 명령인 createuser를 입력하고 대화
식으로 구성하기 위해 --interactive 옵션을 사용한다. 첫 질의은 사용할 계정명을 의
미하며, 이는 우분투 운영체제에 사용하는 계정과 같아야 한다. 다음으로 관리자 권
한 부여를 부여하지 않으면, 데이터베이스 생성 권한, 새로운 규칙을 만들 역할을 질
의한다.

코드 4-38 PostgresSQL에 계정 등록하기

```
hakawati@Cuckoo-Core:~$ sudo -u postgres createuser --interactive
Enter name of role to add: hakawati
Shall the new role be a superuser? (y/n) n
Shall the new role be allowed to create databases? (y/n) y
Shall the new role be allowed to create more new roles? (y/n) y
```

로그인된 우분투 계정은 hakawati이며, 이 계정은 PostgreSQL 데이터베이스를 제
어할 수 있다. 코드 4-39와 같이 createdb 명령으로 데이터베이스 이름을 cuckoo로
생성한다.

코드 4-39 cuckoo 데이터베이스 생성

```
hakawati@Cuckoo-Core:~$ createdb cuckoo
```

코드 4-40과 같이 생성한 cuckoo 데이터베이스를 제어하는 쉘에 접속하기 위해 psql 명령을 사용한다.

코드 4-40 PostgreSQL 쉘 접근

```
hakawati@Cuckoo-Core:~$ psql cuckoo
psql (9.5.10)
Type "help" for help.

cuckoo=#
```

cuckoo 데이터베이스에 접근하는 hakawati 사용자가 사용할 비밀번호를 설정하고 ₩q 명령을 입력해 쉘을 종료한다.

코드 4-41 PostgreSQL 사용자 cuckoo의 비밀번호 생성

```
cuckoo=# alter user hakawati with password 'Cuckoo123!@#';
ALTER ROLE
cuckoo=# \q
could not save history to file "/home/cuckoo/.psql_history": No such file or
directory
```

PostgreSQL 서비스의 IP 설정은 192.168.0.1/24 대역의 IP를 사용하는 시스템이 이 데이터베이스에 접근할 수 있도록 설정한다.

코드 4-42 PostgreSQL IP 설정

```
hakawati@Cuckoo-Core:~$         sudo vim /etc/postgresql/9.5/main/postgresql.conf
                                    ...snip...
```

```
59   listen_addresses = 192.168.0.100
.                                       ..snip...
hakawati@Cuckoo-Core:~$            sudo vim /etc/postgresql/9.5/main/pg_hba.conf
                                   ...snip...
100    host    all     all     192.168.0.1/24    md5
.                                       ..snip...
```

변경한 PostgreSQL 서비스의 IP를 적용하도록 재시작한다. 그리고 부팅이 되더라도 서비스가 실행될 수 있게 자동실행으로 설정한다.

코드 4-43 PostgreSQL 서비스 데몬 재실행 및 자동실행 등록

```
hakawati@Cuckoo-Core:~$ sudo systemctl restart postgresql@9.5-main.service
```

```
hakawati@Cuckoo-Core:~$ sudo systemctl enable postgresql@9.5-main.service
Created symlink from /etc/systemd/system/multi-user.target.wants/postgresql@9.5-
main.service to /lib/systemd/system/postgresql@.service.
```

이제 구성한 스케줄링 데이터베이스를 쿡쿠 샌드박스가 인식할 수 있게 설정할 필요가 있다. 이 내용은 **제4장, '제 5절 기본 운영을 위한 쿡쿠 샌드박스 설정'**에서 다룬다.

웹 서비스 데이터베이스 구성

쿡쿠 샌드박스를 제어하는데 있어 편리한 방법은 웹 서비스를 이용하는 것이다. 어떤 응용체제나 어떤 브라우저를 사용하더라도 통용되기 때문이다. 쿡쿠와 연동돼 사용되는 웹 서버는 장고 웹 프레임워크^{Django Web Framework}를 사용한다. 장고 웹 프레임워크는 쿡쿠 코어를 설치할 때 함께 설치됐고, 이 웹 서버가 사용할 데이터베이스는 RDBMS가 아니고 NoSQL인 몽고DB^{MongoDB}를 사용한다.

몽고DB는 기존의 관계형 모델인 RDBMS와 다른 형태를 가지고 있다. 관계형 데이터베이스 관리 시스템은 구조화 질의어^{SQL - Structured Query Language}를 통해 데이터를 관

리하는 반면, 몽고DB는 구조화 질의어를 사용하지 않고 데이터를 관리한다. 구조화 질의어를 사용하지 않는다는 특징 때문에 NoSQL 데이터베이스라고 부른다. 몽고 DB는 JSON^{JavaScript Object Notation} 구조체 형태를 컴파일한 BSON^{Binary JSON}을 사용하며, 이러한 형태는 문서처럼 저장되고 운영되므로 문서 지향 데이터베이스^{Document-Oriented Database}라고 불리기도 한다.

표 4-4 RDBMS와 NoSQL 비교

RDBMS	데이터베이스	테이블	스키마/컬럼	열	필드
NoSQL	데이터베이스	컬렉션	X	문서	필드

문서 지향 데이터베이스의 장점은 관계형 데이터베이스에서 사용하는 테이블과 같은 경직된 구조로 데이터를 저장하지 않는 것이다. 좀 더 풀어서 설명하면, 관계형 데이터베이스는 테이블의 열을 추가하려면 테이블 자체의 정의를 변경해야 하지만, 문서 지향 데이터베이스는 스키마를 사용하지 않으므로 별도의 테이블 변경없이 속성을 추가할 수 있다. 이러한 방식은 데이터를 관리하는 데 있어 매우 효율적이며 빠르지만 문서의 크기는 14MB로 제한적이다.

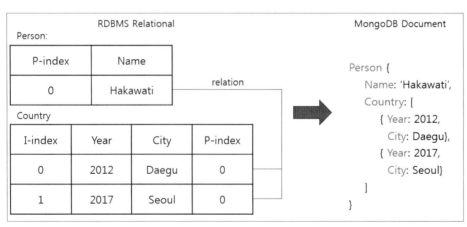

그림 4-40 RDBS vs NoSQL

쿡쿡 웹 서비스가 사용할 몽고DB 데이터베이스를 설치한다.

```
hakawati@Cuckoo-Core:~$ sudo apt install -y mongodb
```

설치가 끝나면 몽고DB 설정 파일을 수정해 데이터베이스 서비스의 IP를 설정한다.

```
hakawati@Cuckoo-Core:~$ sudo vim /etc/mongodb.conf
                                    ...snip...
11   bind_ip = 192.168.0.100
                                    ...snip...
```

변경한 설정을 적용하기 위해 데이터베이스를 다시 실행한다. 몽고DB는 설치 시 기본으로 시스템 재시작 시 자동실행되도록 설정돼 있으므로 별도로 자동실행을 설정할 필요없다.

```
hakawati@Cuckoo-Core:~$ sudo systemctl restart mongodb.service
```

몽고DB는 설치하고 바로 사용할 수 있지만, 다르게 해석하자면 사용자 인증 없이 사용할 수 있다는 의미를 가진다. 따라서 몽고DB 데이터베이스에 사용자 계정과 비밀번호를 구성하고 인증을 통해 연결되도록 설정한다. 코드 4-47과 같이 몽고DB 쉘에 접속한다.

```
hakawati@Cuckoo-Core:~$ mongo 192.168.0.100
MongoDB shell version: 2.6.10
connecting to: 192.168.0.100/test
Welcome to the MongoDB shell.
```

```
For interactive help, type "help".
For more comprehensive documentation, see
        http://docs.mongodb.org/
Questions? Try the support group
        http://groups.google.com/group/mongodb-user
>
```

몽고DB에 접근할 때 사용할 계정과 비밀번호 그리고 기능 권한을 설정한다. 비밀번호는 대문자, 소문자, 숫자, 특수문자를 섞어 쓰는 것이 좋다.

코드 4-48 몽고DB 데이터베이스 및 사용자 생성

```
> use cuckoo
switched to db cuckoo
```

```
> db.createUser({user:"hakawati",pwd:"Mongodb123!@#",roles:[{role:"readWrite",
  db:"cuckoo"}]})
Successfully added user: {
        "user" : "mongodb",
        "roles" : [
                {
                        "role" : "readWrite",
                        "db" : "mongodb_cuckoo"
                }
        ]
}
```

```
> Exit
Bye
```

쿠쿠 샌드박스와 이 데이터베이스를 연동하기 위한 설정은 **제4장의 제 5절 기본 운영을 위한 쿡쿠 샌드박스 설정**에서 진행한다.

제 5절 기본 운영을 위한 쿠쿠 샌드박스 설정

기본적인 쿠쿠 코어와 샌드박스 그리고 웹 서비스와 데이터베이스 설치와 설정이 모두 끝났다. 이제 쿠쿠의 운영을 위해 설정 파일을 수정한다. 쿠쿠 설정 파일은 필자와 동일하게 구성했다면 쿠쿠 작업 디렉터리로 설정한 $cwd의 conf 디렉터리에 위치한다.

이 책을 집필하는 기준인 2.0.5.3 버전에서는 총 15가지 설정 파일이 존재한다. 이 책에서는 모든 설정 파일을 사용하지 않으며, 이 절에서는 윈도우 악성코드를 분석하는 기본적인 동작을 위한 필수 요소만 수정한다.

표 4-5 쿠쿠 설정 파일

	파일명	설명
1	auxiliary.conf	다양한 설정 파일로 분류하기 애매한 부수적인 기능을 설정하는 파일
2	avd.conf	안드로이드 분석으로 확장하는 과정에 안드로이드 에뮬레이터를 설정하는 파일
3	cuckoo.conf	쿠쿠 코어가 동작하는 데 핵심적인 설정 파일
4	esx.conf	가상머신의 한 종류로 Tpye 1 하이퍼바이저 방식을 사용하고 있는 VM웨어의 ESX로 샌드박스를 구성할 때 선택하고 설정하는 파일
5	kvm.conf	가상머신의 한 종류로 Type 1 하이퍼바이저 방식을 사용하는 리눅스용 가상머신인 KVM으로 샌드박스를 구성할 때 선택하고 설정하는 파일
6	memory.conf	볼라틸리티 도구를 이용해 메모리 포렌식을 진행할 때 필요한 기능을 선택하고 설정하는 파일
7	physical.conf	Fog 프로젝트를 이용해 샌드박스를 가상머신이 아닌 리얼머신으로 구성할 때 선택하고 설정하는 파일
8	processing.conf	다양한 분석 기능을 선택하고 설정하는 파일
9	qemu.conf	가상머신의 한 종류로 Type 2 하이퍼바이저 방식을 사용하는 QEMU로 샌드박스를 구성할 때 선택하고 설정하는 파일
10	reporting.conf	분석 결과를 반영하는 방식을 선택하고 설정하는 파일
11	routing.conf	다양한 네트워크 구성을 위해 사용하는 설정 파일
12	virtualbox.conf	가상머신의 한 종류이며 Type 2 하이퍼바이저 방식을 사용하는 VIrtualBox로 샌드박스를 구성할 때 선택하고 설정하는 파일

13	vmware.conf	가상머신의 한 종류로 Type 2 하이퍼바이저 방식을 사용하는 VMware로 샌드박스를 구성할 때 선택하고 설정하는 파일
14	vsphere.conf	가상머신의 한 종류로 VMware에서 제공하는 클라우드 컴퓨팅 가상화 플랫폼인 vSphere를 샌드박스로 선택하고 사용할 때 설정하는 파일
15	xenserver.conf	가상머신의 한 종류로 Type 1 하이퍼바이저 방식을 사용하는 리눅스용 가상머신인 xenserver로 샌드박스를 구성할 때 선택하고 설정하는 파일

설정 파일의 기본 구성은 섹션과 옵션 그리고 주석으로 구성돼 있다.

- **섹션**: 각괄호([])를 사용해 표현되며 한 기능의 영역을 구분할 목적
- **옵션**: 각 섹션에서 사용하는 설정 값을 기록하는 부분으로 활성화/비활성화를 yes와 no로 구분하며, 그 외 구성은 필요한 값을 입력해 설정
- **주석**: 각 옵션에 관한 설명으로 문장의 시작에 샵(#)을 사용

쿡쿠 샌드박스 기본 운영에서 필요한 설정 파일은 다음과 같다.

- **코어 설정**: cuckoo.conf
- **샌드박스 설정**: virtualbox.conf
- **보고서 설정**: reporting.conf

cuckoo.conf 설정

쿡쿠 코어 설정은 $cwd/conf/cuckoo.conf에서 진행한다. 샌드박스가 악성코드를 분석한 결과를 전달하고 코어가 이를 수용하려면 네트워크 통신을 해야 하므로 분석한 결과를 전달받는 쿡쿠 코어의 IP를 명시하고, 기본 포트를 2042로 사용한다. 이 설정은 [resultserver] 섹션에서 진행한다. 우리는 vboxnet0 네트워크 인터페이스를 통해 샌드박스가 통신하도록 설정했다. 설정 파일의 기본 IP와 포트 값을 그대로 사용하며, 독자의 환경에 따라 자유롭게 변경할 수 있다.

코드 4-49 cuckoo.conf의 [resultserver] 섹션 설정

```
hakawati@Cuckoo-Core:~$ vim $cwd/conf/cuckoo.conf
                              ...snip...
80  [resultserver]
87  ip = 192.168.56.1
90  port = 2042
95  force_port = no
99  upload_max_size = 134217728
                              ...snip...
```

제4장의 제 4절 데이터베이스 구성에서 다룬 스케줄링 데이터베이스와 연결하기 위한 설정을 진행한다. 이 설정은 [database] 섹션에서 진행하며 connection 옵션에 코드 4-50과 같이 입력한다. 입력 방법은 postgresql://[데이터베이스 사용자 이름]:[데이터베이스 사용자 비밀번호]@[데이터베이스 서버 주소]:5432/[데이터베이스 이름]이다.

코드 4-50 cuckoo.conf 설정에 데이터베이스 주소 등록

```
                              ...snip...
113  [database]
122  connection = postgresql://hakawati:Cuckoo123!@#@192.168.0.100:5432/cuckoo
                              ...snip...
```

마지막으로 쿠쿠가 PostgreSQL을 제어할 수 있도록 psycopg2 파이썬 라이브러리를 추가로 설치한다.

코드 4-51 파이썬 언어가 PostgreSQL 데이터베이스를 제어하기 위한 라이브러리 설치

```
hakawati@Cuckoo-Core:~$ sudo -H pip install psycopg2==2.6.2
Collecting psycopg2==2.6.2
  Using cached psycopg2-2.6.2.tar.gz
Building wheels for collected packages: psycopg2
  Running setup.py bdist_wheel for psycopg2 ... done
  Stored in directory: /root/.cache/pip/wheels/49/47/2a/5c3f874990ce267228c2dfe
```

```
7a0589f3b0651aa590e329ad382
Successfully built psycopg2
Installing collected packages: psycopg2
Successfully installed psycopg2-2.6.2
```

virtualbox.conf 설정

샌드박스는 버추얼박스에 구성했으므로 $cwd/conf/virtualbox.conf에서 설정한다. 첫 번째로, [virtualbox] 섹션의 mode 옵션을 gui로 변경한다. 이 설정 변경은 샌드박스가 화면에 보이도록 운영해 제대로 동작하는지 확인하기 위한 목적이다. 기존 headless를 사용하면 가상머신의 동작 과정이 화면에 보여지지 않고 백그라운드에서 동작하며, 그래픽 리소스가 줄어들기 때문에 더욱 효율적인 운영을 할 수 있다.

두 번째로, interface 옵션은 샌드박스가 사용하는 네트워크 인터페이스 이름을 입력한다. Host-Only로 설정했으므로 vboxnet0을 설정한다. 만약 다른 방식으로 네트워크 구성을 했다면, 해당 네트워크 인터페이스 이름을 사용한다.

세 번째로, machines 옵션은 샌드박스의 구성을 설정하는 옵션들의 집합이 되는 섹션의 이름을 설정한다. 특히 machines에 설정한 cuckoo1은 그 아래에 있는 [cuckoo1] 섹션의 이름과 동일하게 구성돼야 쿠쿠 코어가 명시된 섹션을 통해 옵션을 읽어 샌드박스를 인식할 수 있다. machines 옵션과 이 옵션에 설정한 섹션의 이름으로 다수의 샌드박스를 구축할 수 있다. 다수의 샌드박스를 구축하는 방법은 **제7장의 제 8절 샌드박스 설정 제어를 위한 machine**에서 쿠쿠 코어의 machine 명령과 함께 다룬다.

코드 4-52 virtualbox.conf의 [virtualbox] 섹션 설정

```
hakawati@Cuckoo-Core:~$          vim $cwd/conf/virtualbox.conf
1   [virtualbox]
5   mode = gui
```

```
8   path = /usr/bin/VBoxManage
13  interface = vboxnet0
18  machines = cuckoo1
                            ...snip...
```

다음은 machines 옵션에 설정된 cuckoo1 섹션의 구성이다. 이 구성은 필수 옵션과 추가 옵션으로 구분할 수 있으며 어떠한 샌드박스를 구축하더라도 필수 옵션은 꼭 설정해야 한다. label 옵션의 값은 샌드박스의 이름이고, platform 옵션의 값은 운영체제의 종류를 지정한다. 마지막으로 이 샌드박스에 설정한 IP를 ip 옵션에 설정한다.

코드 4-53 virtualbox.conf의 샌드박스 설정

```
                            ...snip...
21  [cuckoo1]
24  label = cuckoo1
28  platform = windows
33  ip = 192.168.56.101
38  snapshot =
44  interface =
53  resultserver_ip =
61  resultserver_port =
65  tags =
68  options =
74  osprofile =
```

reporting.conf 설정

보고서와 관련있는 설정은 $cwd/conf/reporting.conf에서 진행한다. 웹 서비스는 분석 결과를 보여주기도 하므로 보고서의 기능으로 분류하며, 웹 서비스가 사용할 데이터베이스인 몽고DB와 쿠쿠 샌드박스와의 연결을 구성할 수 있다.

설정 파일에서 [mongodb] 섹션에서 몽고DB 기능을 활성화하는 enabled 옵션의 값을 yes로 변경하고, 쿠쿠 데이터베이스 서버 주소를 host 옵션에 입력한다. db 옵션에는 몽고DB에 생성한 cuckoo 데이터베이스를, username과 password 옵션에는 몽고DB에 설정한 사용자와 비밀번호를 입력한다.

코드 4-54 reporting.conf 설정

```
hakawati@Cuckoo-Core:~$ vim $cwd/conf/reporting.conf
                              ...snip...
34  [mongodb]
35  enabled = yes
36  host = 192.168.0.100
37  port = 27017
38  db = cuckoo
39  store_memdump = yes
40  paginate = 100
41  # MongoDB authentication (optional).
42  username = hakawati
43  password = Mongodb123!@#
                              ...snip...
```

기본적인 구성은 끝났다. 이제 쿠쿠 엔진과 웹 서비스를 실행해 간단한 악성코드를 분석할 수 있다.

제 6절 쿠쿠 샌드박스 엔진 및 웹 서비스 실행

쿠쿠 서비스를 운영하는데 있어 네 가지 주안점이 있다.

- 쿠쿠 코어는 항상 실행돼야 한다.
- 쿠쿠 웹 서버는 쿠쿠 코어와 독립적으로 실행돼야 한다.

- 대부분 추가 기능은 쿠쿠 코어의 하위 기능으로 존재한다.
- 일부 기능을 추가하거나 설정을 변경하면 쿠쿠 코어와 웹 서버를 재시작해야 한다.

쿠쿠 코어 실행은 터미널에서 cuckoo 명령을 이용한다. cuckoo 명령과 함께 사용할 수 있는 다양한 하위 명령이 있다. 하위 명령은 도움말 명령인 --help 명령을 사용해 살펴볼 수 있다.

코드 4-55 쿠쿠 도움말

```
hakawati@Cuckoo-Core:~$ cuckoo —help
Usage: cuckoo [OPTIONS] COMMAND [ARGS]...

  Invokes the Cuckoo daemon or one of its subcommands.

  To be able to use different Cuckoo configurations on the same machine with
  the same Cuckoo installation, we use the so-called Cuckoo Working
  Directory (aka "CWD"). A default CWD is available, but may be overridden
  through the following options - listed in order of precedence.

  * Command-line option (--cwd)
  * Environment option ("CUCKOO_CWD")
  * Environment option ("CUCKOO")
  * Current directory (if the ".cwd" file exists)
  * Default value ("~/.cuckoo")

Options:
  -d, --debug           Enable verbose logging
  -q, --quiet           Only log warnings and critical messages
  --nolog               Don't log to file.
  -m, --maxcount INTEGER Maximum number of analyses to process
  --user TEXT           Drop privileges to this user
  --cwd TEXT            Cuckoo Working Directory
  --help               Show this message and exit.

Commands:
```

```
api          Operate the Cuckoo REST API.
clean        Clean the CWD and associated databases.
community    Fetch supplies from the Cuckoo Community.
distributed  Distributed Cuckoo helper utilities.
dnsserve     Custom DNS server.
import       Imports an older Cuckoo setup into a new CWD.
init         Initializes Cuckoo and its configuration.
machine      Dynamically add/remove machines.
migrate      Perform database migrations.
process      Process raw task data into reports.
rooter       Instantiates the Cuckoo Rooter.
submit       Submit one or more files or URLs to Cuckoo.
web          Operate the Cuckoo Web Interface.
```

쿠쿠 코어를 실행할 때 -d 옵션을 이용해 디버그 기능을 활성화한다. 운영에 문제가 발생하면 해당 문제를 보고 해결할 수 있기 때문이다. 에러없이 실행됐다면, 현재 우리는 하나의 샌드박스만 구축했으므로 마지막에 INFO: Loaded 1 machine/s 로그가 출력된 것을 볼 수 있다.

코드 4-56 쿠쿠 디버깅 모드 실행

```
hakawati@Cuckoo-Core:~$ cuckoo -d
```

```
Cuckoo Sandbox 2.0.5
www.cuckoosandbox.org
Copyright (c) 2010-2017

Checking for updates...
```

```
You're good to go!

Our latest blogposts:
* Cuckoo Sandbox 2.0.5: Office DDE, December 03, 2017.
  Brand new release based on a DDE case study.
  More at https://cuckoosandbox.org/blog/205-office-dde

* Cuckoo Sandbox 2.0.4, September 06, 2017.
  Introducing Malware Configuration Extraction.
  More at https://cuckoosandbox.org/blog/cuckoo-sandbox-204

* Cuckoo Sandbox 2.0.0, March 30, 2017.
  First Cuckoo package release!
  More at https://cuckoosandbox.org/blog/cuckoo-sandbox-v2


2017-12-18 23:06:27,728 [cuckoo.core.startup] DEBUG: Imported modules...
2017-12-18 23:06:27,886 [cuckoo.core.startup] DEBUG: Imported "auxiliary"
modules:
2017-12-18 23:06:27,886 [cuckoo.core.startup] DEBUG:        |-- MITM
2017-12-18 23:06:27,887 [cuckoo.core.startup] DEBUG:        |-- Reboot
2017-12-18 23:06:27,887 [cuckoo.core.startup] DEBUG:        |-- Services
2017-12-18 23:06:27,887 [cuckoo.core.startup] DEBUG:        `-- Sniffer
2017-12-18 23:06:27,887 [cuckoo.core.startup] DEBUG: Imported "machinery"
modules:
2017-12-18 23:06:27,887 [cuckoo.core.startup] DEBUG:        |-- vSphere
2017-12-18 23:06:27,887 [cuckoo.core.startup] DEBUG:        |-- KVM
2017-12-18 23:06:27,888 [cuckoo.core.startup] DEBUG:        |-- ESX
2017-12-18 23:06:27,888 [cuckoo.core.startup] DEBUG:        |-- XenServer
2017-12-18 23:06:27,888 [cuckoo.core.startup] DEBUG:        |-- VMware
2017-12-18 23:06:27,888 [cuckoo.core.startup] DEBUG:        |-- Avd
2017-12-18 23:06:27,888 [cuckoo.core.startup] DEBUG:        |-- QEMU
2017-12-18 23:06:27,888 [cuckoo.core.startup] DEBUG:        |-- VirtualBox
2017-12-18 23:06:27,889 [cuckoo.core.startup] DEBUG:        `-- Physical
2017-12-18 23:06:27,889 [cuckoo.core.startup] DEBUG: Imported "processing"
modules:
2017-12-18 23:06:27,889 [cuckoo.core.startup] DEBUG:        |-- AnalysisInfo
2017-12-18 23:06:27,889 [cuckoo.core.startup] DEBUG:        |-- ApkInfo
```

```
2017-12-18 23:06:27,889 [cuckoo.core.startup] DEBUG:        |-- Baseline
2017-12-18 23:06:27,889 [cuckoo.core.startup] DEBUG:        |-- BehaviorAnalysis
2017-12-18 23:06:27,890 [cuckoo.core.startup] DEBUG:        |-- Debug
2017-12-18 23:06:27,890 [cuckoo.core.startup] DEBUG:        |-- Droidmon
2017-12-18 23:06:27,890 [cuckoo.core.startup] DEBUG:        |-- Dropped
2017-12-18 23:06:27,890 [cuckoo.core.startup] DEBUG:        |-- DroppedBuffer
2017-12-18 23:06:27,890 [cuckoo.core.startup] DEBUG:        |-- Extracted
2017-12-18 23:06:27,890 [cuckoo.core.startup] DEBUG:        |-- GooglePlay
2017-12-18 23:06:27,891 [cuckoo.core.startup] DEBUG:        |-- Irma
2017-12-18 23:06:27,891 [cuckoo.core.startup] DEBUG:        |-- Memory
2017-12-18 23:06:27,891 [cuckoo.core.startup] DEBUG:        |-- MetaInfo
2017-12-18 23:06:27,891 [cuckoo.core.startup] DEBUG:        |-- MISP
2017-12-18 23:06:27,891 [cuckoo.core.startup] DEBUG:        |-- NetworkAnalysis
2017-12-18 23:06:27,891 [cuckoo.core.startup] DEBUG:        |-- ProcessMemory
2017-12-18 23:06:27,892 [cuckoo.core.startup] DEBUG:        |-- Procmon
2017-12-18 23:06:27,892 [cuckoo.core.startup] DEBUG:        |-- Screenshots
2017-12-18 23:06:27,892 [cuckoo.core.startup] DEBUG:        |-- Snort
2017-12-18 23:06:27,892 [cuckoo.core.startup] DEBUG:        |-- Static
2017-12-18 23:06:27,892 [cuckoo.core.startup] DEBUG:        |-- Strings
2017-12-18 23:06:27,892 [cuckoo.core.startup] DEBUG:        |-- Suricata
2017-12-18 23:06:27,892 [cuckoo.core.startup] DEBUG:        |-- TargetInfo
2017-12-18 23:06:27,893 [cuckoo.core.startup] DEBUG:        |-- TLSMasterSecrets
2017-12-18 23:06:27,893 [cuckoo.core.startup] DEBUG:        `-- VirusTotal
2017-12-18 23:06:27,893 [cuckoo.core.startup] DEBUG: Imported "signatures"
modules:
2017-12-18 23:06:27,893 [cuckoo.core.startup] DEBUG:        |-- CreatesExe
2017-12-18 23:06:27,893 [cuckoo.core.startup] DEBUG:        `-- SystemMetrics
2017-12-18 23:06:27,893 [cuckoo.core.startup] DEBUG: Imported "reporting"
modules:
2017-12-18 23:06:27,894 [cuckoo.core.startup] DEBUG:        |-- ElasticSearch
2017-12-18 23:06:27,894 [cuckoo.core.startup] DEBUG:        |-- Feedback
2017-12-18 23:06:27,894 [cuckoo.core.startup] DEBUG:        |-- JsonDump
2017-12-18 23:06:27,894 [cuckoo.core.startup] DEBUG:        |-- Mattermost
2017-12-18 23:06:27,894 [cuckoo.core.startup] DEBUG:        |-- MISP
2017-12-18 23:06:27,894 [cuckoo.core.startup] DEBUG:        |-- Moloch
2017-12-18 23:06:27,895 [cuckoo.core.startup] DEBUG:        |-- MongoDB
2017-12-18 23:06:27,895 [cuckoo.core.startup] DEBUG:        |-- Notification
```

```
2017-12-18 23:06:27,895 [cuckoo.core.startup] DEBUG:       `-- SingleFile
2017-12-18 23:06:27,895 [cuckoo.core.startup] DEBUG: Checking for locked
tasks..
2017-12-18 23:06:27,960 [cuckoo.core.startup] DEBUG: Checking for pending
service tasks..
2017-12-18 23:06:27,971 [cuckoo.core.startup] DEBUG: Initializing Yara...
2017-12-18 23:06:27,986 [cuckoo.core.startup] DEBUG:       |-- binaries
embedded.yar
2017-12-18 23:06:27,986 [cuckoo.core.startup] DEBUG:       |-- binaries
shellcodes.yar
2017-12-18 23:06:27,986 [cuckoo.core.startup] DEBUG:       |-- binaries
vmdetect.yar
2017-12-18 23:06:27,995 [cuckoo] WARNING: It appears that you haven't loaded any
Cuckoo Signatures. Signatures are highly recommended and improve & enrich the
information extracted during an analysis. They also make up for the analysis
score that you see in the Web Interface - so, pretty important!
2017-12-18 23:06:27,995 [cuckoo] WARNING: You'll be able to fetch all the
latest Cuckoo Signaturs, Yara rules, and more goodies by running the following
command:
2017-12-18 23:06:27,995 [cuckoo] INFO: $ cuckoo community
2017-12-18 23:06:27,995 [cuckoo.core.resultserver] DEBUG: ResultServer running
on 192.168.56.1:2042.
2017-12-18 23:06:28,008 [cuckoo.core.scheduler] INFO: Using "virtualbox" as
machine manager
2017-12-18 23:06:28,773 [cuckoo.machinery.virtualbox] DEBUG: Stopping vm
cuckoo1
2017-12-18 23:06:28,947 [cuckoo.machinery.virtualbox] DEBUG: Restoring virtual
machine cuckoo1 to its current snapshot
2017-12-18 23:06:29,282 [cuckoo.core.scheduler] INFO: Loaded 1 machine/s
2017-12-18 23:06:29,310 [cuckoo.core.scheduler] INFO: Waiting for analysis
tasks.
```

쿡쿠 코어가 실행된 상태에서 새 터미널을 열고 쿡쿠 웹 서버를 구동하며 함께 사용할 수 있는 옵션은 다음과 같다.

코드 4-57 쿠쿠 웹 서비스 도움말

```
hakawati@Cuckoo-Core:~$ cuckoo web -help
Usage: cuckoo web [OPTIONS] [ARGS]...

  Operate the Cuckoo Web Interface.

  Use "--help" to get this help message and "help" to find Django's
  manage.py potential subcommands.

Options:
  -H, --host TEXT     Host to bind the Web Interface server on
  -p, --port INTEGER  Port to bind the Web Interface server on
  --uwsgi             Dump uWSGI configuration
  --nginx             Dump nginx configuration
  --help              Show this message and exit.
```

-H 옵션 뒤에 호스트 주소, -p 옵션 뒤에는 포트 번호를 입력해 실행한다. IP를 설정
하지 않으면 로컬 호스트 IP인 127.0.0.1로 실행되고, 포트를 설정하지 않으면 8000
포트를 사용한다. 코드 4-58과 같이 우분투 IP를 설정해 웹 서버를 구동하면 웹 서
비스 주소를 출력한다.

코드 4-58 쿠쿠 웹 서비스 실행

```
hakawati@Cuckoo-Core:~$ cuckoo web -H 192.168.0.100
Performing system checks...

System check identified no issues (0 silenced).
September 24, 2017 - 23:51:16
Django version 1.8.4, using settings 'cuckoo.web.web.settings'
Starting development server at http://192.168.0.100:8000/
Quit the server with CONTROL-C.
```

브라우저를 이용해 출력된 웹 서비스 주소에 방문하면 쿠쿠 웹 서비스를 이용할 수
있다.

그림 4-41 쿠쿠 웹 서비스

구동된 웹 서버에는 웹 서비스 방문과 사용자의 이벤트에 따른 로그가 출력되는 것을 확인할 수 있다.

그림 4-42 쿠쿠 웹 서버 로그

기본 구성이 잘 동작하는 것을 확인했다. 제5장에서는 웹 서비스를 이용해 분석 요청 기능을 살펴본다.

Cuckoo Sandbox

쿠쿠 샌드박스 기본 운영

5장에서는 악성코드를 이용해 쿠쿠 웹 서비스에 분석을 요청할 때 살펴볼 수 있는 다양한 구성요소를 이해하고 분석이 끝났을 때 살펴볼 수 있는 악성코드 분석 정보를 이해한다.

제 1절 웹 서비스 운영의 이해

웹 서비스는 인터넷을 이용해 접속할 수 있으므로 어떻게 구성하는가에 따라 언제, 어디서, 누구나 방문해 서비스를 이용할 수 있다. 다시 말하자면 언제, 어디서, 누구나 악성코드 분석을 요청할 수 있다. 필자와 완전 동일하게 설치하고 구성했다면 다음 주소로 웹 서비스에 접속할 수 있다.

```
http://192.168.0.100:8000
```

메인 페이지는 대시보드^{Dashboard}로 쿠쿠 샌드박스의 상태 정보와 최신 쿠쿠 샌드박스의 정보를 알려준다. 대시보드는 크게 네 영역으로 구분되며, 다음과 같은 정보를 확인할 수 있다.

- 카테고리
  - 대시보드Dashboard
  - 최근 분석 정보Recent
  - 분석 대기 상태Pending
  - 검색Search
  - 분석 요청Submit
  - 기존 분석 결과 제출Import
  - 웹 서비스 테마 변경
- 인사이트
  - 쿡쿠 코어 버전Cuckoo Installation
  - 분석 통계Usage statistics
  - 최신 쿡쿠 정보From the press
- 쿡쿠
  - 파일 분석 요청Submit a file for analysis
  - URL/HASH 분석 요청Submit URLS/HASHES
  - 시스템 자원 정보System info
- 최근 분석 정보Recent analyses

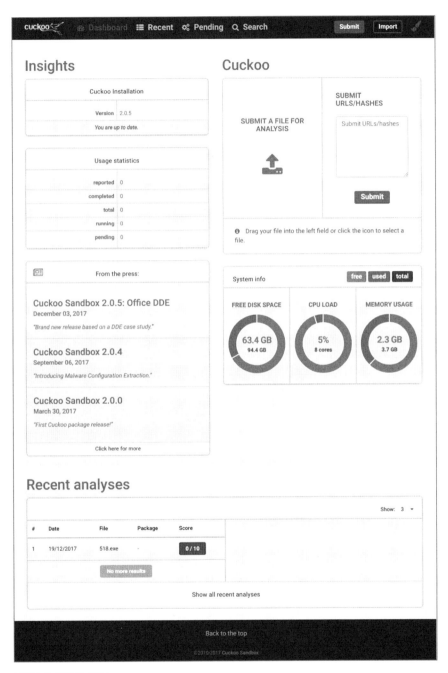

그림 5-1 쿠쿠 웹 서비스

사용자와 웹 서비스의 대화는 내부적으로 그림 5-2와 같이 동작한다. 사용자는 웹 서비스에 악성코드를 업로드해 분석 요청하면, 전달 받은 악성코드를 서버의 /tmp/cuckoo-tmp/ 디렉터리에 저장하고, 쿠쿠 웹 서버는 스케줄링 데이터베이스에 악성코드 위치, 우선순위, 태스크 ID, 샘플 ID 등을 기록한다. 코어는 분석해야 할 악성코드가 있는지 지속적으로 스케줄링 데이터베이스를 통해 확인하며, 처리대상이 된 악성코드는 샌드박스로 전달해 악성코드를 분석한다.

코어는 샌드박스에 악성코드와 함께 악성 행위를 추적할 도구도 함께 전달하며, 별도로 샌드박스 외부에서 메모리나 패킷 등 다양한 정보를 수집해 저장한다. 이렇게 분석하고 수집한 정보는 쿠쿠 코어의 보고서 생성 기능에 의해 정보를 선별하고 보고서에 사용할 데이터를 산출한다. 선별된 데이터는 웹 서비스가 사용하는 몽고DB에 기록한다.

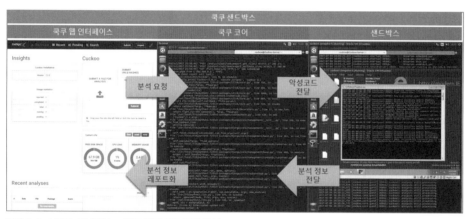

그림 5-2 사용자, 웹 서비스 그리고 쿠쿠 코어 동작 방식

제 2절 악성코드 수집 방법

악성코드에 감염된 컴퓨터를 제어하는 공격자의 서버를 C&C라고 부르며, C&C가 원활하게 악성코드에 명령을 전달해 악의적인 행위를 하는 경우 활성화된 악성코드 (또는 살아있는 악성코드)로 표현한다. 활성화된 악성코드를 구하는 것은 악성코드에 민감하게 대응하는 백신 업체나 실제 침해당한 채로 운영중인 시스템을 분석하는 경우가 아니라면 어려운 일이다. 이러한 이유로 대부분은 비활성화된 악성코드(흔히 죽은 악성코드)를 분석하는 경우가 대부분이다.

악성코드를 구하는 여러 가지 방법이 있다. 대부분은 비활성화된 악성코드지만 이러한 악성코드도 수집할 방법을 알고 있는 것이 좋다. 여기서 소개할 사이트는 모두 무료이며, 일부 조건으로 회원가입이나 인증 정도가 필요하다. 악성코드를 찾기 위해 파일의 해시를 아는 것이 매우 중요하며, 검색에 사용할 수 있는 해시로는 MD5, SHA1, SHA256이 있다.

---

http://www.offensivecomputing.net

위의 웹 사이트는 미국 조지아 주 애틀랜타 시에 위치한 조지아 공립 공과대학교에서 무료로 운영하는 악성코드 저장소다. 해시를 이용해 검색하고 샘플이 존재하면 **Download Sample** 링크를 통해 다운로드할 수 있다. 다운로드한 파일은 기본으로 zip 형태로 압축돼 있으며, 압축 비밀번호는 infected다.

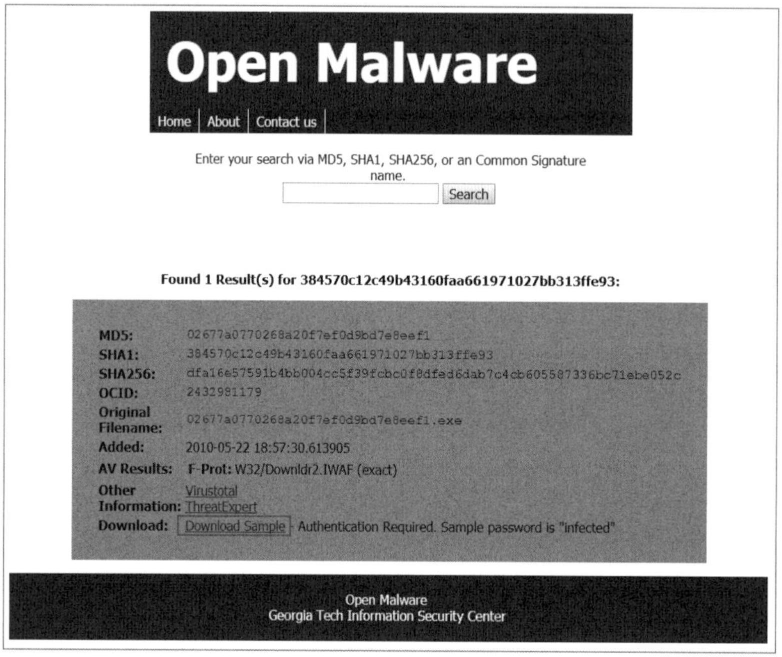

그림 5-3 offensivecomputing.net 사이트 검색 결과

---

http://malwaredb.malekal.com

위의 사이트는 프랑스의 보안 커뮤니티인 malekal에서 운영하는 악성코드 데이터베이스로 악성코드 이름, MD5 해시, URL 등 다양한 정보를 토대로 검색할 수 있으며, 이러한 정보를 모두 입력해 검색할 필요는 없다. 그림 5-4와 같이 검색한 결과에서 왼쪽 앞에 있는 해골 모양의 아이콘을 클릭해 샘플을 다운로드할 수 있다. 이 사이트 또한 다운로드한 파일은 zip 형태로 압축돼 있으며, 압축 비밀번호는 infected다.

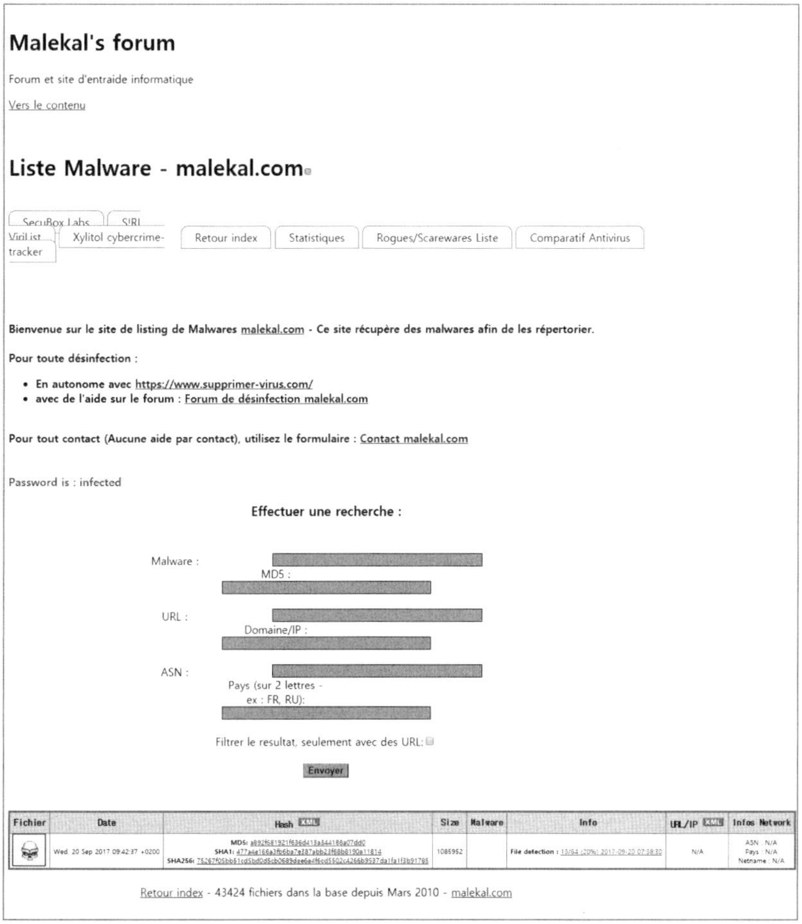

Malekal's forum

Forum et site d'entraide informatique

Vers le contenu

Liste Malware - malekal.com

| SecuBox Labs | S!RI |
| ViriList-tracker | Xylitol cybercrime-tracker | Retour index | Statistiques | Rogues/Scarewares Liste | Comparatif Antivirus |

Bienvenue sur le site de listing de Malwares malekal.com - Ce site récupère des malwares afin de les répertorier.

Pour toute désinfection :

- En autonome avec https://www.supprimer-virus.com/
- avec de l'aide sur le forum : Forum de désinfection malekal.com

Pour tout contact (Aucune aide par contact), utilisez le formulaire : Contact malekal.com

Password is : infected

Effectuer une recherche :

Malware :
MD5 :
URL :
Domaine/IP :
ASN :
Pays (sur 2 lettres - ex : FR, RU):

Filtrer le resultat, seulement avec des URL:

Envoyer

Fichier	Date	Hash XML	Size	Malware	Info	URL/IP XML	Infos Network
	Wed, 20 Sep 2017 09:42:37 +0200	MD5: a892fd81921f636d413a64416be77dd0 SHA1: 477ada166a2f6d6ba7e287abb2ff68b6190a11814 SHA256: 75287f05bb61cd5bd0d5cb069bdee6a4f6ed5502c4266b9537da1fa1f3b91785	1085952		File detection : 13/64 (20%) 2017-09-20 07:58:32	N/A	ASN : N/A Pays : N/A Netname : N/A

Retour index - 43424 fichiers dans la base depuis Mars 2010 - malekal.com

그림 5-4 malwaredb.malekal.com 검색 결과

---

https://www.hybrid-analysis.com/

위의 웹 사이트는 독일 Payload Security 회사에서 VxStream Sandbox라는 악성 코드 자동화 분석 시스템을 개발하고, 웹 서비스로 이 샌드박스를 운영할 수 있게 구성된 서비스다. 현재 Payload Security는 미국에서 시작해 글로벌 보안 회사가 된 CrowdStrike사에 인수됐다. 이 사이트와 동일한 서비스로 다음 사이트가 있다.

https://www.reverse.it/

이 서비스는 비용을 지불해 구매하면 독립적으로 사용할 수 있는 자동 분석 서비스를 구축해 사용할 수 있는 솔루션 형태를 제공한다. 웹 서비스에서 샘플을 다운로드 받으려면 회원가입을 해야 한다. 회원가입 조건으로 이름(닉네임), 이메일, 비밀번호를 기입한다. Sample 버튼이 활성화된 경우에만 악성코드를 다운로드할 수 있으며, 비활성화된 경우는 이 서비스를 이용해 악성코드 분석을 요청한 분석가가 공유를 원하지 않는 경우다. 추가적으로 악성코드가 통신한 PCAP 파일이나 사고 지표로 사용할 수 있는 IoC 보고서 등 정보를 얻을 수 있다. 다운로드한 악성코드는 gzip이라는 압축 방식을 사용하고 있으며, 비밀번호가 설정돼 있지 않기에 백신에서 탐지할 경우 차단될 수 있다.

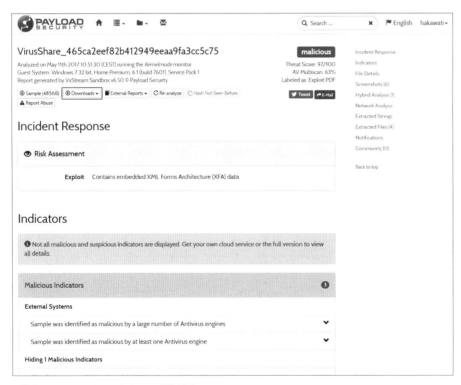

그림 5-5 www.hybrid-analysis.com 검색 결과

```
http://malwr.com
```

위의 웹 사이트는 쿠쿠 재단에서 운영하는 쿠쿠 샌드박스 기반의 공개 웹 서비스다. 회원가입을 해야 검색이 가능하고, 분석을 요청한 분석가가 악성코드 공유 여부를 결정할 수 있다. 물론 공유로 설정했다면 누구든 로그인해 샘플을 다운로드할 수 있으며, 다운로드 가능할 경우 그림 5-6과 같이 Download 버튼이 활성화된다. 회원가입 요구 조건으로 이메일, 이름(닉네임), 비밀번호, 실명을 기입한다. 악성코드는 확장자는 bin을 사용하며 압축돼 있지 않아 백신에서 탐지할 경우 차단될 수 있다.

그림 5-6 malwr.com 검색 결과

이 서비스는 쉐도우 서버^{Shadow Server}로 운영되는데, 이 서버는 보안을 위해 여러 가지 연구와 조사를 하는 조직에게 호스팅 서비스를 제공하는 곳이다. 하지만 안정적인 서비스를 제공하고 있지 않으므로 간헐적으로 서비스를 이용할 수 없다. 집필을 하고 있는 시점에서 이 서비스는 잠정적으로 중단하고 개선중이다.

http://malshare.com/

CrowdStrike에 재직중인 Silas Cutler가 메인 개발자로 포함돼 있는 보안 개발 커뮤니티에서 제작해 운영중인 서비스다. 이름과 이메일을 기입해 회원가입을 신청하면 이메일로 API 키를 할당받고, 할당받은 API 키를 이용해 로그인한 후 악성코드 샘플을 다운로드할 수 있다. 검색으로 해시를 사용하나 야라 패턴 이름으로 검색할 수 있다. 야라는 쿠쿠 샌드박스도 사용하므로 이에 관한 내용은 **제15장, '야라를 이용한 정적 패턴 제작'**에서 간략하게 다룬다.

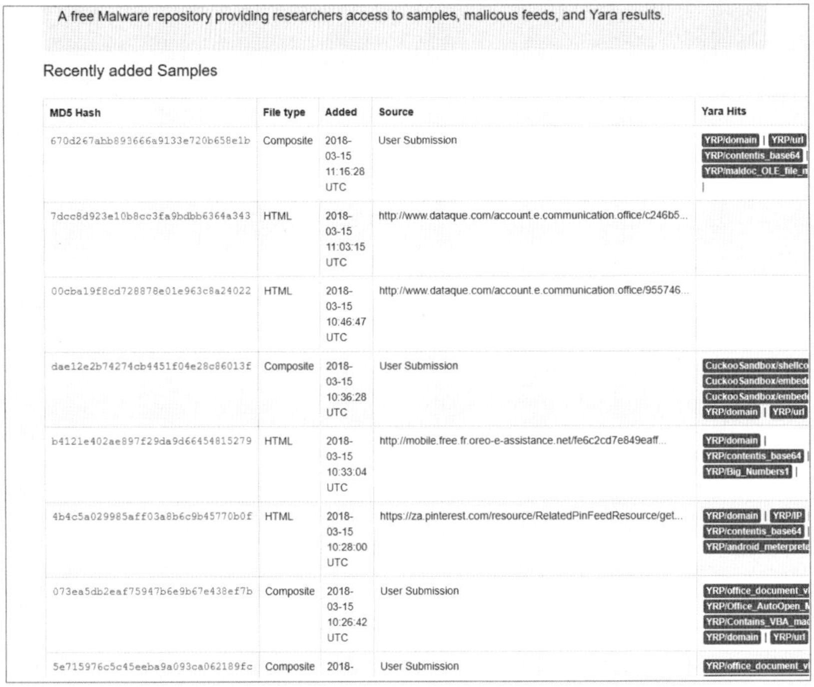

그림 5-7 malshare.com 메인 화면

```
https://virusshare.com/
```

분석가 J-Michael Roberts를 중심으로 다양한 연구가들이 모여 악성코드를 공유하기 위해 만든 서비스로 가장 많은 샘플을 구할 수 있다. 회원가입은 사이트 운영자에게 영문의 메일을 보내 회원가입 토큰을 발행받아 가입하거나 이미 가입된 사용자로부터 초대 이메일을 받아야 가능하며, 가입된 사용자의 초대 이메일은 최대 3회로 제한돼 있다.

악성코드 Download 아이콘이 초록색으로 표현돼 있으면, 해당 아이콘을 클릭해 샘플을 다운로드할 수 있다. 압축 파일로 다운로드하며 비밀번호는 infected를 사용한다.

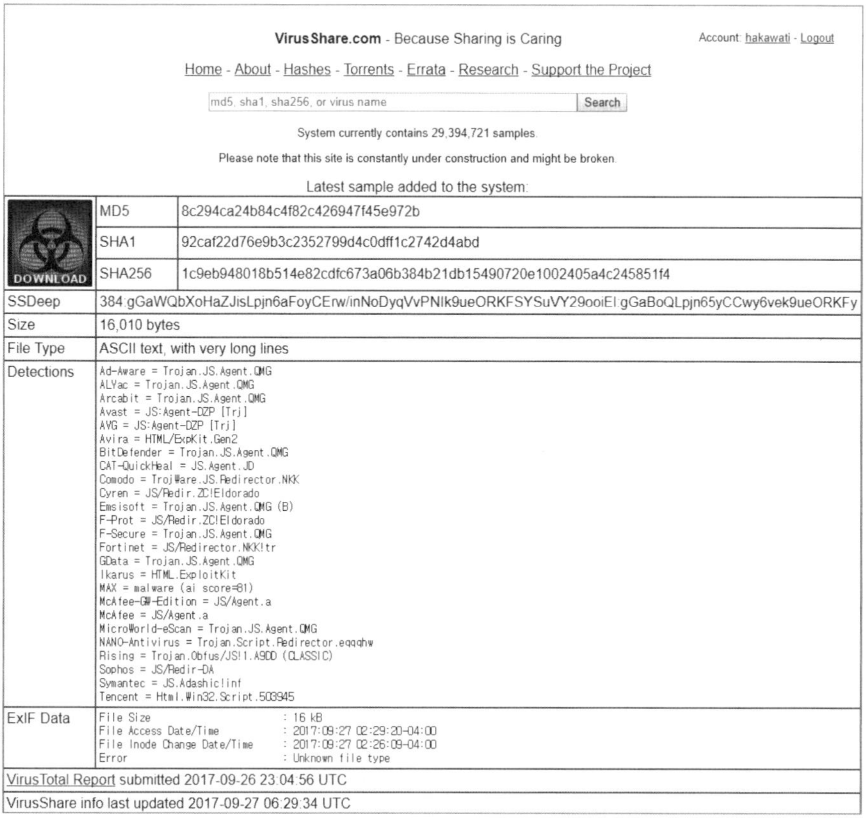

그림 5-8 virusshare.com

우리가 구축할 쿠쿠 샌드박스에 테스트할 샘플 이름과 해시는 다음과 같다.

- 파일 이름 - 518.exe
    - MD5 - c735ac8e7674310854f4463d64703617
    - SHA1 - a89f7605d288266c0cd7a1014df266f5150d197b
- 파일 이름 - Invitation.jar
    - MD5 - 859c4c667dd0f44f80b60242d93c4b0f
    - SHA1 - 40859bc18ea0ffa9bcf5af699336fbdbfd6be7f1
- 파일 이름 - News Release.pdf
    - MD5 - 411406d5ace2201e5dd73ce8e696b03b
    - SHA1 - 92e03aa29715951061d8dd17ea59221fc8ea1d65
- 파일 이름 - pwnie_brownies.ps1
    - MD5 - 552a2c2eca1c5a859b0582568aceda2b
    - SHA1 - c9ab4b7eda89aba301d012dbf0492d3f7144c2ab

다운로드 받을 수 있는 주소는 다음과 같으며, 대소문자를 정확히 입력해 다운로드 한다. 압축 해제 비밀번호는 infected다.

---

https://bit.ly/2Imqci0

제 3절 악성코드 분석 요청 방식

다운로드한 악성코드는 상단 Submit 버튼이나 그 아래 SUBMIT A FILE FOR ANALYSIS 를 클릭해 쿠쿠 샌드박스에 업로드한다. 그러면 그림 5-9와 같이 분석 요청 화면이 출력되는데, 이때 우측 상단 Analyze 버튼을 클릭하면 분석을 시작할 수 있다. Reset 버튼을 클릭하면 분석 요청에서 설정한 기능들을 초기화하는데, 아쉽게도 집필 기준으로 설치된 2.0.5.3 버전의 쿠쿠는 Reset 기능은 작동하지 않는다. 만약 설정을 초기화하고 싶다면 **F5** 버튼을 사용한다.

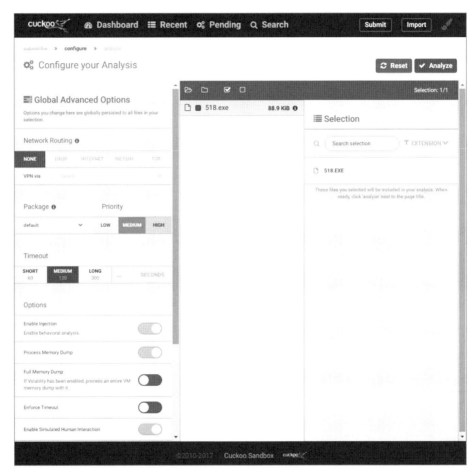

그림 5-9 파일 분석 요청 화면

좌측 제어 창

좌측창은 전역 상세 옵션^{Global Advanced Options} 영역이다. 분석할 모든 악성코드에 공통으로 적용할 옵션이다. 가장 먼저 만나는 네트워크 라우팅^{Network Routing} 설정은 구축 및 설정이 돼 있지 않으므로 비활성화돼 있다. 이 기능은 부수적으로 설치할 도구와 설정이 있기에 제18장에서 다룬다.

그림 5-10 네트워크 라우팅

네트워크 라우팅 아래 패키지^{Package}는 분석할 악성코드의 유형을 의미한다.

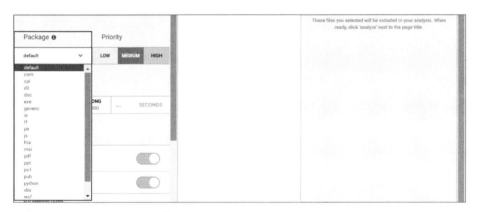

그림 5-11 분석할 수 있는 악성코드 유형

쿡쿠 샌드박스는 분석할 수 있는 악성코드의 유형을 패키지로 부른다. 표 5-1은 각각의 패키지 유형에 관한 설명으로, 일부 악성코드는 샌드박스에 악성코드를 실행하는 주체가 되는 응용프로그램을 추가로 설치해야 분석할 수 있다. 표 5-1의 설명은 쿡쿠 샌드박스 2.0.5.3 기준으로 작성됐으며, 기능 업그레이드로 일부 설명이 변경될 수 있다.

표 5-1 쿠쿠 샌드박스가 분석 가능한 유형

	확장자	요구사항	설명
1	COM	없음	COM 파일은 다양한 시스템에서 다양한 형태로 사용됐지만, 현재는 MS-DOS에서 실행되는 단순한 실행 파일이다. 특징으로는 64KB로 크기가 제한돼 있다.
2	CPL	없음	CPL은 Control PaneL의 축약어로 윈도우 시스템의 제어판에 기능을 추가할 때 사용한다. EXE와 동일하게 실행하는 형태이므로 악성코드로 제작되는 경우가 있다.
3	DLL	없음	동적 링크 라이브러리Dynamic-Link Library의 약자로 이름 그대로 특정 응용프로그램의 기능을 사용하기 위해 이러한 유형의 파일을 로드한다. 악성행위를 하는 DLL을 응용프로그램이 로드해 사용하도록 구성해 악성행위를 할 수 있다. DLLMain이 없는 DLL 파일은 별도의 설정이 필요하다.
4	DOC	MS 오피스	마이크로소프트 오피스 제품 중 워드Word가 사용하는 파일이다. 워드가 제공하는 매크로 기능을 이용하거나 워드 응용프로그램의 취약성을 이용해 다른 악성코드를 다운로드하고 실행하는 형태를 가진다.
5	EXE	없음	전형적인 윈도우 실행 파일이다. COM 파일의 크기가 제한돼 있었으나, 새로운 버전의 윈도우 운영체제가 만들어지면서 EXE 파일이 만들어졌다. 가장 많은 악성코드 유형이다.
6	G	없음	Generic 패키지를 선택하면 분석 요청한 샘플을 cmd.exe에서 실행해 분석한다. cmd.exe에서 /c 옵션을 이용해 명령을 사용할 경우 확장자와 무관하게 파일 구조를 파악하고 실행할 수 있으며, 때론 여러 명령을 한 줄로 입력할 수 있다.
7	e	없음	패키지에서 선택하는 IE는 확장자가 아닌 인터넷 익스플로러 소프트웨어를 지칭한다. 웹 사이트를 분석하거나 HTML 파일을 인터넷 익스플로러에 실행할 때 선택하는 패키지다.
8		파이어폭스	패키지에서 선택하는 FF는 Firefox를 지칭한다. 웹 사이트 방문이나 HTML 파일을 분석할 때 사용할 브라우저를 인터넷 익스플로러가 아닌 파이어폭스가 필요할 때 선택한다.
9	JAR	자바	자바가 실행할 수 있는 JAR 컨테이너를 분석할 때 사용하는 패키지다. JAR로 만들어진 악성코드는 운영체제의 종류에 무관하게 자바가 설치돼 있다면 실행이 가능한 특징을 가진다.

10	JS	없음	이 패키지는 윈도우 운영체제에서 실행가능한 스크립트인 윈도우 스크립트 호스트Windows Script Host 파일을 분석할 때 사용한다. WSH는 JS, JSE, VBS, VBE 확장자 파일을 인식해 실행할 수 있다. 이메일에 자바스크립트 확장자를 가진 파일을 첨부하고 이를 실행했을 때 WSH가 동작하면서 악성코드를 다운로드하고 실행하도록 구성된 랜섬웨어를 유포한 이력이 있어 도입된 기능이다.
11	HTA	없음	HTA는 HTML Application 약자로 HTML을 실행하면 브라우저가 실행되지만, HTA는 HTML을 별도의 응용프로그램으로 실행된다. 락키locky 랜섬웨어의 변종인 젭토zepto 랜섬웨어가 이러한 방식의 악성코드로 제작됐다.
12	MSI	없음	MSI는 MicroSoft Installer의 약자로 윈도우 설치 패키지 파일이다. 일반적으로 윈도우 업데이트를 설치할 때 이 확장자를 가진 파일을 다운로드하고 실행해 설치한다. 응용프로그램을 설치할 때 이 유형의 파일로 제작할 수 있으며, 악성코드로도 제작될 수 있다.
13	PDF	아크로뱃 PDF 리더	PDF로 제작된 악성코드를 분석할 때 선택하는 패키지다. PDF를 실행할 수 있는 다양한 응용프로그램이 있는데 쿠쿠 샌드박스에서는 어도비 아크로뱃 리더Adobe Acrobat Reader를 분석한다. PDF 악성코드는 주로 다른 악성코드를 호출해 다운로드하고 실행하는 역할을 한다.
14	PPT	MS 오피스	마이크로소프트 오피스 제품 중 파워포인트PowerPoint 응용프로그램에서 사용하는 확장자다. DOC에서 설명한 것과 유사하게 매크로나 취약성을 이용해 악성코드를 호출해 다운로드하고 실행한다.
15	PS1	윈도우 7 이상	PS1은 윈도우 파워쉘PowerShell 확장자다. 윈도우 파워쉘은 배치Batch 스크립트보다 강력한 기능을 제공하고 있으므로 외부로부터 악성코드를 호출하고 다운로드해 실행하는 것만 아니라 파워쉘 자체가 악성코드로 제작할 수 있어 상당히 많이 발견되는 악성코드 유형 중 하나다.
16	PUB	MS 오피스	PUB는 마이크로소프트 퍼블리셔Publisher에서 사용하는 확장자다. MS 퍼블리셔는 계획서, 인증서와 같은 전문 문서와 초대장, 카드와 같은 마케팅 자료를 만드는 데 사용하는 프로그램이다. DOC에서 설명한 것과 유사하게 매크로나 취약성을 이용해 악성코드를 호출한 후 다운로드하고 실행한다.
17	PY	없음	파이썬 파일을 분석할 때 선택하는 패키지다. 자바와 동일하게 파이썬 인터프리터가 설치된 컴퓨터는 파이썬으로 작성된 악성코드를 실행할 수 있어 플랫폼에 독립적이다.

18	없음	VBS는 Visual Basic Script 약자로 마이크로소프트가 개발한 스크립트 언어다. WSH에서 동작할 수 있으며 인터넷 익스플로러 브라우저에서도 동작할 수 있다. 일부 인터넷 익스플로러 취약성은 VBS로 구성돼 있거나 취약성에서 사용하는 쉘코드를 VBS로 구성하는 경우가 있다.
19	없음	WSF 파일은 WSH에서 동작하며 JS와 내용이 동일하다.
20	MS 오피스	XLS는 마이크로소프트 엑셀Excel에서 사용하는 확장자다. DOC에서 설명한 것과 유사하게 매크로나 취약성을 이용해 악성코드를 호출해 다운로드하고 실행한다.
21	없음	ZIP 유형의 압축 파일을 분석할 때 선택한다. ZIP 압축을 해제하는 응용프로그램의 문제를 분석하는 것이 아닌 여러 악성코드를 ZIP 파일로 압축해 전송하면 쿠쿠 코어가 압축을 해제하고 각각의 악성코드를 분석할 수 있도록 도와준다. 압축된 파일을 분석하는 것과 압축 해제해 개별로 업로드한 파일의 결과는 다를 수 있다.
22	자바	applet은 쿠쿠 웹 서비스에서 지원하고 있지 않지만 submit.py 커맨드라인을 통해 분석할 수 있는 패키지다. 파이어폭스나 인터넷 익스플로러에서 java 기반 코드를 실행하는 것으로, html 파일을 생성하고 〈applet〉 태그를 작성해 브라우저가 실행된다.
23	한컴 오피스	한글 워드프로세서에서 발생하는 문제를 분석하는 데 사용되는 기능이다. DOC에서 설명한 것과 유사하게 매크로나 취약성을 이용해 악성코드를 호출해 다운로드하고 실행한다.

패키지 옆 색상별 선택 항목은 우선순위Priority다. 기본 값은 중간Medium으로 설정되며, 스케줄링 데이터베이스에 등록돼 분석 대기중인 악성코드보다 빨리 분석할 필요가 있거나 천천히 분석할 필요가 있는 경우 높음High이나 낮음Low를 선택해 우선순위를 지정한다.

그림 5-12 파일 분석 우선순위 설정

시간초과^{Timeout} 설정으로 분석 종료하는 시간을 지정한다. 짧게^{SHORT}는 60초, 보통 ^{MEDIUM}은 120초, 길게^{LONG}는 300초로 설정할 수 있으며, 분석가가 원하는 시간을 직접 입력해 분석을 요청할 수 있다. 하지만 이 설정은 대략적인 시간을 의미하며, 샘플의 유형에 따라 약간의 편차가 존재한다. 대략적인 평균 종료 시간으로 이해하는 것이 좋으며 편차 없이 지정한 시간만큼 분석을 진행하고 싶다면 Enforce Timeout을 활성화해 분석한다.

그림 5-13 분석 시간 설정

다음 옵션^{Options}으로 다섯 종류의 기능을 활성화하거나 비활성화할 수 있다.

- Enable Injection: 동적 분석을 켜고 끄는 기능으로 이 옵션을 비활성화하면 정적 분석 정보만 저장된다.
- Process Memory Dump: 메모리 전체를 덤프하는 것이 아닌 실행된 악성코드의 프로세스 메모리에서 문자열을 추출한다. 추출한 메모리의 정보를 확인하는 것은 매우 중요한 정보를 찾아 볼 수 있다. 이 기능은 메모리에서 악성코드 파일을 추출하는 기능과 관련이 없다.
- Full Memory Dump: 운영체제에 할당된 메모리 전체를 추출한다. 이 기능의 사용과 활용 방안에 대해서는 제10장에서 다룬다.
- Enforce Timeout: 이 기능을 활성화하면, 시간초과로 설정한 시간에 맞게 강제로 분석을 진행한다. 예를 들면, 더 이상 악의적인 행위가 없어 요청한 분석 시간보다 일찍 분석을 종료하는 악성코드가 있으면, 이 기능을 활성화해 강제로 설정한 시간초과 시간 동안 분석을 진행한다.
- Enable Simulated Human Interaction: 샌드박스에서 사용자처럼 행위하도록 구현된 기능이다. 바탕화면에 마우스의 움직임은 있으나 가시적으로 보이지 않지만, 마우스가 움직이고 클릭과 드래그 등 다양한 동작을 수행한다.

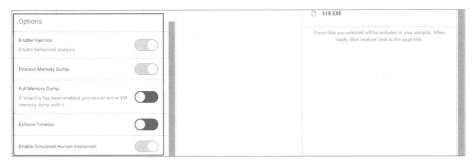

그림 5-14 옵션 설정

사용자가 직접 입력하는 EXTRA OPTIONS는 이름^{NAME}과 값^{VALUE}으로 구성돼 있으며, 이 기능을 통해 악성코드 유형에 따라 추가 옵션을 사용할 수 있다. 추가 입력을 위해서는 이름과 값을 설정하고 Enter를 누른다.

그림 5-15 EXTRA OPTIONS 설정

EXTRA OPTIONS로 사용할 수 있는 패키지와 이름은 표 5-2와 같다.

표 5-2 패키지에 사용할 수 있는 옵션

	확장자	요구사항	설명
1	class	class	실행할 클래스 이름을 지정한다. 지정한 클래스 이름은 〈applet archive="sample.jar" code="**class_name**" width="1" height="1"〉 형태로 작성돼 브라우저로 분석한다.
2	function	function	DLL에서 실행할 함수를 지정한다. 지정하지 않을 경우 DLLMain을 실행한다.
	arguments	arguments	함수에 인자를 전달한다.
3	loader	loader	rundll32.exe 이름을 변경해 DLL을 실행한다. 다시 말해서, DLL을 실행할 프로세스의 이름을 변경한다.
	arguments	arguments	커맨드라인으로 악성코드를 실행할 때 인자값을 입력하려면 이 이름을 사용한다.

4	class	class	실행할 자바의 클래스 이름을 지정한다. 클래스 실행 방법은 java.exe –cp 옵션을 사용한다. 지정하지 않으면 jar의 MANIFEST 파일에 저장된 주 기능을 찾고 이를 분석한다.
5	zip_path	zip_path	샌드박스에서 ZIP 파일을 저장할 경로를 입력한다.
	extract_path	extract_path	압축 해제하는 경로를 지정한다.
	password	password	zip 압축 파일에 비밀번호가 설정돼 있을 때 사용한다. 비밀번호가 있는 압축 파일에 이 옵션을 사용하지 않으면 infected를 기본 암호로 사용한다.

좌측 제어 창의 마지막은 샌드박스를 직접 지정하는 머신Machine 기능이다. 샌드박스를 서로 다르게 구성했다면 악성코드 유형에 맞게 샌드박스를 직접 지정해 분석할 수 있다. 예를 들어 cuckoo1에서 cuckoo10까지 샌드박스를 구성했는데, 이 중 cuckoo2는 PDF 분석, cuckoo3은 MS 오피스 분석 등 다양하게 구성할 경우에 분석할 악성코드 유형에 맞춰 샌드박스를 지정해 분석할 수 있다.

그림 5-16 Machine 설정

가운데 제어 창

가운데 제어 창은 파일 트리File Tree 영역으로 분석하려는 악성코드 리스트를 볼 수 있다. 이 트리는 업로드한 악성코드 리스트를 볼 수 있는데, 악성코드 앞 체크박스를 이용해 분석 대상과 분석 배제 대상을 선택할 수 있다.

쿠쿠 샌드박스는 여러 파일을 한번에 업로드할 수 있다. 이 경우 파일 업로드하는 네트워크 성능, 웹 서버의 성능, 스케줄링을 담당하는 데이터베이스 성능 등을 고려해야 하는데, 이 중 가장 중점으로 고려할 것은 웹 서버의 퍼포먼스다. 수천 개의 악성코드를 한번에 웹 서비스를 통해 업로드하면 웹 서버는 중단될 수 있다.

그림 5-17은 다수의 EXE 유형 악성코드를 업로드했을 때 볼 수 있는 트리다. 동일한 악성코드 샘플인 경우 파일은 붉은색으로, 키워드는 DUPLICATE FILE로 표시돼 중복제거 기능도 구현돼 있다.

그림 5-17 다중 파일(EXE) 분석 요청

그림 5-18은 여러 유형의 악성코드를 분석 요청할 때 볼 수 있는 트리다. 이메일 파일인 EML의 경우 첨부된 파일을 보여준다. APK, PPT, JAR 등 아카이브 형태의 파일들은 내부에 가지고 있는 파일들을 선별할 수 있다. 이런 형태의 파일들은 ARCHIVE 키워드가 표시되며, 체크박스 앞 아이콘이 다른 것을 확인할 수 있다. 아카이브 파일이 가지고 있는 파일을 보여주지 않더라도 분석할 대상의 개수가 분석 요청 버튼인 Analyze 하단에 표시되는 것을 볼 수 있다. 사진의 기준으로 177개의 파일 중 5개 파일이 선택됐음을 볼 수 있다.

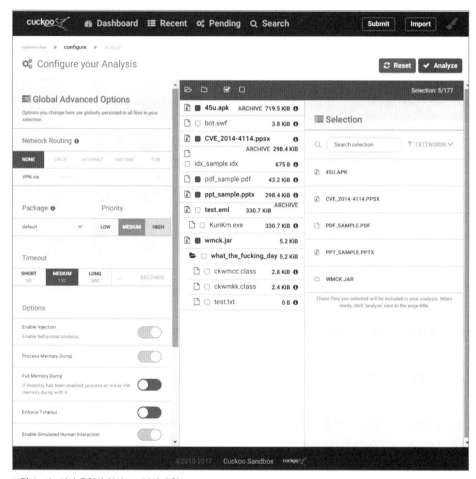

그림 5-18 여러 유형의 악성코드 분석 요청

우측 제어 창

우측 제어 창은 선택한 악성코드의 간략한 정보와 전역 상세 옵션이 아닌 개별적으로 옵션을 설정할 때 사용한다. 아카이브 파일 유형의 악성코드를 선택하면 내부의 파일 리스트를 볼 수 있으며, 다수의 악성코드를 분석할 경우 검색 기능을 이용해 특정 악성코드를 지정하는 등 다양한 기능을 내포한다.

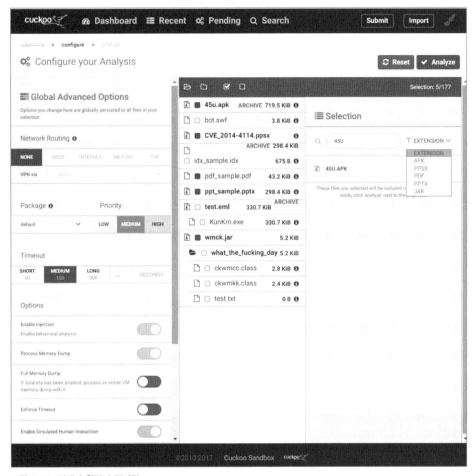

그림 5-19 검색과 확장자 필터링

가운데 제어 창에 표기된 파일 이름의 우측 i 아이콘을 클릭하거나 우측 제어 창에서 파일을 선택하면 해당 파일에 대한 간략한 정보를 볼 수 있다. 이 정보는 PATH, TYPE, MIME, SIZE 그리고 선택한 파일을 분석할 때 설정할 옵션을 보여준다.

- **경로**[PATH]: 악성코드를 추출한 경로로, 아카이브 유형에서 볼 수 있다. 아카이브 파일이 루트로 표시되고, 그 기준에서 내포한 파일 리스트를 출력한다.

- **유형과 MIME:** 확장자에 근거하지 않고 파일 포맷에 근거해 악성코드의 유형[TYPE]을 보여준다. 유형의 경우 운영체제나 응용프로그램에 기반해 분류하는

방식이고, MIME은 네트워크를 기반으로 한 파일 유형을 의미한다. 예를 들면, PPT 파일의 유형은 Microsoft OOXML, MIME의 경우 octet stream으로 분류된다.

- **크기:** 선택한 악성코드의 파일 크기^{SIZE}를 의미한다.
- **선택한 파일 분석 옵션**$^{Analysis\ Specific\ Options}$: 좌측 제어 창은 전역 상세 옵션이었다면, 이 기능은 선택한 악성코드에만 적용되는 분석 옵션이다.

제 4절 악성코드 분석 요청에 따른 상태 변화

Analyze 버튼을 클릭하면 악성코드 분석을 시작한다. 분석이 진행될 때 우측 상단에 View pending tasks와 Submit again이 있다. View pending tasks는 분석 대기 중인 악성코드를 보여주며, 분석될 때까지 pending 상태로 분류된다. Submit again은 다른 악성코드를 추가 분석 요청할 때 사용하는 기능으로 상단의 Submit과 동일한 기능이다.

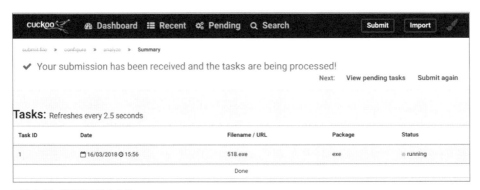

그림 5-20 악성코드 분석 요청

사용자에게 보여주는 상태 정보는 Task ID, Date, Filename / URL, Package, Status가 있다. Task ID는 분석 번호를 의미하며, 분석마다 고유의 ID가 할당된다.

Date는 분석 요청한 날짜와 시간이다. Filename / URL은 파일을 분석 요청한 경우 파일 이름을 출력하고, URL을 분석 요청한 경우 URL을 출력한다. Package는 파일의 유형을 표현한다. 마지막으로 Status는 총 다섯 종류의 상태를 출력한다.

- pending: 분석 대기 중인 상태
- running: 분석 중인 상태
- completed: 분석 완료인 상태
- reported: 보고 완료한 상태
- failed_analysis: 분석 실패한 상태

쿠쿠 코어는 분석 요청에 따라 샌드박스를 실행하고 분석할 파일을 전달해 악성코드 분석을 진행한다. 그림 5-21과 같이 쿠쿠 코어 서버에는 샌드박스가 실행되고 자동으로 분석하는 과정을 볼 수 있다.

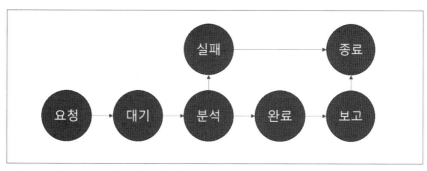

그림 5-21 쿠쿠 샌드박스 분석 라이프 사이클

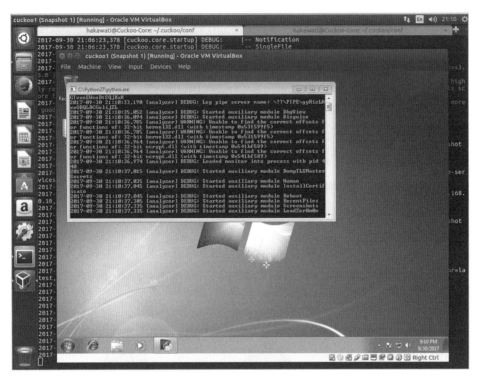

그림 5-22 쿠쿠 코어에서 샌드박스 동작 화면

Cuckoo Sandbox

악성코드 분석 결과

지금까지 악성코드 분석 요청할 때 필요한 기능들을 살펴봤다면, 이 장에서는 악성코드 분석이 끝난 후 살펴볼 수 있는 정보를 상세하게 이해해보자. 쿠쿠 샌드박스는 악성코드를 분석한 후 많은 정보를 기록한다. 악성코드 분석 방법론에서 언급한 정적 분석과 동적 분석을 기준으로 이 정보를 이해하는 것이 중요하다.

> 이 장에서 이야기하는 악성코드 분석 결과는 공유한 518.exe 악성코드의 분석 결과며, 태스크 ID는 1이다. 다시 말해서 쿠쿠 샌드박스를 구축하고 처음 분석한 악성코드가 518.exe다.

제 1절 요약 정보

요약^{Summary} 정보에서는 간략한 분석 정보를 볼 수 있다. 대량의 파일을 분석하고, 악성인지 아닌지 그 여부를 빠르게 파악할 때 이 정보는 매우 중요한 역할을 한다.

파일 영역

파일 영역은 파일의 이름, 크기, 유형, MD5, SHA1, SHA256, SHA512, CRC32, ssdeep과 같은 해시와 야라^{Yara} 패턴 탐지 결과를 보여준다.

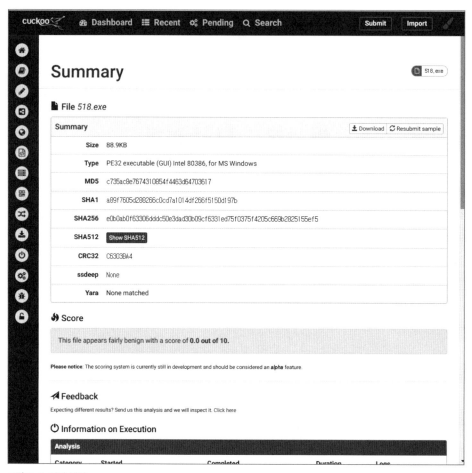

그림 6-1 파일 영역

해시는 단방향 암호화라고 불리는 기술이다. 해시의 특징은 단방향이라는 단어에서 충분히 이해할 수 있다. 일반적인 암호화는 키^{Key}를 통해 다시 복호화할 수 있으나, 해시의 암호화는 키를 생성하지 않기 때문에 어떤 데이터를 해시화했는지 확인할 수 없다. 또 다른 특징으로 어떤 데이터를 해시화해도 동일한 값이 생성되지 않으며, 어떤 정보를 해시화해도 동일한 길이를 가진다.

동일 값이 생성되지 않는 특성이 정체성^{Identity}을 확인하는 데 사용되는 중요한 정보다. 다시 말해서 기존 데이터와 수집한 데이터가 같은 데이터인지 확인하는 데 사용되며, 이를 데이터 무결성^{Data Integrity}을 보장한다고 표현한다. 쿡쿠 샌드박스가 표현하는 여섯 가지 해시 중 다른 성향을 가진 해시는 ssdeep이다.

ssdeep은 단순 해시가 아닌 퍼지^{Fuzzy} 해시 또는 CTPH^{Context Triggered Piecewise Hashing}라고 부른다. 퍼지 해시는 피스와이즈^{Piecewise} 해시와 롤링^{Rolling} 해시를 이용해 만든다. 피스와이즈 해시와 롤링 해시는 일정 크기의 구역을 나눠 해당 구역만 해시로 만드는데 그 방법에 차이가 있다. 구역을 나눠 해시화하는 이유는 대부분 기존 해시가 지원하지 않는 유사성 비교 기능을 도입하기 위함이다. 구역을 나누기 때문에 생기는 특징으로 다른 해시와 달리 고정된 크기의 해시가 생성되지 않는다. 피스와이즈와 롤링 해시를 간략하게 소개하면 그림 6-2와 같다.

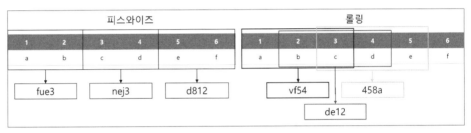

그림 6-2 피스와이즈와 롤링 해시의 원리

ssdeep을 사용하려면 피스와이즈와 롤링 해시를 지원해야 하기에 libfuzzy-dev를 설치하며, 이 라이브러리를 사용하는 ssdeep 파이썬 라이브러리를 설치한다.

코드 6-1 ssdeep 파이썬 라이브러리 설치

```
hakawati@Cuckoo-Core:~$ sudo apt install -y libfuzzy-dev
                        ...snip...
Preparing to unpack .../libfuzzy-dev_2.13-2_amd64.deb ...
Unpacking libfuzzy-dev:amd64 (2.13-2) ...
Setting up libfuzzy2:amd64 (2.13-2) ...
Setting up libfuzzy-dev:amd64 (2.13-2) ...
Processing triggers for libc-bin (2.23-0ubuntu9) ...
```

```
hakawati@Cuckoo-Core:~$ sudo -H pip install pydeep
Collecting pydeep
  Downloading pydeep-0.2.tar.gz
Building wheels for collected packages: pydeep
  Running setup.py bdist_wheel for pydeep ... done
  Stored in directory: /root/.cache/pip/wheels/91/3e/69/1256147f776e63b21ac96df
d4bdc3874e094ef1fc4e56124fe
Successfully built pydeep
Installing collected packages: pydeep
Successfully installed pydeep-0.2
```

이렇게 설치한 것만으로 쿡쿠는 ssdeep을 사용하지만 별개로 간단한 실습을 해본
다. 쿡쿠 샌드박스를 설치한 우분투 시스템에서 파이썬 명령을 입력해 파이썬 콘솔
에 들어갈 수 있다.

코드 6-2 ssdeep 파이썬 라이브러리 설치

```
hakawati@Cuckoo-Core:~$ python
Python 2.7.12 (default, Nov 20 2017, 18:23:56)
[GCC 5.4.0 20160609] on linux2
Type "help", "copyright", "credits" or "license" for more information.
>>>
```

ssdeep이 구현된 pydeep 라이브러리를 로드하고, pydeep.hash_buf 함수를 이
용해 각각의 문자열을 ssdeep 해시로 생성하도록 입력한다. 생성한 ssdeep 해시
는 pydeep.compare 함수를 이용해 비교하며, 출력되는 숫자는 유사도(%)를 의
미한다.

코드 6-3 ssdeep 파이썬 라이브러리 설치

```
>>>     import pydeep
>>>     a = pydeep.hash_buf("This program cannot be run in DOS mode")
>>>     b = pydeep.hash_buf("This program cannot be run on DOS mode")
```

```
>>>    A
'3:hVjFTS9gXeF+X32n:hVjVg3F+X32n'
>>>    B
'3:hVjFTS9gXeFTe2n:hVjVg3FTe2n'
>>>    pydeep.compare(a,a)
100
>>>    pydeep.compare(a,b)
22
```

ssdeep을 설치했으므로 쿠쿠 샌드박스의 분석 결과는 이 해시를 생성한다. 악성코드를 다시 분석하거나 설정을 적용하기 위해 쿠쿠 코어를 재시작할 필요 없이 다음과 같이 process 하위 명령으로 보고서를 다시 생성한다. 이 하위 명령에 관한 내용은 **제7장, '쿠쿠 샌드박스 응용 운영'**에서 상세히 다룬다.

코드 6-4 ssdeep 해시 생성을 위한 보고서 재생성

```
hakawati@Cuckoo-Core:~$ cuckoo process -r 1
2018-03-16 17:12:19,878 [cuckoo.processing.static] CRITICAL: You do not have
the m2crypto library installed preventing certificate extraction. Please read
the Cuckoo documentation on installing m2crypto (you need SWIG installed and
then `pip install m2crypto==0.24.0`)!
2018-03-16 17:12:23,319 [cuckoo.apps.apps] INFO: Task #1: reports generation
completed
```

웹 서비스에서 분석 결과를 다시 확인하면 ssdeep이 생성된 것을 볼 수 있다.

그림 6-3 ssdeep 활성화

마지막으로 야라는 악성코드를 분석해 찾아낸 특성을 이용해 패턴을 생성하고, 생성

한 패턴으로 다른 악성코드를 탐지할 수 있는 패턴 탐지 도구다. 야라에 대한 자세한 내용과 패턴 제작 방법은 쿡쿠 샌드박스뿐만 아니라 정보 보안에서 매우 중요한 요소이기에 **제15장, '야라를 이용한 정적 패턴 제작'**에서 별도로 다룬다.

점수 영역

점수 영역은 동작 정보 영역의 시그니처Signatures에 근거한 악성 점수를 보여준다. 점수는 악성 행위 수준을 10점 만점 기준으로 생성하며, 점수 생성 방식은 동작 정보 영역에 표현되는 시그니처를 기반으로 한다. 여기서 이야기하는 시그니처는 쿡쿠만 사용할 수 있으며, 제작한 시그니처로 탐지한 행위를 위험도에 따라 1 ~ 3점으로 설정할 수 있다. 이 점수를 심각도Severity라 부른다. 탐지한 시그니처의 수가 많을수록 심각도의 합산한 값이 커지기에 위험성이 높아진다.

현재 쿡쿠 샌드박스에서 최종적으로 점수를 산출하는 방식은 탐지한 시그니처의 심각도 총합에 5를 나누는 구조를 가진다. 이렇게 산출된 값은 10점 만점 기준으로 위험성을 표현한다. 현재 community 하위 명령을 통해 시그니처 업데이트를 하지 않았으므로 0점으로 출력되며, 시그니처 업데이트 방법은 동작 정보 영역에서 다룬다.

Score
This file appears fairly benign with a score of 0.0 out of 10.
Please notice: The scoring system is currently still in development and should be considered an alpha feature.

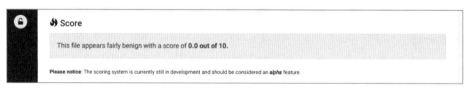

그림 6-4 점수 영역

만약 점수가 산출되면 그림 6-5와 같이 점수에 따라 표현하는 내용이 다르다. 어떤 시그니처에도 탐지되지 않은 0점인 경우 정상 파일로 간주하며, 연한 초록색과 함께 success 알람을 출력한다.

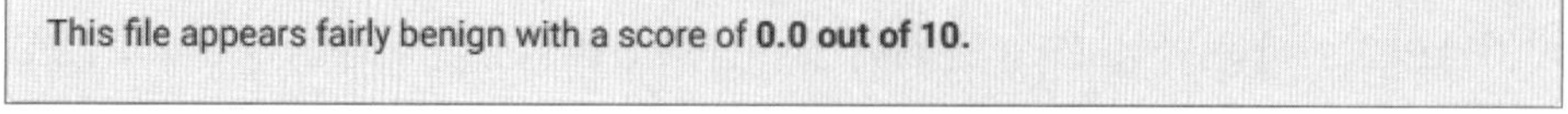

This file appears fairly benign with a score of 0.0 out of 10.

그림 6-5 success 알람

점수가 2점 미만인 경우 악의적인 행동을 할 가능성이 있는 파일로 간주하며, 연한 파랑색과 함께 info 알람을 출력한다.

This file shows some signs of potential malicious behavior.
The score of this file is **1.0 out of 10.**

그림 6-6 info 알람

점수가 2점에서 5점 사이인 경우 일정 수준 이상 악의적인 행동과 유사한 행동을 한 파일로 간주하며, 연한 주황색과 함께 warning 알람을 출력한다.

This file shows numerous signs of malicious behavior.

The score of this file is **3.0 out of 10.**

그림 6-7 warning 알람

점수가 5점 이상인 경우 악의적인 행동을 많이 한 징후를 탐지한 파일로 간주하며, 붉은색과 함께 danger 알람을 출력한다.

This file is **very suspicious**, with a score of **6.4 out of 10!**

그림 6-8 danger 알람

아쉬운 점은 심각도를 설정하는 값이 1에서 3점까지 사용하는 것이 좋다는 쿡쿠 샌드박스 제작진의 의견과 무관하게 자유롭게 부여할 수 있으므로 매우 큰 점수가 산출될 수 있다. 예를 들어 심각도 총 합이 50점을 넘으면 5로 나누었을 경우 10점이 넘기에 간혹 10점이 넘는 악성코드가 나타날 경우가 있다. 필자가 생각하기엔 10만점으로 산출하는 점수 식의 문제로 보이지만, 쿡쿠 샌드박스 측에서는 채점 시스템은 개발중임을 언급한다. 참고로 쿡쿠 샌드박스 시그니처 제작은 제17장의 동적 패턴 제작에서 추가적으로 다룬다.

동작 정보 영역

동적 정보 영역은 샌드박스 동작 관련 정보, 스크린샷, 시그니처, 네트워크 분석 요약 정보를 살펴볼 수 있다. 이 영역은 쿡쿠 코어, 샌드박스부터 악성코드까지 모든 동작 정보을 간략하게 보여준다. 분석 영역으로 파일 또는 URL을 나타내는 카테고리 Category, 분석 정보로 분석 시작 시간Started, 분석 종료 시간Completed, 분석에 걸린 시간 Duration 그리고 샌드박스와 쿡쿠 코어의 로그Logs가 있다.

Analysis				
Category	Started	Completed	Duration	Logs
FILE	Dec. 19, 2017, 11:46 a.m.	Dec. 19, 2017, 11:48 a.m.	149 seconds	Show Analyzer Log Show Cuckoo Log

그림 6-9 분석 정보

로그를 클릭해 바로 살펴볼 수 있다. 샌드박스 로그는 Analyzer Log, 쿡쿠 코어 로그는 Cuckoo Log로 출력된다.

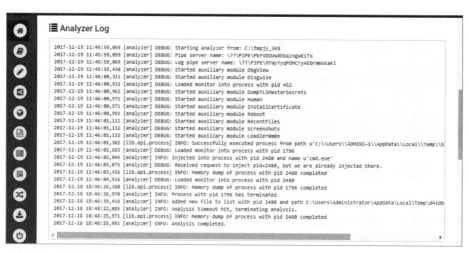

그림 6-10 샌드박스 로그

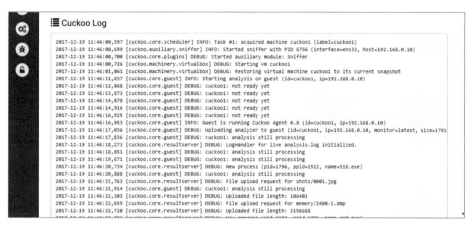

그림 6-11 쿠쿠 코어 로그

머신 영역은 샌드박스 시작 시간과 종료 시간을 보여준다.

Machine			
Name	**Label**	**Started On**	**Shutdown On**
cuckoo1	cuckoo1	2017-12-19 11:46:00	2017-12-19 11:48:27

그림 6-12 머신 영역

시그니처 영역은 악성코드의 행위 정보가 시그니처에 탐지된 결과를 보여준다. 시그
니처는 누구나 개발할 수 있으며, 다른 분석가가 제작한 시그니처를 이용할 수 있다.
다른 분석가가 만든 시그니처를 다운로드하려면 코드 6-5와 같이 community 하위
명령을 이용한다.

코드 6-5 쿠쿠 커뮤니티 실행

```
hakawati@Cuckoo-Core:~$ cuckoo community
2017-12-19 12:20:21,527 [cuckoo.apps.apps] INFO: Downloading.. https://github.
com/cuckoosandbox/community/archive/master.tar.gz
2017-12-19 12:20:46,333 [cuckoo] INFO: Finished fetching & extracting the
community files!
```

커뮤니티 다운로드가 완료되면 기존에 분석했던 악성코드 보고서를 다시 생성하도록 요청한다. 숫자 1은 태스크 ID를 의미한다.

코드 6-6 쿠쿠 시그니처 탐지 보고를 위한 보고서 재생성

```
hakawati@Cuckoo-Core:~$ cuckoo process -r 1
2017-12-19 12:21:29,731 [cuckoo.processing.static] CRITICAL: You do not have
the m2crypto library installed preventing certificate extraction. Please read
the Cuckoo documentation on installing m2crypto (you need SWIG installed and
then `pip install m2crypto==0.24.0`)!
2017-12-19 12:21:35,165 [cuckoo.apps.apps] INFO: Task #1: reports generation
completed
```

웹 서비스의 시그니처 영역을 다시 로드하면 시그니처 탐지 결과가 출력된 것을 볼 수 있다.

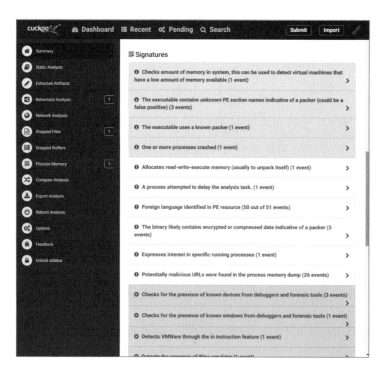

그림 6-13 시그니처 영역

탐지된 시그니처의 근거가 되는 행위는 해당 시그니처를 클릭해 확인할 수 있다.

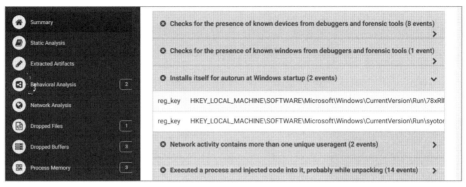

그림 6-14 시그니처가 탐지된 근거

그림 6-15는 스크린샷 영역으로 악성코드를 분석하면서 스크린샷을 찍은 바탕화면을 보여준다. 악성코드가 동작하면서 바탕화면을 변경하거나 가시적인 행위를 한다면 스크린샷을 통해 확인할 수 있다.

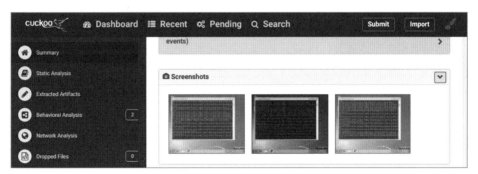

그림 6-15 스크린샷

네트워크 영역은 네트워크 정보를 요약해서 보여준다. 쿠쿠 코어가 운영되는 우분투에서 tcpdump를 이용해 샌드박스 IP의 네트워크 통신 기록을 수집하고 분석한 정보다. 도메인과 IP, A 레코드, CNAME, AAAA 레코드 등 정보를 확인할 수 있다. 도메인은 사용자가 IP를 기억하기 힘들기 때문에 문자로 표현한 이름이며, IP는 샌드박스가 통신한 호스트의 IP를 의미한다. IP 앞 A 레코드와 AAAA 레코드는 서브 도메인을 의미하며, 각각의 서브 도메인에 매핑된 IP의 주소 체계(IPv4, IPv6)에 따라 A 또는 AAAA를 사용한다. CNAME은 별칭 또는 대체 도메인이다.

네트워크 정보에 링크가 연동돼 있는데, 이 링크는 추가로 구축하는 오픈소스 네트워크 포렌식 도구인 몰록^{Moloch} 도구와 연동된다. 이 도구는 **제13장, '몰록을 이용한 네트워크 포렌식'**에서 구축하고 연동해 이 기능의 동작을 확인한다.

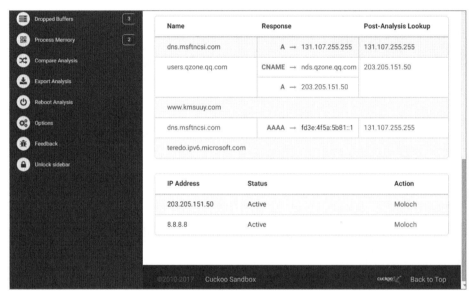

그림 6-16 네트워크 영역

제 2절 정적 분석 정보

정적 분석^{Static Analysis} 정보는 악성코드를 실행하지 않고 수집하는 정보다. 쿠쿠 샌드박스에서 사용하는 정적 분석 파트에는 네 가지 영역이 있다.

- **정적 분석**: 파일 구조를 분석한 정보를 제공
- **문자열**: 파일의 바이너리에서 문자열을 추출

- **안티바이러스**[Antivirus]: 바이러스토탈과 연동해 다양한 백신의 탐지 유무를 확인
- IRMA: 백신의 악성코드 탐지 유무를 확인하기 위해 백신을 구축한 가상환경을 이용해 백신의 탐지 유무를 확인하는 오픈소스다.

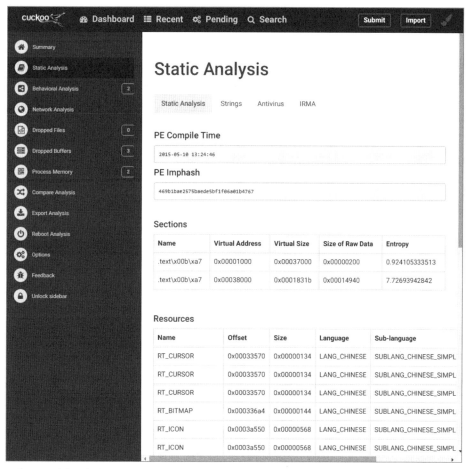

그림 6-17 정적 분석 정보

정적 분석

정적 분석 영역은 샘플의 파일 구조를 분석해 추출한다. 이 부분을 이해하려면 분석을 진행한 파일의 구조를 별도로 공부하는 것이 좋다. 함께 실습하는 518.exe 악성코드는 EXE 파일로 PE 구조를 가지고 있다. PE 구조에서 찾아볼 수 있는 정보 중 일부분을 여기서 표현한다.

PE Compile Time

컴파일 시간은 PE 구조에 표현된 시그니처가 시작하는 기준에서 8바이트 뒤에 저장된 4바이트 값이다. 헥사 에디터로 유명한 HxD라는 도구를 통해 쿠쿠 샌드박스에 요청한 코드의 헥사 값을 살펴보자. HxD 도구는 다음 주소에서 다운로드한다.

---

https://mh-nexus.de/en/hxd/

그림 6-18과 같이 PE 시그니처가 표기돼 있는 0xB0에서 8바이트 뒤에 위치한 0xB8에 기록된 4 바이트 값이 컴파일 시간이다.

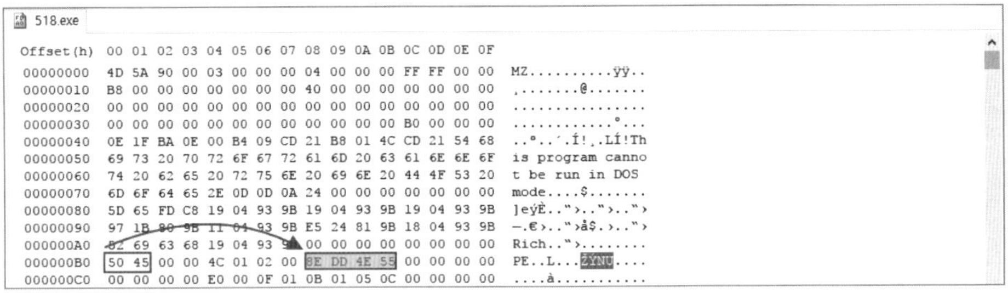

그림 6-18 컴파일 시간

16진수 값을 시간으로 변경하기에 앞서 이해해야 할 개념은 바이트 오더^{Byte Order}다. x86 즉 32비트 CPU부터 리틀 엔디안^{Little Endian}을 사용하기 시작해 현재 대부분의 CPU는 리틀 엔디안 방식의 바이트 오더를 사용한다. 리틀 엔디안에 상반되는 개념으로 사람이 문자를 이해하는 순서나 데이터를 네트워크를 통해 송수신할 때 사용하는 방식인 빅 엔디안^{Big Endian}이 있다.

PE 바이너리는 메모리에 적재돼 CPU가 연산할 수 있는 명령을 가지고 있으므로 리틀 엔디안 방식으로 구성돼 있다. 이를 눈으로 보고 바로 이해할 수 있는 방식인 빅 엔디안으로 변경할 필요가 있는데, struct 파이썬 라이브러리를 이용한다. 시간을 출력해야 하므로 시간과 관련있는 라이브러리인 datetime을 이용한다.

코드 6-7 파이썬을 이용한 시간값 연산

```
hakawati@Cuckoo-Core:~$ python
Python 2.7.12 (default, Nov 19 2016, 06:48:10)
[GCC 5.4.0 20160609] on linux2
Type "help", "copyright", "credits" or "license" for more information.
>>>  import datetime, struct
>>>  pe_compile_time = 0x8EDD4E55
>>>  re_order = struct.unpack("<I", struct.pack(">I", pe_compile_time))[0]
>>>  print datetime.datetime.fromtimestamp(re_order)
2015-05-10 13:24:46
```

그림 6-19 PE 컴파일 시간

PE Imphash

Imphash는 글로벌 보안 회사 파이어아이의 침해사고대응팀인 맨디언트^{Mandiant}에서 제안한 악성코드 유사성 확인을 위한 해시다. 이 해시는 PE 구조를 가진 파일에서만 사용할 수 있다. Imphash는 PE 구조에 명시된 DLL과 함수 호출 순서를 기반으로 해시 값을 생성한다. 다시 말해, 서로 다른 MD5 해시 값을 가진 두 악성코드의 Imphash가 같으면 유사한 악성코드로 볼 수 있다. 구체적인 내용을 이해하기에 앞서 DLL 연결 방식을 이해할 필요가 있다.

- **명시적 링킹**Explicit Linking: PE 파일이 동작하면서 필요에 따라 DLL을 로드해 함수를 사용하고 함수 사용이 끝나면 해제하기 때문에 프로그램을 실행하지 않고 파악하기는 어렵다.
- **묵시적 링킹**Implicit Linking: 컴파일하는 과정에서 로드할 DLL을 미리 기록하는 방식으로 PE 구조에서 찾아볼 수 있다.

호출하는 DLL과 함수 순서는 PE 구조 중 IAT^{Import Address Table}에 기록돼 있다. Imphash는 이 IAT를 이용해 해시를 만든다. 해시를 생성하는 흐름은 다음과 같다.

- 호출 DLL의 확장자를 제거
  - Kernel32.dll 〉 Kernel32
- 닷(.)을 붙여 호출 DLL과 함수를 연결
  - Kernel32.dll의 LoadLibrayA 함수 호출 〉 Kernel32.LoadLibraryA
  - Kernel32.dll의 GetProcAddress 함수 호출 〉 Kernel32.GetProcAddress
- 호출하는 DLL과 호출하는 함수 모두 소문자로 변환
  - Kernel32.LoadLibrayA 〉 kernel32.loadlibrarya
  - Kernel32.GetProcAddress 〉 kernel32.getprocaddress
- IAT 호출 순서에 따라 콤마(,)를 사용해 연결
  - kernel32.loadlibrarya,kernel32.getprocaddress
- MD5 해시로 제작
  - 예 – md5(kernel32.loadlibrarya,kernel32.getprocaddress)

우리가 분석중인 악성코드를 PEview라는 도구를 이용해 PE 구조를 분석해보면 다음과 같이 IAT를 찾아볼 수 있다. 이 도구는 다음 주소에서 다운로드한다.

```
http://wjradburn.com/software/
```

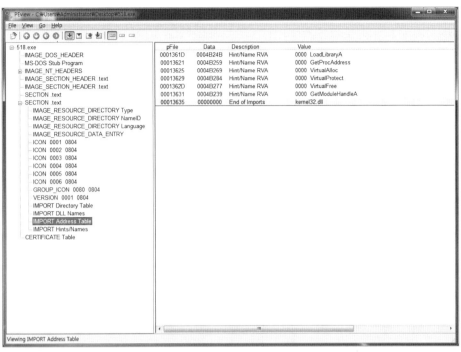

그림 6-20 PEview로 살펴본 IAT

pFile이라는 값을 참조해 호출 순서를 알 수 있으며 호출 순서, DLL 이름, 함수 이름을 이용해 Imphash 생성 직전의 형태로 표현하면 다음과 같다.

```
kernel32.loadlibrarya,kernel32.getprocaddress,kernel32.virtualalloc,kernel32.
virtualprotect,kernel32.virtualfree,kernel32.getmodulehandlea
```

위 값을 MD5로 생성하면 쿠쿠 샌드박스에서 표현하는 Imphash와 같은 값이 출력된다.

코드 6-8 imphash 생성 파이썬 코드

```
hakawati@Cuckoo-Core:~$ python
Python 2.7.12 (default, Nov 19 2016, 06:48:10)
```

```
[GCC 5.4.0 20160609] on linux2
Type "help", "copyright", "credits" or "license" for more information.
>>>   import md5
>>>   md5.new("kernel32.loadlibrarya,kernel32.getprocaddress,kernel32.
      virtualalloc,kernel32.virtualprotect,kernel32.virtualfree,kernel32.
      getmodulehandlea").hexdigest()
'469b1bae2575baede5bf1f06a01b4767'
```

그림 6-21 출력된 Imphash

동일한 Imphash를 가진 악성코드가 완벽하게 유사하다고 판단할 수는 없지만 상당히 유사하다고 해석할 수 있어 악성코드를 분류하는 하나의 지표로 활용될 수 있다.

Signing Certificate

바이너리에 서명한 인증서Signing Certificate를 추출하고 보여주는 영역으로, 인증서를 추출하는 파이썬 라이브러리를 설치해야 동작한다. 설치하려는 파이썬 라이브러리는 swig 패키지를 요구한다. swig 패키지는 C나 C++로 작성된 프로그램을 펄, 파이썬 등 스크립팅 언어로 연결해주는 역할을 한다.

코드 6-9 swig 라이브러리 설치

```
hakawati@Cuckoo-Core:~$ sudo apt install -y swig
                                ...snip...
Preparing to unpack .../swig_3.0.8-0ubuntu3_amd64.deb ...
Unpacking swig (3.0.8-0ubuntu3) ...
Processing triggers for man-db (2.7.5-1) ...
Setting up swig3.0 (3.0.8-0ubuntu3) ...
Setting up swig (3.0.8-0ubuntu3) ...
```

M2Crypto는 RSA, DSA, AES 등 다양한 암호를 위한 라이브러리다. 이 라이브러리

를 이용해 바이너리의 인증서를 추출한다.

코드 6-10 m2crypto 라이브러리 설치

```
hakawati@Cuckoo-Core:~$ sudo -H pip install m2crypto==0.24.0
Collecting m2crypto==0.24.0
  Downloading M2Crypto-0.24.0.tar.gz (184kB)
    100% |                                        | 194kB 1.1MB/s
Building wheels for collected packages: m2crypto
  Running setup.py bdist_wheel for m2crypto ... done
  Stored in directory: /root/.cache/pip/wheels/65/f4/40/401ea23b073c08199a3e90a
3044609bb23f599fb5cc25c0f55
Successfully built m2crypto
Installing collected packages: m2crypto
Successfully installed m2crypto-0.24.0
```

모든 설치가 끝나면 보고서를 재생성한다.

코드 6-11 인증서 추출을 위한 보고서 재생성

```
hakawati@Cuckoo-Core:~$ cuckoo process -r 1
2017-12-08 14:01:11,342 [cuckoo.apps.apps] INFO: Task #1: reports generation
completed
```

이제 웹 서비스의 정적 분석 영역에 그림 6-22와 같이 추출된 인증서 내용을 살펴볼 수 있다.

그림 6-22 추출된 PE 바이너리 인증서

Sections

섹션 영역은 PE 구조에서 각 섹션의 헤더 정보를 보여준다. PE 구조에서 섹션은 코드[Code], 데이터[Data], 자원[Resource]을 묶은 집합체며, 이러한 섹션을 인식할 수 있도록 정보를 가지고 있는 영역이 섹션 헤더다. PEview를 통해 살펴본 섹션 헤더는 그림 6-23과 같다.

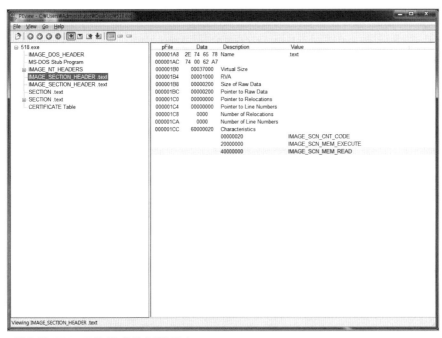

그림 6-23 PEview로 살펴본 첫 번째 섹션 헤더

섹션 헤더가 가진 요소 중 쿠쿠 샌드박스가 표현하는 부분은 다음과 같다.

- Virtual Size: 메모리에서 섹션이 차지하는 크기
- RVA: Relative Virtual Address로 메모리에 파일을 로드한 후 메모리 주소를 의미하며, 이 주소를 계산하기 위해 ImageBase 기준을 이용
- Size of Raw Data: 파일에서 섹션이 차지하는 크기

세션 헤더에 없는 요소인 엔트로피[Entropy]는 문자의 거리를 이용한 빈도를 측정한 값

이다. 측정한 값으로 얼만큼 변형이 이뤄졌는지를 알 수 있으며, 패킹이나 암호화 유무를 탐지하는데 하나의 지표로 사용된다. 엔트로피를 측정하는 대상은 섹션 헤더가 아닌 섹션이다.

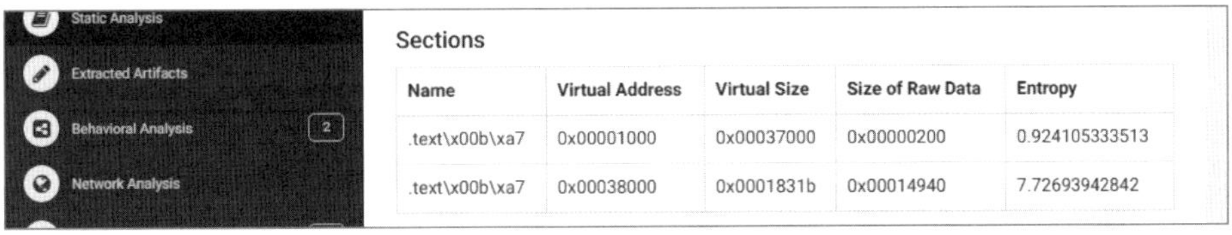

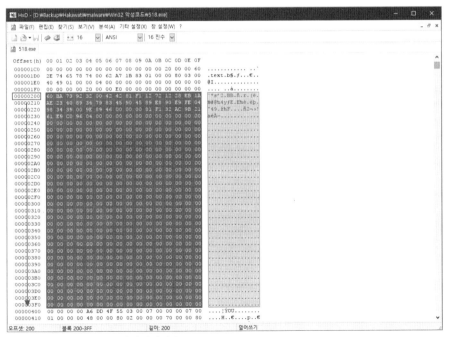

그림 6-24 섹션 정보

PEview를 통해 섹션 정보를 찾아본다. 첫 번째 섹션 헤더의 요소인 Pointer to Raw Data와 Size of Raw Data는 각각 0x200으로 바이너리 기준으로 0x200부터 0x200 크기가 섹션의 크기다. 이 영역을 HxD 도구에서 찾아 그림 6-25와 같이 마우스 드래그로 영역을 지정한다.

그림 6-25 HxD로 찾아본 첫 번째 섹션 영역

마우스 오른쪽 버튼을 클릭하고 복사를 선택한 후 메모장에 붙여 넣는다. 그리고 ctrl + h를 이용해 찾을 내용은 스페이스, 바꿀 내용은 \x로 치환한다.

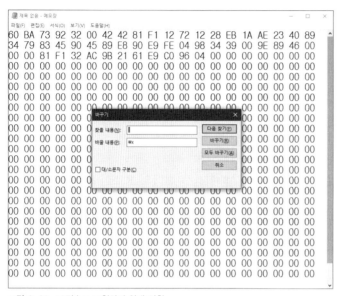

그림 6-26 16진수로 표현하기 위해 치환

주의할 점은 첫 60값 앞은 스페이스가 없으므로 \x가 입력되지 않는다. 직접 \x를 입력한다. 코드 6-12와 같이 파이썬 코드를 작성한 파일을 생성하고, data 변수에 방금 메모장에서 수정한 내용을 작성한다. 숫자는 줄 번호를 의미한다.

코드 6-12 엔트로피 생성 코드 작성

```
hakawati@Cuckoo-Core:~$ vim entropy.py
1        import array
2        import math
3        from collections import Counter
4
5        data = '\x60\xBA\x73\x92\x32\x00\x42\x42\x81\xF1\x12\x72\x12\x28\xEB\
x1A\xAE\x23\x40\x89\x34\x79\x83\x45\x90\x45\x89\xE8\x90\xE9\xFE\x04\x98\x34\
x39\x00\x9E\x89\x46\x00\x00\x00\x81\xF1\x32\xAC\x9B\x21\x61\xE9\xC0\x96\x04\
x00\x00\x00\x00\x00\x00\x00\x00\x00\x00\x00\x00\x00\x00\x00\x00\x00\x00\x00\
```

```
x00\x00\x00\x00\x00\x00\x00\x00\x00\x00\x00\x00\x00\x00\x00\x00\x00\
x00\x00\x00\x00\x00\x00\x00\x00\x00\x00\x00\x00\x00\x00\x00\x00\x00\x00
\x00\x00\x00\x00\x00\x00\x00\x00\x00\x00\x00\x00\x00\x00\x00\x00\x00\
x00\x00\x00\x00\x00\x00\x00\x00\x00\x00\x00\x00\x00\x00\x00\x00\x 00\
x00\x00\x00\x00\x00\x00\x00\x00\x00\x00\x00\x00\x00\x00\x00\x00\x00\
x00\x00\x00\x00\x00\x00\x00\x00\x00\x00\x00\x00\x00\x00\x00\x00\x0-
0\x00\x00\x00\x00\x00\x00\x00\x00\x00\x00\x00\x00\x00\x00\x00\x00\x00\
x00\x00\x00\x00\x00\x00\x00\x00\x00\x00\x00\x00\x00\x00\x00\x00\x00\
x00\x00\x00\x00\x00\x00\x00\x00\x00\x00\x00\x00\x00\x00\x00\x00\x00\
x00\x00\x00\x00\x00\x00\x00\x00\x00\x00\x00\x00\x00\x00\x00\x00\x00\
x00\x00\x00\x00\x00\x00\x00\x00\x00\x00\x00\x00\x00\x00\x00\x00\x00\
x00\x00\x00\x00\x00\x00\x00\x00\x00\x00\x00\x00\x00\x00\x00\x00\x00\
x00\x00\x00\x00\x00\x00\x00\x00\x00\x00\x00\x00\x00\x00\x00\x00\x00\
x00\x00\x00\x00\x00\x00\x00\x00\x00\x00\x00\x00\x00\x00\x00\x00\x00\
x00\x00\x00\x00\x00\x00\x00\x00\x00\x00\x00\x00\x00\x00\x00\x00\x00\
x00\x00\x00\x00\x00\x00\x00\x00\x00\x00\x00\x00\x00\x00\x00\x00\x00\
x00\x00\x00\x00\x00\x00\x00\x00\x00\x00\x00\x00\x00\x00\x00\x00\x00\
x00\x00\x00\x00\x00\x00\x00\x00\x00\x00\x00\x00\x00\x00\x00\x00\x00\
x00\x00\x00\x00\x00\x00\x00\x00\x00\x00\x00\x00\x00\x00\x00\x00\x00\
x00\x00'
6
7       occurences = array.array('L', [0]*256)
8
9       for x in data:
10              occurences[ord(x)] += 1
11
12      entropy = 0
13      for x in occurences:
14              if x:
15                      p_x = float(x) / len(data)
16                      entropy -= p_x*math.log(p_x, 2)
17
18      print entropy
```

이 코드를 실행하면 쿠쿠 샌드박스에서 보여주는 엔트로피와 우리가 제작해 출력한 값이 동일한 것을 알 수 있다.

코드 6-13 작성한 엔트로피 코드 실행

```
hakawati@Cuckoo-Core:~$ python entropy.py
0.924105333513
```

리소스 영역

리소스^{Resources}는 섹션에 기록된 리소스(.rsrc)의 내용을 보여준다. 리소스는 대화상자, 아이콘, 커서 등 UI와 관련있는 다양한 정보를 가진다.

그림 6-27 리소스

임포트 영역

마지막으로 임포트^{Imports}다. 이 정보는 앞서 Imphash에서 언급한 IAT를 보여준다.

그림 6-28 정적 분석에서 표현하는 IAT

문자열

바이너리의 값 중 문자열을 추출한 내용으로, 문자열로 추측되는 것을 추출했기 때문에 사람이 이해할 수 없는 문자열을 함께 보여주지만 생각보다 의미 있는 정보를 찾아볼 수 있다. 우리가 분석하는 518.exe 악성코드는 인증서 관련된 키워드를 문자열에서 볼 수 있다.

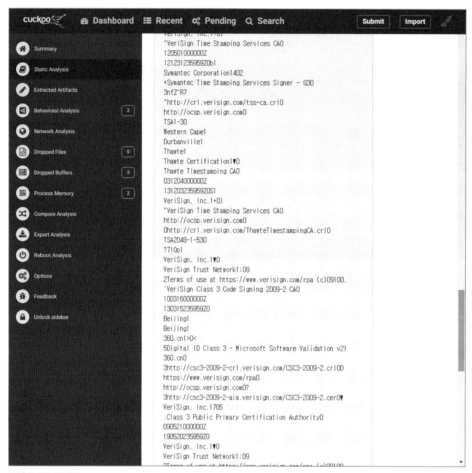

그림 6-29 문자열

안티바이러스

안티바이러스^{Antivirus}는 바이러스토탈^{VirusTotal}의 API를 이용해 분석 요청한 악성코드가 얼마나 많은 백신에서 탐지하는지 그 결과를 출력한다. 이 기능을 사용하려면 $cwd/conf/processing.conf 설정 파일을 수정한다. 기본으로 악성코드 해시를 검색하는 형태로 결과를 출력한다. 만약 악성코드를 바이러스토탈에 검색이 아닌 업로드를 통해 탐지 결과를 확인하고 싶다면 scan을 활성화한다. 다만 이렇게 설정할 경우 바이러스토탈 가입자에게 악성코드가 모두 공유된다.

코드 6-14 바이러스토탈 설정

```
hakawati@Cuckoo-Core:~$ vim $cwd/conf/processing.conf
                                ...snip...
[virustotal]
enabled = yes
scan = no
key = a0283a2c3d55728300d064874239b5346fb991317e8449fe43c902879d758088
                                ...snip...
```

바이러스토탈 탐지 결과를 확인하기 위해 보고서를 재생성한다.

코드 6-15 바이러스토탈 탐지 결과를 위한 보고서 재생성

```
hakawati@Cuckoo-Core:~$ cuckoo process -r 1
2017-12-08 14:01:11,342 [cuckoo.apps.apps] INFO: Task #1: reports generation
completed
```

보고서 재생성이 끝났다면, 쿠쿠 웹 서비스의 정적 분석에 Antivirus 항목에서 바이러스토탈 탐지 결과를 확인할 수 있다.

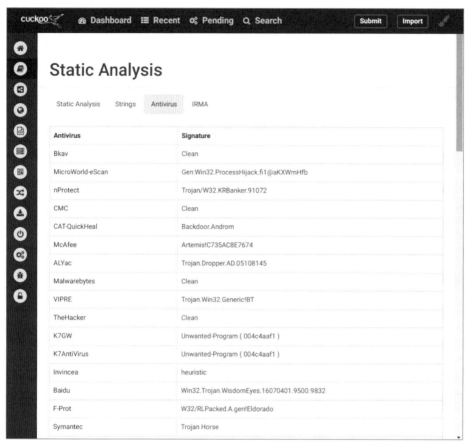

그림 6-30 바이러스토탈 탐지 결과

IRMA

IRMA는 악성코드에 의한 침해사고를 대응하기 위해 만들어진 오픈소스 프레임워크로 소개되고 있지만 바이러스토탈과 유사하게 가상머신에 백신을 설치해 악성코드 탐지 여부를 확인하기 위한 도구다. 공식 홈페이지에서 소개하는 악성코드 분석 흐름은 그림 6-31과 같다.

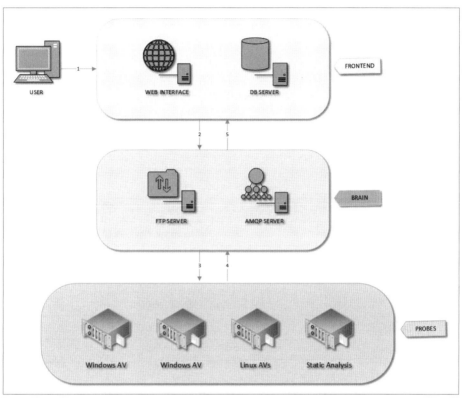

그림 6-31 IRMA 인프라 구조

- 사용자가 파일을 FRONTEND에 업로드하면 분석 시작
- FRONTEND는 데이터베이스에 기존 파일과 분석 결과가 있는지 확인
- 새로운 파일이면 저장하고, BRAIN에서 작업을 비동기로 검사
- BRAIN은 필요에 따라 PROBES에 하위 작업을 전달
- PROBE는 전달받은 하위 작업을 처리하고 그 결과를 BRAIN에 전달
- BRAIN은 FRONTEND로 결과를 전달

프레임워크의 주요 기능과 특징은 다음과 같다.

- HTTP와 JSON API를 이용해 시스템 연동이 가능
- 편리하게 사용할 수 있는 웹 인터페이스를 제공

- 다양한 백신 엔진 분석이 가능하도록 모듈식으로 아키텍처 구성
- 파이썬 2.X로 개발
- 플러그인으로 확장 가능
- 분석 결과를 저장하기 위해 몽고DB를 사용

IRMA를 구성하면 사용할 수 있는 백신 소프트웨어는 다음과 같다.

표 6-1 IRMA와 연동 가능한 백신

	백신 이름	플랫폼
1	Emsisoft Command Line	Microsoft Windows CLI
2	Avira	Microsoft Windows CLI
3	Avast	GNU/Linux CLI
4	AVG	GNU/Linux CLI
5	Bitdefender	GNU/Linux CLI
6	ClamAV	GNU/Linux CLI
7	Comodo Antivirus for Linux	GNU/Linux CLI
8	Dr.Web	GNU/Linux CLI
9	Eset Nod32 Business Edition	GNU/Linux CLI
10	eScan	GNU/Linux CLI
11	F-Prot	GNU/Linux CLI
12	F-Secure	GNU/Linux CLI
13	G Data Antivirus	Microsoft Windows CLI
14	Kaspersky Internet Security	Microsoft Windows CLI
15	McAfee VirusScan Command Line	GNU/Linux – Microsoft Windows CLI
16	Sophos	GNU/Linux – Microsoft Windows CLI
17	Symantec Endpoint Protection	Microsoft Windows CLI
18	VirusBlokAda	GNU/Linux CLI
19	Zoner Antivirus	GNU/Linux CLI

아쉽게도 이 오픈소스 프레임워크를 세심하게 구축하고 운영할 순 없다. 그 이유는 다음과 같다.

- IRMA에서 분석해주는 데이터는 대부분 쿠쿠 샌드박스에서 분석 가능
- 백신 하나당 하나의 가상머신을 운영하므로 리소스를 많이 사용(최소 16GB 메모리)
- IRMA의 가상머신에서 테스트하는 백신은 바이러스토탈로 대체 가능
- 공식 홈페이지에서 제공하던 가상머신 파일을 더 이상 제공받지 못함

이러한 이유로 이 책에서는 더 이상 언급하지 않으며, 향후 변경 사항에 대해서는 다양한 경로로 정보를 제공할 예정이다.

제 3절 흔적 추출 정보

흔적 추출^{Extracted Artifacts} 정보는 이름과 다르게 커맨드 명령, 스크립트 실행과 관련 있는 정보을 수집하고 출력한다. 윈도우 운영체제에서 흔히 사용하는 스크립트는 윈도우 배치 스크립트^{Windows Batch Script}와 파워쉘^{Powershell} 그리고 VB스크립트^{VBScript}가 있다. 스크립트 자체가 악성행위를 하는 경우나 악성코드가 스크립트를 이용하는 경우 모두 분석이 가능하다. 다운로드한 악성코드 중 pwnie_brownies.ps1을 이용해 이 내용을 확인할 수 있다.

그림 6-32 Extracted Artifacts 출력 결과

pwnie_brownies.ps1 악성코드에 관한 정보는 다음 사이트에서 확인할 수 있다.

https://dissectmalware.wordpress.com/2018/03/28/multi-stage-powershell-script/

제 4절 행위 분석 정보

행위 분석^{Behavioral Analysis} 정보는 악성코드를 실행하고 동작하는 내용을 추적해 수집한 정보를 보여주는 영역이다. 부모와 자식 프로세스를 구분해서 보여주며, 이 내용 안에서 특정 키워드를 검색할 수 있는 기능이 있다.

왼쪽부터 살펴보면 API 실행 시간, 실행한 함수 이름, 실행에 사용된 인수 Arguments 실행 성공 여부, 리턴 값, 반복 횟수를 볼 수 있다. 이 정보로 실행 유무를 확인할 수 있으며, 실행한 정보를 토대로 어떤 행위를 했는지 분석할 수 있다. 다만, 상당히 많은 데이터를 보여주기 때문에 어떤 API가 어떤 기능을 하는지 대략적으로 이해하는 것이 중요하며, 어느 정도 익숙한 분석가의 경우 API 이름만 보고도 해석이 가능하다.

그림 6-33 동적 분석 정보

검색 창에서 127.0.0.1을 검색하면 cmd.exe가 로컬 주소와 포트를 사용해 접속하는 것을 볼 수 있다.

그림 6-34 127.0.0.1 검색

그림 6-35와 같이 naver.com을 검색해 본다. 레지스트리 관련 API인 RegSetValueExA를 통해 www.naver.com 값이 HKEY_CURRENT_USER\Software\Microsoft\Internet Explorer\Main\StartPage에 설정되는 것을 볼 수 있다. 이 레지스트리는 인터넷 익스플로러 브라우저의 시작 페이지 설정이 저장되는 곳이다.

그림 6-35 www.naver.com이 인터넷 익스플로러 시작 페이지로 설정

악성코드 이름인 518.exe를 검색하면 HKEY_LOCAL_MACHINE\SOFTWARE\
Microsoft\Windows\CurrentVersion\Run에 알아보기 힘든 문자(2TA4fgja)로 키
가 생성되고, 518.exe 악성코드의 경로가 지정돼 있는 것을 볼 수 있다. 이 레지스트
리는 운영체제 부팅과 함께 설정한 응용프로그램을 실행한다.

그림 6-36 518.exe 검색 결과

이렇게 하나씩 정보를 찾아가며 악성코드가 무슨 동작을 했는지 확인할 수 있다. API가 사용되는 영역에 따라 색으로 키워드를 구분한 부분이 있다. 원하는 기능을 파악하기 위해 해당 키워드를 클릭하면 관련있는 함수들만 출력된다. 예를 들어, registry 버튼을 클릭하면 레지스트리와 관련 있는 API 함수만 출력된다.

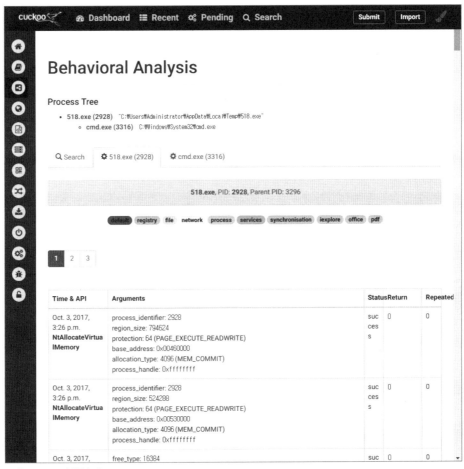

그림 6-37 동적 분석 정보

과거 쿠쿠 샌드박스 1.2 버전에서는 API 유형에 맞게 키워드와 동일한 색상이 배경 색으로 사용돼 카테고리를 쉽게 이해할 수 있었다. 하지만 현재 이 기능은 표현되지 않고 있으며, 개선될 것으로 보인다.

제 5절 네트워크 분석 정보

악성코드 행위 분석에서 네트워크 부분만 따로 추출해 정리한 부분이 네트워크 분석 Network Analysis 정보다. 네트워크 수집은 쿠쿠 코어가 운영중인 우분투에서 진행한다. tcpdump 명령을 통해 네트워크 패킷을 덤프하고, 출발지와 도착지 IP가 샌드박스가 사용하는 IP만 수집한다. 악성코드 분석이 끝나면 수집한 네트워크 패킷을 분석해 보여준다.

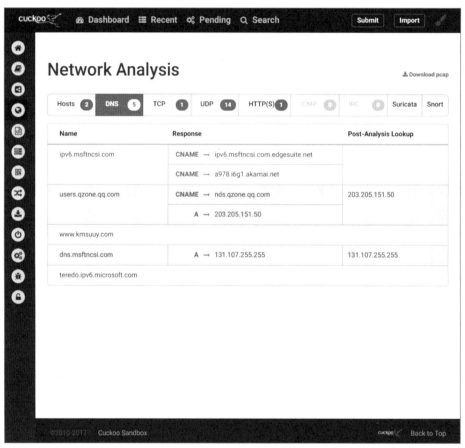

그림 6-38 네트워크 수집 정보

네트워크 정보는 크게 일곱 개 영역으로 구분할 수 있다. 요약의 네트워크 영역에서 언급했듯이, 생성되는 링크는 몰록^{Moloch} 오픈소스 시스템과 연동된 링크로 이 시스템을 구축하고 연동하는 과정은 **제13장, '몰록을 이용한 네트워크 포렌식'**에서 다룬다.

호스트

호스트^{Host}는 네트워크에 연결된 컴퓨터 시스템을 의미한다. 여기서는 악성코드가 통신하는 과정에 사용된 호스트의 IP와 상태 정보를 출력한다.

그림 6-39 호스트 정보

DNS

DNS^{Domain Name System}는 호스트에 숫자로 구성된 IP를 사용자가 기억하기 쉬운 문자로 구성된 도메인으로 연결하는 시스템이다. 이 카테고리에서는 악성코드가 송수신하는 도메인 정보를 보여주며, 해당 도메인이 연결돼 있는 IP뿐만 아니라 CNAME이 있다면 관련 정보도 보여준다.

우리가 분석한 악성코드는 중국 메신저 프로그램인 qq.com을 이용하고 있으며, 오프라인 상태인 www.kmsuuy.com 도메인을 볼 수 있다. msftncsi.com이나 microsoft.com과 같은 도메인은 운영체제가 사용하는 정상적인 도메인이다.

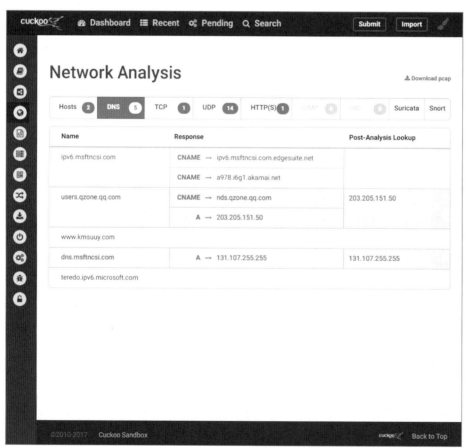

그림 6-40 네트워크 수집 정보

윈도우 운영체제가 사용하는 네트워크 통신에서 분석 결과에서 제외할 도메인이 있다면 다음과 같이 화이트리스트에 등록해 예외 처리할 수 있다.

- **화이트리스트**^{Whitelist}: 모든 요소를 차단하고 허용할 요소를 선정하는 방식으로 안전하다고 판단되는 요소를 허용하는 방식
- **블랙리스트**^{Blacklist}: 모든 요소를 허용하고, 차단할 요소를 선정하는 방식으로 안전하지 않다고 판단되는 요소를 차단하는 방식

쿡쿠 샌드박스에서 화이트리스트에 도메인을 등록하려면 $cwd/conf/processing.conf에서 도메인 화이트리스트 기능을 활성화한다.

코드 6-16 화이트리스트 기능 활성화

```
hakawati@Cuckoo-Core:~$          vim $cwd/conf/processing.conf
                                 ...snip...
61   [network]
62   enabled = yes
63
64   # Allow domain whitelisting
65   whitelist_dns = yes
                                 ...snip...
```

각자의 환경에서 출력된 도메인 중 화이트리스트에 등록할 도메인을 선정해 $cwd/whitelist/domain.txt에 기록한다. 이 기록은 msftncsi.com과 같이 메인 도메인만 입력하는 것이 아닌 ipv6.msftncsi.com와 같이 서브 도메인을 모두 포함해 입력한다. 이 화이트리스트 기능은 아쉽게도 정규표현식을 사용하지 못한다.

코드 6-17 화이트리스트 도메인 등록

```
hakawati@Cuckoo-Core:~$ vim $cwd/whitelist/domain.txt
1   # You can add whitelisted domains here.
2   ipv6.msftncsi.com
3   fe2.update.microsoft.com
```

```
4   au.download.windowsupdate.com
5   ds.download.windowsupdate.com
6   www.microsoft.com
7   ctldl.windowsupdate.com
```

이제 화이트리스트를 적용한 결과를 확인하기 위해 분석 보고서를 재생성한다.

코드 6-18 화이트리스트 적용 결과를 위한 보고서 재생성

```
hakawati@Cuckoo-Core:~$ cuckoo process -r 1
2018-01-21 00:34:05,962 [cuckoo.apps.apps] INFO: Task #1: reports generation
completed
```

웹 서비스에서 확인해보면, 다음과 같이 도메인이 선별된 것을 볼 수 있다.

그림 6-41 선별된 도메인 정보

TCP

TCP^Transmission Control Protocol는 이름 그대로 일련의 데이터를 전송하고 수신하는 프로토콜로 IP를 함께 사용하므로 TCP/IP로 표현하기도 한다. 이 카테고리는 TCP로 샌드박스와 연결을 시도한 호스트 사이의 요청과 응답 내용을 볼 수 있다.

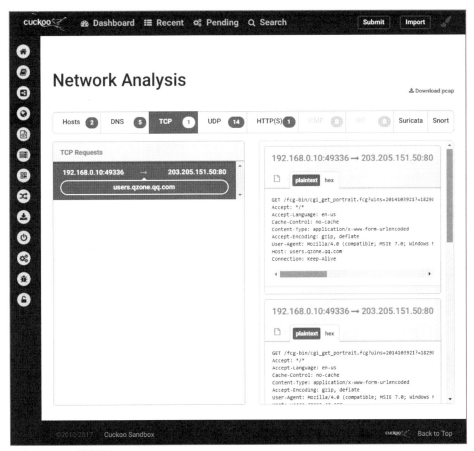

그림 6-42 TCP 연결 정보

UDP

UDP^User Datagram Protocol는 IP 기반 주요 프로토콜 중 하나로 단문의 메시지를 교환하기 위해 사용한다. 사전에 1:1로 신뢰를 기반으로 연결한 후 통신하는 TCP와 다르게 UDP는 N:N 통신 방식을 가진다. 당연히 신뢰를 생성한 후 연결하는 과정이 없으므로 TCP보다 속도가 빠르다.

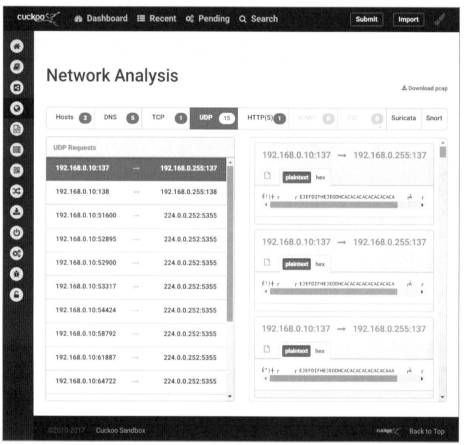

그림 6-43 UDP 연결 정보

HTTP(S)

브라우저가 사용하는 핵심 프로토콜로 웹 서버와 브라우저간의 통신하는 과정을 분석한 결과를 보여준다. 어떤 URL과 통신했는지 보여주고, 통신 과정에 요청과 응답 내용을 확인할 수 있다.

그림 6-44 HTTP 연결 정보

HTTPS 통신을 살펴보기 위해서 HTTPS 통신 과정에서 사용된 공개키를 수집하는 행위가 필요한데, 이를 인증서 고정^{Certification Pinning}이라 부른다. 아쉽게도 쿠쿠 샌드 박스 2.0.5.3 버전에서 HTTPS 암호화 통신을 복호화하고 내용을 살펴볼 수 있도록 MiTMProxy 도구와 연동을 제공하지만, 이 기능은 복호화를 하기 위한 인증서 고정 기술이 제대로 동작하지 않고 있다. 현재 쿠쿠 샌드박스와 이 기능을 요구하는 분석가 사이에서 개선을 위해 활발히 토론중에 있다. 이 기능이 개선된 후 블로그와 같이 다양한 경로를 통해 구성 방법을 공유할 예정이다.

ICMP

ICMP는 인터넷 제어 메시지 프로토콜^{Internet Control Message Protocol}로 TCP/IP에서 IP 패킷을 처리할 때 발생할 수 있는 문제를 진단하기 위해 사용한다. ICMP 유형에 따라 오류 보고 유형이 달라진다. 예를 들면 유형이 3이면 목적지에 접근이 불가능하다는 의미다. 악성코드는 이 ICMP 패킷을 이용해 통신하려는 C&C 서버가 온라인 상태인지 확인하기도 하며, 이 패킷을 이용해 Smurf 공격이라 불리는 ICMP Flood DDoS 공격으로 사용할 수 있다.

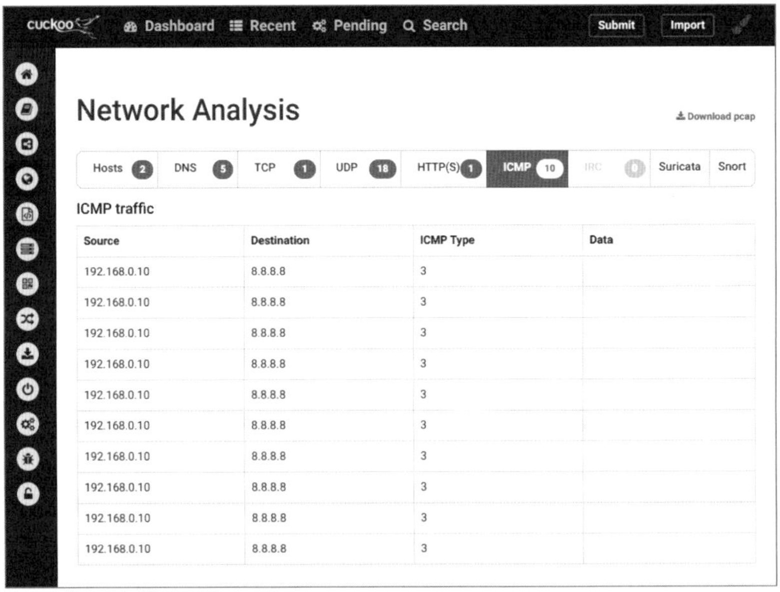

그림 6-45 ICMP 연결 정보

IRC

IRC는 인터넷 릴레이 챗^{Internet Relay Chat} 프로토콜로 채팅하는데 사용하는 프로토콜로 일부 악성코드는 IRC를 이용해 제어한다. 아쉽게도 우리가 분석 테스트를 하고 있는 악성코드는 IRC를 이용하지 않아 관련 내용을 살펴볼 수 없다.

그림 6-46 IRC 연결 정보

수리카타와 스노트

네트워크 관련 기능으로 두 가지 추가 기능이 있다. 바로 수리카타^{Suricata}와 스노트^{Snort}다. 네트워크 기반 침입 탐지 및 방지를 위한 대표적인 오픈소스로, 이 두 오픈소스에 적용한 룰 기반으로 패턴 탐지한 내용을 보여준다. 이 두 오픈소스를 구축하고 연동하는 방법은 제11장, '스노트를 이용한 네트워크 패턴 탐지'와 제12장, '수리카타를 이용한 네트워크 패턴 탐지'에서 다룬다.

제 6절 드롭 파일 정보

드롭 파일$^{Dropped\ Files}$ 정보는 새롭게 실행된 프로세스나 악성코드를 수집해 보여주는 영역이다. 악성코드가 다음과 같이 새로운 악성코드를 생성하는 두 가지 방식이 있다.

- **다운로더**^{Downloader}: 인터넷이 연결된 환경에서 사용하는 방식으로 특정 URL에서 악성코드를 호출하고 파일 시스템에 저장해 실행
- **드롭퍼**: 인터넷이 연결되지 않은 환경에서 사용하는 방식으로 드롭퍼^{Dropper}가 실행되면 드롭퍼 내부에 있는 다른 악성코드를 생성하고 실행

새롭게 실행되는 프로그램, 악성코드, 삭제된 파일까지 모두 수집하고, 수집한 파일의 간략한 정보를 볼 수 있다. 수집한 파일을 다운로드하는 기능과 분석 요청을 할 수 있도록 하는 기능도 구현돼 있다.

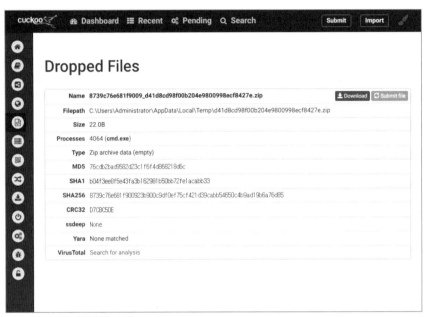

그림 6-47 드롭 파일이 있는 경우

제 7절 드롭 버퍼 정보

드롭 버퍼^{Dropped Buffers} 정보는 악성코드 동작에 관여하는 데이터를 추출한다. 추출된 데이터를 다운로드할 수 있는 기능은 아직 구현돼 있지 않으며, 다운로드하고 싶다면 Expert Analysis에서 할 수 있다. 드롭 버퍼는 실행 파일이 아닌 단순한 데이터이므로 쿠쿠 샌드박스에 분석 요청하는 기능이 없다. 이 파일은 코드 6-19의 위치에서 볼 수 있으며, 이 위치에 분석 데이터가 저장된다.

코드 6-19 드롭 버퍼 저장 위치

```
hakawati@Cuckoo-Core:~$ ls -al .cuckoo/storage/analyses/1/buffer
total 132
drwxrwxr-x 2 hakawati hakawati  4096 10월  3 17:48 .
drwxrwxr-x 9 hakawati hakawati  4096 10월  3 17:01 ..
-rw-rw-r-- 1 hakawati hakawati 96256 10월  3 16:58 0bfdfae4cc276019c1850ee1870a2
fe7e816392b
-rw-rw-r-- 1 hakawati hakawati  7168 10월  3 16:58 26f5f2ebdaf068b76d1bece29937b
02ed8ee72ba
-rw-rw-r-- 1 hakawati hakawati 17920 10월  3 16:58 6981a22ff4df40683797a25ca7c75
66f52fab13d
```

strings 명령으로 파악할 수 있는 문자열이 있는지 추출해 본다. 우리가 분석한 518.
exe 악성코드가 수행될 때 추출된 데이터 중 일부로, 공인인증서와 관련 있는 폴더
이름인 NPKI 키워드를 볼 수 있다.

코드 6-20 드롭 버퍼에서 문자열 추출

```
hakawati@Cuckoo-Core:~$ strings .cuckoo/storage/analyses/1/buffer/6981a22ff4df
                       40683797a25ca7c7566f52fab13d | grep NPKI
                                   ...snip...
NPKI
\NPKI
\Pf\NPKI
\AppData\LocalLow\NPKI
\Appdata\NPKI
                                   ...snip...
```

제 8절 프로세스 메모리 정보

프로세스 메모리^{Process Memory} 정보는 악성코드에 의해 실행된 프로세스와 프로세스의 메모리에서 찾을 수 있는 URL을 추출한다. 추출된 프로세스는 파일로 다운로드할 수 있으며, 추출된 URL은 쿠쿠 웹 서비스에서 바로 확인할 수 있다. 패킹이라는 기술로 제작된 악성코드는 실행하기 위해 메모리에 적재되면서 패킹이 해제된다. 패킹 해제를 언패킹이라 부르는데, 언패킹된 악성코드를 여기서 추출할 수 있다.

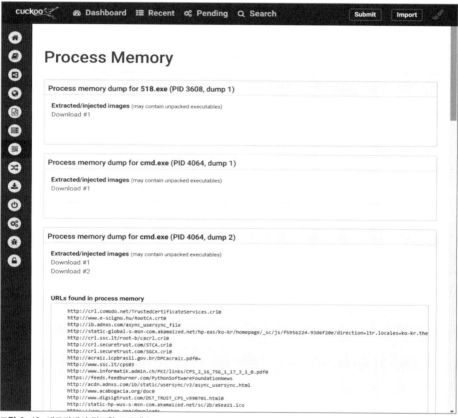

그림 6-48 메모리에서 덤프한 프로세스

제 9절 비교 분석 정보

악성코드를 비교하기 위한 다양한 방법들이 존재한다. 여기서 보여주는 비교 분석
Compare Analysis 정보는 행위 분석 정보에서 보여주는 정보를 이용한다. 행위 분석 정보
에는 유형별 API는 각각의 고유한 색이 표현돼 있으며, 이러한 API는 실행할 때 호출
순서가 있다. 이들을 조합, 추상화해 하나의 그래프로 표현한다.

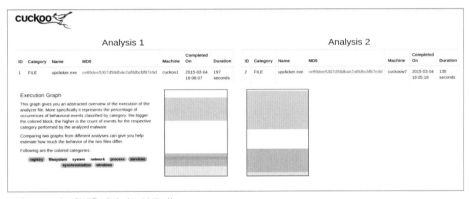

그림 6-49 잘 구현됐을 때의 비교 분석 기능

하지만 아쉽게도, 이 기능은 2.0.5.3 버전에서 제대로 구현돼 있지 않다. 행위 분석
정보에서 각각의 유형별 색이 표현되지 않은 문제와 같은 맥락으로 생각된다.

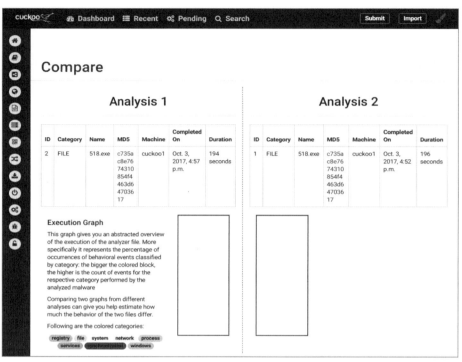

그림 6-50 현재 비교 분석 기능

제 10절 분석 결과 다운로드

분석 결과 다운로드^{Export Analysis}는 분석된 결과를 다운로드하는 기능이다. 지금까지 함께 살펴본 모든 분석 정보를 다운로드 받을 수 있으며, 원본 파일도 다운로드할 수 있다.

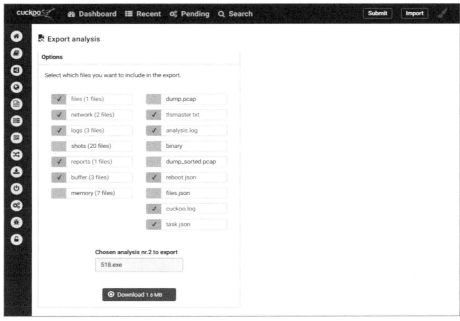

그림 6-51 분석 정보 다운로드

필요한 데이터를 선택하고 다운로드 버튼을 클릭하면 zip 유형으로 압축된 파일을 다운로드한다. 모든 데이터를 선택하고 다운로드한 후 압축 파일을 해제하면 그림 6-52와 같은 구성을 볼 수 있다.

이름	수정한 날짜	유형	크기
buffer	2017-10-03 오후...	파일 폴더	
files	2017-10-03 오후...	파일 폴더	
logs	2017-10-03 오후...	파일 폴더	
memory	2017-10-03 오후...	파일 폴더	
network	2017-10-03 오후...	파일 폴더	
reports	2017-10-03 오후...	파일 폴더	
shots	2017-10-03 오후...	파일 폴더	
analysis.json	2017-10-03 오후...	JSON 파일	1KB
analysis.log	2017-10-03 오후...	텍스트 문서	4KB
binary	2017-10-03 오후...	파일	89KB
cuckoo.log	2017-10-03 오후...	텍스트 문서	22KB
dump.pcap	2017-10-03 오후...	PCAP 파일	36KB
dump_sorted.pcap	2017-10-03 오후...	PCAP 파일	36KB
files.json	2017-10-03 오후...	JSON 파일	2KB
reboot.json	2017-10-03 오후...	JSON 파일	10KB
task.json	2017-10-03 오후...	JSON 파일	1KB
tlsmaster.txt	2017-10-03 오후...	텍스트 문서	0KB

그림 6-52 다운로드 받은 분석 정보

제 11절 기타 기능

샌드박스를 운영하고 활용하는데 있어 기타 기능으로 묶은 네 가지 기능이 있다.

재 분석

재 분석^{Reboot Analysis}은 쿠쿠 샌드박스에서 악성코드를 분석할 때 메모리 분석 기능이나 네트워크 라우팅 설정 등 다양한 옵션을 지정해 분석할 수 있다. 이미 분석된 보고서에서 Reboot 버튼을 이용해 다시 분석할 때 설정한 옵션을 유지한 채 다시 분석하도록 요청하는 기능이다.

그림 6-53 악성코드 재 분석 요청 기능

옵션

옵션^{Options}은 현재 열람한 악성코드 분석의 분석 번호와 몽고DB의 작업 일련번호 그리고 쿠쿠 코어의 버전을 보여주며, 분석 결과를 삭제할 수 있다.

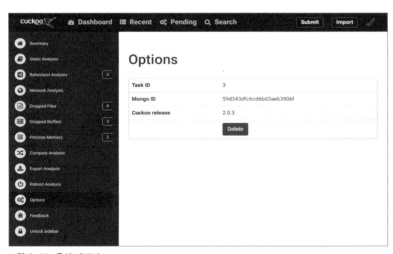

그림 6-54 옵션 페이지

피드백

피드백Feedback은 쿠쿠 제작팀에게 오류를 보고하는 기능이다. 분석 정보나 메모리 덤프 기록을 포함해 메일로 보낼 수 있다. 꾸준히 발생하는 이슈를 대응하기 위한 쿠쿠 팀의 노력으로 볼 수 있다.

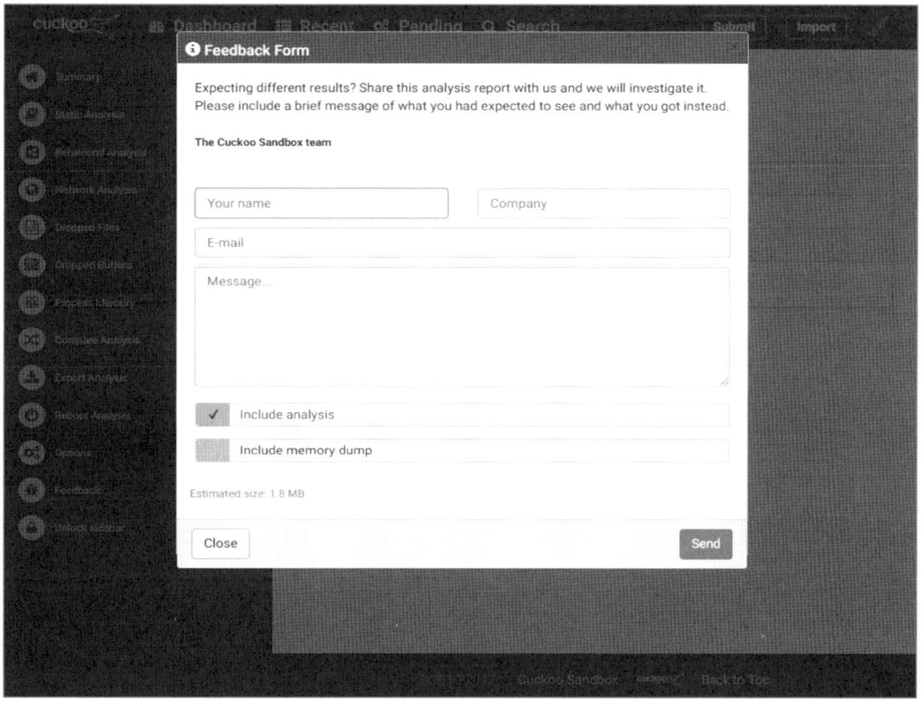

그림 6-55 피드백 기능

사이드바 잠금

사이드바 잠금 Lock / Unlock sidebar 설정 및 해제 기능이다. 사이드바를 고정함으로써 여러 페이지를 빠르게 방문할 수 있으며, 반면 사이드바의 고정을 해제함으로써 분석 결과를 넓게 볼 수 있다.

Cuckoo Sandbox

쿠쿠 샌드박스 응용 운영

쿠쿠 샌드박스에는 다양한 기능이 있다. 제7장에서 쿠쿠 샌드박스를 운영하는 데 있어 효율적인 하위 명령을 살펴본다. 대표적으로 쿠쿠 샌드박스를 사용하는 사용자가 제공하는 시그니처나 추가 기능들을 다운로드 받을 수 있는 community, 커맨드 명령으로 쿠쿠 코어를 제어할 수 있는 submit, 쿠쿠의 API 기능을 이용할 수 있게 지원하는 REST API 기능이 있다.

제 1절 쿠쿠 코어의 기능

쿠쿠 코어의 추가 기능은 cuckoo 명령과 함께 사용할 수 있도록 구성돼 있다. --help 옵션을 이용해 도움말을 살펴볼 수 있다.

코드 7-1 쿠쿠 코어 도움말

```
hakawati@Cuckoo-Core:~$ cuckoo --help
Usage: cuckoo [OPTIONS] COMMAND [ARGS]...

  Invokes the Cuckoo daemon or one of its subcommands.

  To be able to use different Cuckoo configurations on the same machine with
  the same Cuckoo installation, we use the so-called Cuckoo Working
  Directory (aka "CWD"). A default CWD is available, but may be overridden
```

```
    through the following options - listed in order of precedence.

    * Command-line option (--cwd)
    * Environment option ("CUCKOO_CWD")
    * Environment option ("CUCKOO")
    * Current directory (if the ".cwd" file exists)
    * Default value ("~/.cuckoo")

Options:
  -d, --debug            Enable verbose logging
  -q, --quiet            Only log warnings and critical messages
  --nolog                Don't log to file.
  -m, --maxcount INTEGER Maximum number of analyses to process
  --user TEXT            Drop privileges to this user
  --cwd TEXT             Cuckoo Working Directory
  --help                 Show this message and exit.

Commands:
  api         Operate the Cuckoo REST API.
  clean       Clean the CWD and associated databases.
  community   Fetch supplies from the Cuckoo Community.
  distributed Distributed Cuckoo helper utilities.
  dnsserve    Custom DNS server.
  import      Imports an older Cuckoo setup into a new CWD.
  init        Initializes Cuckoo and its configuration.
  machine     Dynamically add/remove machines.
  migrate     Perform database migrations.
  process     Process raw task data into reports.
  rooter      Instantiates the Cuckoo Rooter.
  submit      Submit one or more files or URLs to Cuckoo.
  web         Operate the Cuckoo Web Interface.
```

cuckoo에는 7개의 옵션이 있다. 이 옵션은 cuckoo 명령과 함께 사용한다.

표 7-1 쿠쿠 코어 옵션

	단축 옵션	옵션	파라미터 유형	설명
1	-d	--debug		쿠쿠 코어를 실행할 때 상세한 동작 로그 정보를 출력한다.
2	-q	--quiet		쿠쿠 코어를 실행할 때 동작 정보를 출력하지 않는다.
3		--nolog		쿠쿠 동작의 로그를 생성하지 않는다.
4	-m	--maxcount	INTEGER	옵션 뒤에 숫자를 입력하며, 동시에 분석할 샘플의 최대 개수를 지정한다.
5		--user	TEXT	다른 사용자 권한으로 cuckoo를 실행할 때 사용한다.
6		--cwd	TEXT	쿠쿠 설정 파일과 데이터가 기록되는 디렉터리 경로를 직접 설정할 때 사용한다.
7		--help		쿠쿠 코어의 다양한 기능에 관한 도움말을 출력한다.

cuckoo 명령과 함께 사용할 수 있는 13개의 하위 명령이 있다. 이 명령은 쿠쿠의 활동을 더욱 풍성하게 만들어주는 명령들이다.

표 7-2 쿠쿠 하위 명령

	명령	설명
1	api	쿠쿠 코어를 API로 제어할 수 있도록 서버를 운영하는 데 사용하는 명령이다.
2	clean	모든 분석 기록과 데이터베이스를 초기화할 때 사용하는 명령이다.
3	community	쿠쿠 샌드박스를 운영하는 다양한 분석가들이 만든 시그니처나 추가 기능들을 다운로드 받고 적용할 때 사용하는 명령이다.
4	distributed	여러 쿠쿠 서버를 API로 연동해 분산처리할 수 있는 서버를 운영할 때 사용하는 명령이다.
5	dnsserve	별도로 운영중인 DNS를 쿠쿠 코어에 적용할 때 사용하는 명령이다.
6	import	구 버전의 쿠쿠 설정을 현재 버전의 쿠쿠 설정에 적용하기 위해 사용하는 명령이다.
7	init	쿠쿠 설정을 초기화하는 명령이다.
8	machine	샌드박스를 추가하거나 삭제할 때 사용하는 명령이다.
9	migrate	구 버전의 쿠쿠 데이터베이스를 현재 버전의 쿠쿠 데이터베이스로 이전할 때 사용하는 명령이다.

10	process	악성코드 분석 결과를 처리하는 프로세스로 보고서를 다시 생성하거나, 대용량 처리할 때 별도의 분석 보고 인스턴스를 생성하는 데 사용하는 명령이다.
11	rooter	우분투와 데비안 계열에서 구축한 쿡쿠 샌드박스에서만 사용할 수 있는 기능으로 unix. sock 파일을 사용해 네트워크 라우팅 기능 구현에 사용하는 명령이다.
12	submit	악성코드 분석을 터미널에서 요청할 때 사용하는 명령으로 웹 서비스에서 요청하는 것보다 더욱 상세한 설정을 할 수 있다.
13	web	쿡쿠 웹 서버를 운영할 때 사용하는 명령이다.

쿡쿠 운영에 있어 주의할 점은 다음과 같다.

- 쿡쿠 엔진은 항상 실행돼야 함
- rooter 하위 명령은 쿡쿠 엔진보다 먼저 실행해야 함
- 서버와 관련있는 기능은 쿡쿠 코어와 별개로 운영할 수 있음

제 2절 Nginx, uWSGI 서버 구축

쿡쿠는 다양한 서버를 운영한다. 장고 웹 프레임워크를 이용한 웹 서비스 운영은 web 하위 명령과 함께 간단하게 다뤄 보았고, API 서버나 분산 처리 서버와 같이 HTTP 프로토콜을 이용해 다양한 기능을 제어할 수 있도록 사용하는 경량화된 웹 프레임워크인 werkzeug는 곧 다룰 예정이다. 이처럼 다양한 서버를 운영하는데 있어 중요한 것은 성능과 같은 효율성이다. 기존의 서버 운영의 구성은 다음과 같다. 추가적인 설정 없이 각각의 기능을 서비스로 구현하기 위해 각각의 서버를 실행하는 구조로 3개 이상의 프로세스가 실행된 상태다.

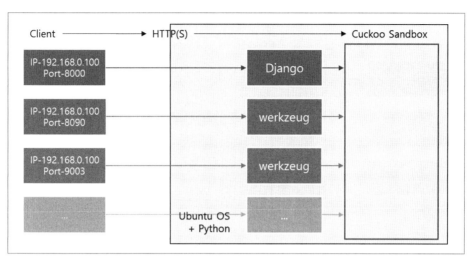

그림 7-1 쿠쿠의 기본 웹 서버 인프라

우리가 구성하려는 Nginx는 서버 응용프로그램이며, Nginx에 설정한 IP와 포트로 유입되는 패킷을 쿠쿠의 응용프로그램과 연동해 동작하도록 파이썬 응용프로그램 게이트웨이인 uWSGI를 함께 구성해 그림 7-1의 구조를 경량화할 수 있다. 좀 더 구체적으로 설명하면 외부에서 들어오는 프로토콜은 nginx가 받아서 처리하고, 처리된 데이터는 wsgi 프로토콜을 이용한 소켓 통신으로 uWSGI로 전달해 응용프로그램이 동작하도록 구성할 수 있다.

이렇게 구성하면 그림 7-2와 같이 두 개(nginx, uWSGI)의 프로세스만 실행된 것을 볼 수 있다. 새롭게 추가되는 서버가 있어도 Nginx와 uWSGI에 설정을 추가하면 되기에 최종적으론 두 개의 프로세스만 동작한다.

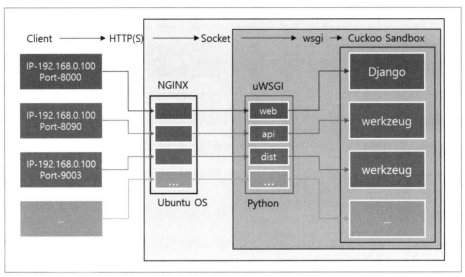

그림 7-2 Nginx와 uWSGI를 적용한 쿠쿠 웹 서버 인프라

먼저 Nginx 웹 서버와 응용프로그램 게이트웨어인 uWSGI를 설치한다.

코드 7-2 Nginx, uWSGI 설치

```
hakawati@Cuckoo-Core:~$ sudo apt install -y uwsgi uwsgi-plugin-python nginx
                              ...snip...
Setting up uwsgi-plugin-python (2.0.12-5ubuntu3.1) ...
/var/lib/dpkg/info/uwsgi-plugin-python.postinst: 61: [: Illegal number:
Processing triggers for libc-bin (2.23-0ubuntu9) ...
Processing triggers for systemd (229-4ubuntu19) ...
Processing triggers for ureadahead (0.100.0-19) ...
Processing triggers for ufw (0.35-0ubuntu2) ...
```

쿠쿠 샌드박스를 주체적으로 운영하는 사용자가 Nginx로 유입되는 데이터를 처리할 수 있도록 웹의 nobody인 www-data 사용자를 운영하는 사용자 그룹에 배치한다.

```
hakawati@Cuckoo-Core:~$ sudo adduser www-data $USER
Adding user `www-data' to group `hakawati' ...
Adding user www-data to group hakawati
Done.
```

Nginx를 설치하면 기본으로 80포트는 활성화된다. 향후 다른 도구를 구축하는 과정에서 80포트를 사용할 수 있으니 80포트를 사용하는 Nginx 설정을 비활성화한다.

코드 7-4 사용자를 www-data 그룹에 등록

```
hakawati@Cuckoo-Core:~$ sudo rm /etc/nginx/sites-enabled/default
```

설치가 끝난 Nginx와 uWSGI 서비스를 우분투에서 데몬을 관리하는 명령인 systemctl이 인식하도록 데몬을 재로드한다. Nginx와 uWSGI는 설치와 동시에 자동으로 실행되도록 등록되기에 자동실행을 설정할 필요가 없다.

코드 7-5 Nginx와 uWSGI 데몬 관리 등록

```
hakawati@Cuckoo-Core:~$ sudo systemctl daemon-reload
```

Nginx와 uWSGI를 이용한 각각의 서버 구성은 다음 내용에서 추가적으로 설명한다.

- 제 3절 쿡쿡 웹 서비스 운영을 위한 web
- 제 4절 편리한 원격 제어를 위한 api

제 3절 쿠쿠 웹 서비스 운영을 위한 web

쿠쿠 웹 서버를 가동하는 방법을 살펴보자. 쿠쿠 웹 서버를 실행하는 명령은 web이며 도움말은 코드 7-6과 같다. 중요 옵션으로 호스트 IP를 지정하는 -H 옵션과 포트를 지정하는 -p 옵션이 있으며, 옵션 사용은 대소문자를 구분하므로 정확히 사용하는 것이 중요하다.

코드 7-6 쿠쿠 웹 도움말

```
hakawati@Cuckoo-Core:~$ cuckoo web --help
Usage: cuckoo web [OPTIONS] [ARGS]...

  Operate the Cuckoo Web Interface.

  Use "--help" to get this help message and "help" to find Django's
  manage.py potential subcommands.

Options:
  -H, --host TEXT      Host to bind the Web Interface server on
  -p, --port INTEGER   Port to bind the Web Interface server on
  --uwsgi              Dump uWSGI configuration
  --nginx              Dump nginx configuration
  --help               Show this message and exit.
```

도움말 내용에 "manage.py potential subcommands."를 확인할 수 있다. manage.py는 장고 웹 프레임워크를 제어할 때 사용하는 응용프로그램이다. manage.py에서 사용하는 옵션을 사용할 수 있다. 코드 7-7과 같이 IP와 포트를 지정하기 위한 옵션을 사용하지 않고 manage.py에서 사용하는 runserver 명령을 사용할 수 있다.

코드 7-7 쿠쿠 웹 서버 실행 방식 1

```
hakawati@Cuckoo-Core:~$ cuckoo web runserver 192.168.0.100:8000
Performing system checks...
```

```
System check identified no issues (0 silenced).
December 20, 2017 - 20:36:30
Django version 1.8.4, using settings 'cuckoo.web.web.settings'
Starting development server at http://192.168.0.100:8000/
Quit the server with CONTROL-C.
```

장고 프레임워크에서 구동과 관련있는 파일인 manage.py의 하위 명령을 이용하는
것과 쿠쿠의 하위 명령 web의 옵션을 이용하는 것에는 큰 차이가 없다.

코드 7-8 쿠쿠 웹 서버 실행 방식 2

```
hakawati@Cuckoo-Core:~$ cuckoo web -H 192.168.0.100 -p 8000
Performing system checks...

System check identified no issues (0 silenced).
December 20, 2017 - 20:36:30
Django version 1.8.4, using settings 'cuckoo.web.web.settings'
Starting development server at http://192.168.0.100:8000/
Quit the server with CONTROL-C.
```

Nginx와 uWSGI를 이용한 WEB 서버 운영

지금까지 장고 웹 프레임워크를 직접 구동해 웹 서버를 운영했다면, 이제 Nginx와
uWSGI로 웹 서버를 설정한다. 코드 7-9와 같이 쿠쿠 명령으로 uWSGI 설정을 출력
한다.

코드 7-9 web 서비스를 uWSGI를 이용하도록 설정

```
hakawati@Cuckoo-Core:~$ cuckoo web --uwsgi
[uwsgi]
plugins = python
```

```
module = cuckoo.web.web.wsgi
uid = hakawati
gid = hakawati
static-map = /static=/usr/local/lib/python2.7/dist-packages/cuckoo/web/static
# If you're getting errors about the PYTHON_EGG_CACHE, then
# uncomment the following line and add some path that is
# writable from the defined user.
# env = PYTHON_EGG_CACHE=
env = CUCKOO_APP=web
env = CUCKOO_CWD=/home/hakawati/.cuckoo
```

출력한 내용은 uWSGI 설정 디렉터리인 /etc/uwsgi/apps-available/에 작성한다.
내용을 살펴보면 파이썬 모듈 cuckoo.web.web.wsgi 명령이 들어오면 쿡쿠의 하위
명령인 web을 실행하도록 구성돼 있다.

코드 7-10 web의 uWSGI 연동을 위한 설정

```
hakawati@Cuckoo-Core:~$ cuckoo web --uwsgi | sudo tee -a /etc/uwsgi/apps-
                            available/cuckoo-web.ini
[uwsgi]
plugins = python
module = cuckoo.web.web.wsgi
uid = hakawati
gid = hakawati
static-map = /static=/usr/local/lib/python2.7/dist-packages/cuckoo/web/static
# If you're getting errors about the PYTHON_EGG_CACHE, then
# uncomment the following line and add some path that is
# writable from the defined user.
# env = PYTHON_EGG_CACHE=
env = CUCKOO_APP=web
env = CUCKOO_CWD=/home/hakawati/.cuckoo
```

새롭게 작성한 설정을 uWSGI 서비스가 인식할 수 있도록 /etc/uwsgi/apps-
enabled/ 디렉터리에 심볼릭 링크를 생성한 후 uWSGI 데몬을 재시작하면 설정에

따라 활성화된다. 활성화 여부는 /run/uwsgi/app/ 디렉터리에 설정 파일 이름과 동일한 디렉터리가 생성되고 디렉터리 안에는 소켓 파일이 생성된 것으로 확인할 수 있다.

코드 7-11 web의 uWSGI 설정 적용 및 데몬 재시작

```
hakawati@Cuckoo-Core:~$ sudo ln -s /etc/uwsgi/apps-available/cuckoo-web.ini /
                        etc/uwsgi/apps-enabled/
```

```
hakawati@Cuckoo-Core:~$ sudo systemctl restart uwsgi.service
```

Nginx를 이용해 웹 서비스를 실행하는 uWSGI와 연동한다. 구성하는 방법은 앞서 살펴본 uWSGI와 유사하게 --nginx 옵션으로 설정을 출력한다. -H 옵션을 사용해 특정 IP나 도메인을 지정해 설정을 출력할 수 있다.

코드 7-12 web의 Nginx 연동을 위한 설정 출력

```
hakawati@Cuckoo-Core:~$ cuckoo web --nginx -H 192.168.0.100
upstream _uwsgi_cuckoo_web {
    server unix:/run/uwsgi/app/cuckoo-web/socket;
}

server {
    listen 192.168.0.100:8000;

    # Cuckoo Web Interface
    location / {
        client_max_body_size 1G;
        proxy_redirect off;
        proxy_set_header X-Forwarded-Proto $scheme;
        uwsgi_pass  _uwsgi_cuckoo_web;
        include     uwsgi_params;
    }
}
```

이 설정 내용을 Nginx 설정 디렉터리인 /etc/nginx/sites-available/에 작성한다.

코드 7-13 web의 Nginx 연동을 위한 설정

```
hakawati@Cuckoo-Core:~$ cuckoo web --nginx -H 192.168.0.100 | sudo tee -a /etc/
                       nginx/sites-available/cuckoo-web
upstream _uwsgi_cuckoo_web {
    server unix:/run/uwsgi/app/cuckoo-web/socket;
}

server {
    listen 192.168.0.100:8000;

    # Cuckoo Web Interface
    location / {
        client_max_body_size 1G;
        proxy_redirect off;
        proxy_set_header X-Forwarded-Proto $scheme;
        uwsgi_pass  _uwsgi_cuckoo_web;
        include     uwsgi_params;
    }
}
```

uWSGI와 유사하게 Nginx는 /etc/nginx/sites-enabled/에 방금 생성한 설정 파일의 심볼릭 링크를 생성하는 형태로 활성화한다. 그리고 구성한 설정을 데몬에 반영할 수 있게 Nginx 데몬을 재시작한다.

코드 7-14 web의 Nginx 설정 활성화

```
hakawati@Cuckoo-Core:~$ sudo ln -s /etc/nginx/sites-available/cuckoo-web /etc/
                       nginx/sites-enabled/
```

```
hakawati@Cuckoo-Core:~$ sudo systemctl restart nginx.service
```

모든 설정이 끝났다면, 브라우저를 열고 http://192.168.0.100:8000으로 접속을 시도하면 웹 서비스가 잘 동작하는 것을 볼 수 있다. 장고 웹 프레임워크를 직접 구동했을 때 구동한 터미널에서 로그 기록을 살펴볼 수 있었다면, Nginx는 /var/log/nginx/access.log에서 코드 7-15와 같이 접속 로그 내용을 살펴볼 수 있다. 이렇게 살펴볼 때 여러 서버가 운영될 경우 로그 기록이 혼재될 수 있어 grep 명령으로 IP와 포트를 지정해 출력하는 것이 좋다.

코드 7-15 Nginx 동작 확인

```
hakawati@Cuckoo-Core:~$ tail -f /var/log/nginx/access.log | grep
                         192.168.0.100:8000
                              ...snip...
192.168.0.1 - - [20/Dec/2017:20:30:03 +0900] "GET /cuckoo/api/status HTTP/1.1"
200 1222 "http://192.168.0.100:8000/dashboard/" "Mozilla/5.0 (Windows NT
10.0; Win64; x64) AppleWebKit/537.36 (KHTML, like Gecko) Chrome/63.0.3239.108
Safari/537.36"
192.168.0.1 - - [20/Dec/2017:20:30:03 +0900] "GET /static/fonts/Roboto_
italic_400_default.woff HTTP/1.1" 304 0 "http://192.168.0.100:8000/static/css/
vendor.css" "Mozilla/5.0 (Windows NT 10.0; Win64; x64) AppleWebKit/537.36 (KHTML,
like Gecko) Chrome/63.0.3239.108 Safari/537.36"
```

제 4절   편리한 원격 제어를 위한 api

쿠쿠 샌드박스는 HTTP 통신을 통해 쿠쿠 샌드박스를 제어할 수 있도록 REST API 기능을 제공한다. HTTP 통신으로 명령을 받으려면 간단한 웹 서버가 실행돼야 가능한데, 웹 서버인 장고로 구성하기엔 무겁다. 그래서 쿠쿠 샌드박스는 경량화된 웹 서버인 werkzeug를 사용한다. API 서버를 실행하기 앞서 도움말을 살펴본다.

```
hakawati@Cuckoo-Core:~$ cuckoo api --help
Usage: cuckoo api [OPTIONS]


  Operate the Cuckoo REST API.

Options:
  -H, --host TEXT     Host to bind the API server on
  -p, --port INTEGER  Port to bind the API server on
  --uwsgi             Dump uWSGI configuration
  --nginx             Dump nginx configuration
  --help              Show this message and exit.
```

API 서버 구동은 웹 서비스와 동일하게 IP와 포트를 입력받아 실행할 수 있다.

코드 7-17 쿠쿠 API 서버 실행

```
hakawati@Cuckoo-Core:~$ cuckoo api -H 192.168.0.100 -p 8090
2017-10-03 17:45:59,419 [werkzeug] INFO:  * Running on http://192.168.0.100:8090/
(Press CTRL+C to quit)
```

Nginx와 uWSGI를 이용한 API 서버 운영

werkzeug를 직접 실행하는 형태로 API 서버를 운영하지 않고 Nginx와 uWSGI를 이용할 수 있다. Nginx와 uWSGI에서 사용하는 설정을 생성하기 위해 설정 정보를 코드 7-18과 같이 출력할 수 있다.

코드 7-18 API의 uWSGI 설정 출력

```
hakawati@Cuckoo-Core:~$ cuckoo api --uwsgi
[uwsgi]
```

```
plugins = python
module = cuckoo.apps.api
callable = app
uid = hakawati
gid = hakawati
env = CUCKOO_APP=api
env = CUCKOO_CWD=/home/hakawati/.cuckoo
```

출력한 내용을 uWSGI 설정 디렉터리인 /etc/uwsgi/apps-available/에 작성한다. 설정 내용을 살펴보면 파이썬 모듈 cuckoo.apps.api 명령이 들어오면 쿡쿠의 하위 명령인 api를 실행하도록 구성된다.

코드 7-19 API의 uWSGI 연동을 위한 설정

```
hakawati@Cuckoo-Core:~$ cuckoo api --uwsgi | sudo tee -a /etc/uwsgi/apps-
                            available/cuckoo-api.ini
[uwsgi]
plugins = python
module = cuckoo.apps.api
callable = app
uid = hakawati
gid = hakawati
env = CUCKOO_APP=api
env = CUCKOO_CWD=/home/hakawati/.cuckoo
```

새롭게 작성한 설정을 uWSGI 서비스가 인식할 수 있도록 /etc/uwsgi/apps-enabled/ 디렉터리에 심볼릭 링크를 생성한 후 uWSGI 데몬을 재시작하면 설정에 따라 활성화된다. 활성화 여부는 /run/uwsgi/app/ 디렉터리에 설정 파일 이름과 동일한 디렉터리가 생성되고 디렉터리 안에는 소켓 파일이 생성되는 것으로 확인할 수 있다.

```
hakawati@Cuckoo-Core:~$ sudo ln -s /etc/uwsgi/apps-available/cuckoo-api.ini /
                        etc/uwsgi/apps-enabled/
```

```
hakawati@Cuckoo-Core:~$ sudo systemctl restart uwsgi.service
```

Nginx를 이용해 웹 서비스를 실행하는 uWSGI와 연동한다. 구성하는 방법은 앞서 살펴본 uWSGI와 유사하게 --nginx 옵션으로 설정을 출력한다. -H 옵션을 사용해 특정 IP나 도메인을 지정해 설정을 출력할 수 있다.

코드 7-21 API의 Nginx 설정 출력

```
hakawati@Cuckoo-Core:~$ cuckoo api --nginx -H 192.168.0.100
upstream _uwsgi_cuckoo_api {
    server unix:/run/uwsgi/app/cuckoo-api/socket;
}

server {
    listen 192.168.0.100:8090;

    # REST API app
    location / {
        client_max_body_size 1G;
        uwsgi_pass  _uwsgi_cuckoo_api;
        include     uwsgi_params;
    }
}
```

이 설정 내용을 Nginx 설정 디렉터리인 /etc/nginx/sites-available/에 작성한다.

코드 7-22 API의 Nginx 연동을 위한 설정

```
hakawati@Cuckoo-Core:~$ cuckoo api --nginx -H 192.168.0.100 | sudo tee -a /etc/
                        nginx/sites-available/cuckoo-api
```

```
upstream _uwsgi_cuckoo_api {
    server unix:/run/uwsgi/app/cuckoo-api/socket;
}

server {
    listen 192.168.0.100:8090;


    # REST API app
    location / {
        client_max_body_size 1G;
        uwsgi_pass  _uwsgi_cuckoo_api;
        include     uwsgi_params;
    }
}
```

uWSGI와 유사하게 Nginx는 /etc/nginx/sites-enabled/에 방금 생성한 설정 파일의 심볼릭 링크를 생성하는 형태로 활성화한다. 그리고 구성한 설정을 데몬에 반영할 수 있게 Nginx 데몬을 재시작한다.

코드 7-23 API의 Nginx 설정 활성화

```
hakawati@Cuckoo-Core:~$ sudo ln -s /etc/nginx/sites-available/cuckoo-api /etc/
                        nginx/sites-enabled/
```

```
hakawati@Cuckoo-Core:~$ sudo systemctl restart nginx.service
```

코드 7-24와 같이 명령을 입력했을 때 404 Not Found 에러를 출력하면 API 서버가 잘 운영되고 있는 상태다.

코드 7-24 PI 서버 동작 확인(성공)

```
hakawati@Cuckoo-Core:~$ curl http://192.168.0.100:8090
<!DOCTYPE HTML PUBLIC "-//W3C//DTD HTML 3.2 Final//EN">
```

```
<title>404 Not Found</title>
<h1>Not Found</h1>
<p>The requested URL was not found on the server.  If you entered the URL
manually please check your spelling and try again.</p>
```

만약 구성에 실패했다면 502 Bad Gateway 에러를 출력한다. 이 경우 설정상 오류가 있었는지 다시 확인하는 것이 좋다.

코드 7-25 API 서버 동작 확인(실패)

```
hakawati@Cuckoo-Core:~$ curl http://192.168.0.100:8090
<html>
<head><title>502 Bad Gateway</title></head>
<body bgcolor="white">
<center><h1>502 Bad Gateway</h1></center>
<hr><center>nginx/1.10.3 (Ubuntu)</center>
</body>
</html>
```

분석 요청 관련 쿠쿠 API

파일을 업로드하는 것과 URL 주소를 입력해 분석 요청을 진행할 수 있다. 먼저 살펴보는 것은 파일을 업로드하는 악성코드 분석 요청이다.

표 7-3 악성코드 분석 요청

번호	메소드	경로	요구 사항	파라미터	설명
1	POST	/tasks/ create/file	필수	file	파일 분석을 요청한다.
			옵션	package	파일의 종류를 설정한다.
				timeout	총 분석 시간을 설정한다.
				priority	분석 우선순위를 설정한다.
				machine	분석할 샌드박스를 선택한다.
				platform	분석할 운영체제를 설정한다.
				tags	샌드박스에 설정된 태그를 지정해 해당 샌드박스에서 분석하도록 할 수 있다.
				custom	Processing과 Reporting 모듈에 전달할 문자열을 지정한다.
				owner	해당 파일을 분석 요청한 사용자를 기록할 때 사용하는 옵션이다.
				clock	샌드박스의 운영체제가 사용하는 시간을 설정한다.
				memory	샌드박스의 전체 메모리 덤프를 생성한다. 기능을 켜고 끄는 방식이기에 1과 0으로 설정한다.
				unique	이전에 분석한 샘플이면 메시지를 출력하고 그렇지 않은 경우 분석해주는 명령이다. 기능을 켜고 끄는 방식이기에 1과 0으로 설정한다.
				enforce_ timeout	설정한 시간까지 강제로 동작하도록 하는 기능을 사용할 수 있다. 기능을 켜고 끄는 방식이기에 1과 0으로 설정한다.

HTTP 메소드가 POST이므로 파라미터를 이 메소드에 맞춰 작성해야 한다. 성공적으로 분석 요청이 들어간 경우 태스크 ID를 출력하며, 로컬의 파일을 업로드해 분석 요청할 때 파일 경로를 입력하는 file 파라미터에 @를 사용한다.

코드 7-26 악성코드 분석 요청

```
hakawati@Cuckoo-Core:~$ curl -X POST -F file=@./malware.exe
                       http://192.168.0.100:8090/tasks/create/file
{
  "task_id": 1
}
```

unique 옵션을 사용하면 동일한 샘플이 분석된 경우 분석을 진행하지 않고 코드 7-27과 같은 메시지를 출력한다.

코드 7-27 악성코드 중복 분석 방지

```
hakawati@Cuckoo-Core:~$ curl -X POST -F file=@./malware.exe -F unique=1
                       http://192.168.0.100:8090/tasks/create/file
{
  "message": "This file has already been submitted"
}
```

분석해야 할 악성코드가 많은 경우 submit을 이용한다. submit 경로를 이용해 여러 개의 악성코드를 한번에 분석하도록 요청할 땐 files 파라미터를 여러번 이용한다.

표 7-4 다수 악성코드 분석 요청

번호	메소드	경로	요구 사항	파라미터	설명
1	POST	/tasks/ create/ submit	필수	files	하나 이상의 악성코드를 분석할 때 사용한다.
			옵션	timeout	총 분석 시간을 설정한다.
				priority	분석 우선순위를 설정한다.
				options	분석 패키지로 전달하는데 사용한다.
				tags	샌드박스에 설정된 태그를 지정해 해당 샌드박스에서 분석하도록 할 수 있다.
				custom	Processing과 Reporting 모듈에 전달할 문자열을 지정한다.
				owner	해당 파일을 분석 요청한 사용자를 기록할 때 사용하는 옵션이다.
				memory	샌드박스의 전체 메모리 덤프를 생성한다. 기능을 켜고 끄는 방식이기에 1과 0으로 설정한다.
				enforce_ timeout	설정한 시간까지 강제로 동작하도록 하는 기능을 사용할 수 있다. 기능을 켜고 끄는 방식이기에 1과 0으로 설정한다.

여러 파일의 분석 요청이 성공한 경우 코드 7-28과 같이 메시지를 출력한다.

코드 7-28 다중 파일 분석 요청

```
hakawati@Cuckoo-Core:~$    curl -X POST -F files=@./malware1.exe files=@./
                           malware2.exe -F priority=1 http://192.168.0.100:8090/
                           tasks/create/url
{
  "errors": [],
  "submit_id": 3,
  "task_ids": [
    3,
    4
  ]
}
```

쿡쿠 샌드박스는 악성코드뿐만 아니라 URL을 분석할 수 있다. URL을 분석할 땐 표 7-5와 같이 사용한다.

표 7-5 URL 분석 요청

번호	메소드	경로	요구 사항	파라미터	설명
1	POST	/tasks/ create/url	필수	url	분석할 URL을 요청한다.
			옵션	package	분석에서 사용될 패키지를 선택한다.
				timeout	총 분석 시간을 설정한다.
				priority	분석 우선순위를 설정한다.
				options	분석 패키지로 전달하는데 사용한다.
				machine	분석할 샌드박스를 선택한다.
				platform	분석할 운영체제를 설정한다.
				tags	샌드박스에 설정된 태그를 지정해 해당 샌드박스에서 분석하도록 할 수 있다.
				custom	Processing과 Reporting 모듈에 전달할 문자열을 지정한다.
				owner	해당 파일에 분석 요청한 사용자를 기록할 때 사용하는 옵션이다.
				memory	샌드박스의 전체 메모리 덤프를 생성한다. 기능을 켜고 끄는 방식이기에 1과 0으로 설정한다.
				enforce_ timeout	설정한 시간까지 강제로 동작하도록 하는 기능을 사용할 수 있다. 기능을 켜고 끄는 방식이기에 1과 0으로 설정한다.
				clock	샌드박스의 운영체제가 사용하는 시간을 설정한다.

URL 분석을 진행할 경우 문자열로 입력하기 때문에 더블쿼터(")를 사용한다.

코드 7-29 URL 분석 요청

```
hakawati@Cuckoo-Core:~$ curl -X POST -F url="www.example.com"
                       http://192.168.0.100:8090/tasks/create/url
{
```

```
  "task_id": 2
}
```

/tasks/reschedule 명령은 스케줄링 데이터베이스에 등록돼 분석 대기 중인 악성코드의 우선순위를 변경하는데 사용한다. 우선순위를 지정하지 않으면 기본으로 가장 빨리 분석해야 하는 1순위로 설정된다. 만약 분석이 끝난 태스크 ID를 지정할 경우 분석이 끝난 악성코드를 다시 분석한다.

표 7-6 우선순위 변경 요청

번호	메소드	경로	요구 사항	추가 경로	설명
1	GET	/tasks/ reschedule	필수	[task id]	지정한 태스크 ID를 다시 분석할 때 사용한다.
			옵션	[task id]/ [priority]	분석 우선순위를 지정한다.

코드 7-30과 같이 사용하면 태스크 ID 1을 우선순위 3으로 지정한다.

코드 7-30 태스크 ID 1을 우선순위 지정해서 재분석 요청

```
hakawati@Cuckoo-Core:~$ curl -X GET http://192.168.0.100:8090/tasks/
                        reschedule/1/3
{
  "status": "OK",
  "task_id": 2
}
```

이미 분석한 악성코드를 다시 분석하도록 요청하는 명령이다. Reschedule을 이용한 방식과 다른 점은 처음 분석할 때 설정한 옵션을 유지하고 다시 분석하는 것이다.

표 7-7 악성코드 재분석

번호	메소드	경로	요구 사항	추가 경로	설명
1	GET	/tasks/ reboot	필수	[task id]	지정한 태스크 ID를 처음 분석 요청했을 때 옵션을 그대로 유지한 채 다시 분석하도록 요청한다.

코드 7-31과 같이 태스크 ID를 지정해 요청하며, 요청에 성공하면 태스크 ID와 리부트 ID를 출력한다. 여기서 리부트 ID는 새로운 태스크 ID가 된다.

코드 7-31 태스크 ID 1의 리부트 요청

```
hakawati@Cuckoo-Core:~$ curl -X GET http://192.168.0.100:8090/tasks/reboot/1
{
    "reboot_id": 2,
    "task_id": 1
}
```

분석 결과 관련 쿠쿠 API

대부분 요청이기에 GET 메소드를 사용한다. 추가 기능을 사용할 땐 -F 옵션을 이용해 파라미터를 설정하지 않고, URL 경로를 추가해 사용한다. 먼저 /tasks/list다.

표 7-8 분석 결과 요청

번호	메소드	경로	요구 사항	추가 경로	설명
1	GET	/tasks/list	필수	N/A	쿠쿠 데이터베이스에 저장된 분석 결과 목록을 전부 출력한다.
			옵션	[limit]	출력할 분석 결과 개수를 설정한다.
				[limit]/[offset]	분석 결과 위치를 지정하며 limit와 함께 사용한다.

단순히 경로를 /tasks/list만 사용하면 분석 결과를 모두 출력한다. 특정 범위를 지정

해 분석 결과를 출력하도록 요청하려면 limit와 offset을 사용한다. 예를 들어 limit를 2로, offset을 0으로 설정하면 1번째 분석한 결과와 2번째 분석한 결과를 출력한다. limit를 2로, offset을 1로 설정하면 1번째 분석한 결과와 2번째 분석한 결과를 출력한다.

코드 7-32 분석 결과 조회

```
hakawati@Cuckoo-Core:~$ curl -X GET http://192.168.0.100:8090/tasks/list/1/0
{
  "tasks": [
    {
      "added_on": "2017-11-05 20:02:11",
      "category": "file",
      "clock": "2017-11-05 20:02:11",
      "completed_on": "2017-11-05 20:05:31",
      "custom": null,
      "duration": 198,
      "enforce_timeout": false,
      "errors": [
        "Error from the Cuckoo Guest: The analysis hit the critical timeout,
        terminating."
      ],
      "guest": {
        "id": 1,
        "label": "cuckoo1",
        "manager": "VirtualBox",
        "name": "cuckoo1",
        "shutdown_on": "2017-11-05 20:05:29",
        "started_on": "2017-11-05 20:02:12",
        "status": "stopped",
        "task_id": 1
      },
      "id": 1,
      "machine": null,
      "memory": false,
      "options": {
```

```
      "enable-services": "False",
      "procmemdump": "yes",
      "route": "none"
    },
    "owner": null,
    "package": "exe",
    "platform": "windows",
    "priority": 2,
    "processing": null,
    "route": "none",
    "sample": {
      "crc32": "C6303BA4",
      "file_size": 91072,
      "file_type": "PE32 executable (GUI) Intel 80386, for MS Windows",
      "id": 1,
      "md5": "c735ac8e7674310854f4463d64703617",
      "sha1": "a89f7605d288266c0cd7a1014df266f5150d197b",
      "sha256": "e0b0ab0f63306dddc50e3dad30b09cf6331ed75f0375f4205c669b282515
      5ef5",
      "sha512": "95cf311abba37b14e9ce65c7e1418a73603f6c054c99650c2da125edeb21
      8c0818a2914fd9834c3656d28c251aa432be0ad68c745addda57b005dfbef21d9706",
      "ssdeep": null
    },
    "sample_id": 1,
    "started_on": "2017-11-05 20:02:12",
    "status": "reported",
    "submit_id": 1,
    "tags": [],
    "target": "/tmp/cuckoo-tmp/tmpxqpXG_/518.exe",
    "timeout": 120
  }
 ]
}
```

/tasks/list는 하나의 분석 결과를 보기 위해 사용하는 데는 비효율적이다. 하나의 분석 결과만 보고 싶다면 /tasks/view를 이용한다.

표 7-9 분석 결과 요청

번호	메소드	경로	요구 사항	추가 경로	설명
1	GET	/tasks/ view	필수	[task id]	지정한 태스크 ID에 할당된 세부 분석 정보를 출력한다.

코드 7-33 태스크 ID 1의 분석 결과 조회

```
hakawati@Cuckoo-Core:~$ curl -X GET http://192.168.0.100:8090/tasks/view/1
{
    "tasks": [
      {
        "added_on": "2017-11-05 20:02:11",
        "category": "file",
        "clock": "2017-11-05 20:02:11",
        "completed_on": "2017-11-05 20:05:31",
        "custom": null,
        "duration": 198,
        "enforce_timeout": false,
        "errors": [
          "Error from the Cuckoo Guest: The analysis hit the critical timeout,
          terminating."
        ],
        "guest": {
          "id": 1,
          "label": "cuckoo1",
          "manager": "VirtualBox",
          "name": "cuckoo1",
          "shutdown_on": "2017-11-05 20:05:29",
          "started_on": "2017-11-05 20:02:12",
          "status": "stopped",
          "task_id": 1
        },
        "id": 1,
        "machine": null,
        "memory": false,
```

```
    "options": {
      "enable-services": "False",
      "procmemdump": "yes",
      "route": "none"
    },
    "owner": null,
    "package": "exe",
    "platform": "windows",
    "priority": 2,
    "processing": null,
    "route": "none",
    "sample": {
      "crc32": "C6303BA4",
      "file_size": 91072,
      "file_type": "PE32 executable (GUI) Intel 80386, for MS Windows",
      "id": 1,
      "md5": "c735ac8e7674310854f4463d64703617",
      "sha1": "a89f7605d288266c0cd7a1014df266f5150d197b",
      "sha256": "e0b0ab0f63306dddc50e3dad30b09cf6331ed75f0375f4205c669b282515
      5ef5",
      "sha512": "95cf311abba37b14e9ce65c7e1418a73603f6c054c99650c2da125edeb21
      8c0818a2914fd9834c3656d28c251aa432be0ad68c745addda57b005dfbef21d9706",
      "ssdeep": null
    },
    "sample_id": 1,
    "started_on": "2017-11-05 20:02:12",
    "status": "reported",
    "submit_id": 1,
    "tags": [],
    "target": "/tmp/cuckoo-tmp/tmpxqpXG_/518.exe",
    "timeout": 120
  }
 ]
}
```

분석 결과가 아닌 분석 보고서를 보려면 /tasks/report를 이용한다.

표 7-10 분석 결과 보고서

번호	메소드	경로	요구 사항	추가 경로	설명
1	GET	GET /tasks/ report	필수	[task id]	지정한 태스크 ID와 관련된 보고서를 출력하거나 파일로 다운로드한다. 기본으로 json 보고서를 출력한다.
			옵션	[json]	보고서 기능에서 json이 설정돼 json 보고서가 존재할 경우 출력한다. 옵션을 지정하지 않으면 기본으로 이 기능을 사용한다.
				[html]	레포팅 기능에서 html이 설정돼 html 보고서가 존재할 경우 html을 출력한다. 단순 출력은 HTML 코드를 보여주고, 파일로 저장해 브라우저를 통해 확인할 수 있다.
				[all]	분석과 관련 있는 모든 파일을 tar.bz2 형태로 저장한다.
				[dropped]	분석 과정에서 추가로 생성되거나 동작하는 파일을 tar.bz2 형태로 저장한다.

단순히 분석 결과 레포팅을 요청할 경우 코드 7-34와 같이 json 구조로 출력된다.

코드 7-34 태스크 ID 1의 분석 보고서 출력

```
hakawati@Cuckoo-Core:~$ curl -X GET http://192.168.0.100:8090/tasks/report/1
% Total    % Received % Xferd  Average Speed   Time    Time     Time  Current
                                 Dload  Upload   Total   Spent    Left  Speed
    0     0    0     0    0     0      0      0 --:--:-- --:--:-- --:--:--     0{
    "info": {
        "added": 1509912131.46454,
        "started": 1509912132.394012,
        "duration": 198,

        "ended": 1509912331.165789,
        "owner": null,
        "score": 0.0,
        "id": 1,
        "category": "file",
        "git": {
```

```
        "head": "",
        "fetch_head": ""
    },
    "monitor": "2bd01ede5c5258d5fce2e38bc58348a62c11ce33",
    "package": "exe",
    "route": "none",
                                ...snip...
```

출력되는 보고서를 파일 형태로 저장하려면 코드 7-35와 같이 입력한다.

코드 7-35 태스트 ID 1의 보고서 저장

```
hakawati@Cuckoo-Core:~$ curl -X GET http://192.168.0.100:8090/tasks/report/1 >
                        1_report.json
  % Total    % Received % Xferd  Average Speed   Time    Time     Time  Current
                                 Dload  Upload   Total   Spent    Left  Speed

100 8388k  100 8388k    0     0   306M      0 --:--:-- --:--:-- --:--:--   315M
```

보고서뿐만 아니라 악성코드, 추가 분석 파일 등 모든 정보를 한번에 다운로드할 수 있다. 이 기능은 웹 서비스에서 export 기능과 매핑된다.

코드 7-36 태스트 ID 1의 모든 파일 저장

```
hakawati@Cuckoo-Core:~$ curl -X GET http://192.168.0.100:8090/tasks/report/1/
                        all > 1_all_report.tar.bz2
  % Total    % Received % Xferd  Average Speed   Time    Time     Time  Current
                                 Dload  Upload   Total   Spent    Left  Speed

100 6412k  100 6412k    0     0  1564k      0  0:00:04  0:00:04 --:--:--  1565k
```

다운로드한 tar.bz2 압축 파일에 구성된 내용을 코드 7-37과 같이 살펴볼 수 있다.

코드 7-37 압축 파일 내용 확인

```
hakawati@Cuckoo-Core:~$ tar tf 1_all_report.tar.bz2
```

```
files/
dump.pcap
tlsmaster.txt
analysis.log
binary
dump_sorted.pcap
reboot.json
files.json
network/
network/426215724978feda6706466fcda1f6a2f21fe13f
network/da39a3ee5e6b4b0d3255bfef95601890afd80709
logs/
logs/380.bson
logs/3668.bson
logs/456.bson
shots/
shots/0009.jpg
shots/0012.jpg
shots/0004_small.jpg
shots/0010_small.jpg
shots/0009_small.jpg
shots/0007.jpg
shots/0008_small.jpg
shots/0006_small.jpg
shots/0001.jpg
shots/0003.jpg
shots/0011_small.jpg
shots/0012_small.jpg
shots/0013.jpg
shots/0010.jpg
shots/0001_small.jpg
shots/0006.jpg
shots/0002.jpg
shots/0007_small.jpg
shots/0005.jpg
shots/0004.jpg
shots/0011.jpg
```

```
shots/0008.jpg
shots/0005_small.jpg
shots/0002_small.jpg
shots/0013_small.jpg
shots/0003_small.jpg
cuckoo.log
reports/
reports/report.json
buffer/
buffer/26f5f2ebdaf068b76d1bece29937b02ed8ee72ba
buffer/0bfdfae4cc276019c1850ee1870a2fe7e816392b
buffer/6981a22ff4df40683797a25ca7c7566f52fab13d
memory/
memory/3668-1.dmp
memory/380-b18b74d68b7723db.exe_
memory/3668-735e07f9f2f2e590.exe_
memory/380-1.dmp
task.json
```

쿠쿠 샌드박스는 악성코드 분석을 진행하는 과정에서 샌드박스의 외적인 변화를 확인할 수 있도록 바탕화면을 스크린샷해 그림 파일로 저장한다. 특히 랜섬웨어 같은 경우 협박 메시지인 랜섬 노트를 이 기능으로 유용하게 살펴볼 수 있어 유용한 기능이다. 단순 다운로드이므로 curl 명령이 아닌 wget 명령으로 다운로드한다.

표 7-11 스크린샷 다운로드

번호	메소드	경로	요구 사항	추가 경로	설명
1	GET	/tasks/ screenshot	필수	[task id]	지정한 태스크 ID와 관련 있는 스크린샷을 다운 로드한다.
			옵션	[task id]/ [name]	특정 스크린샷만 다운로드할 수 있다. 스크린샷 은 일반적으로 0001부터 숫자가 증가하는 형태 로 파일이 생성되며 확장자는 jpg를 사용한다.

스크린샷을 전부 다운로드하는 기능은 zip 압축 포맷을 사용한다. 코드 7-38과 같

이 전체 스크린샷 파일을 다운로드할 수 있으며, 확장자까지 명확하게 지정하려면 wget의 -O 옵션을 이용한다.

코드 7-38 태스크 ID 1의 전체 스크린샷 다운로드

```
hakawati@Cuckoo-Core:~$ wget http://192.168.0.100:8090/tasks/screenshots/1 -O
                        task1_screenshot.zip
--2017-11-09 13:54:22--  http://192.168.0.100:8090/tasks/screenshots/1
Connecting to 192.168.0.100:8090... connected.
HTTP request sent, awaiting response... 200 OK
Length: 1646867 (1.6M) [application/zip]
Saving to: 'task1_screenshot.zip'

task1_screenshot.zip        100%[======================================>]   1.57M
--.-KB/s    in 0.004s

2017-11-09 13:54:22 (385 MB/s) - 'task1_screenshot.zip' saved [1646867/1646867]
```

특정 스크린샷만 다운로드하고 싶을 땐 태스크 ID 뒤에 특정 스크린샷 이름의 경로를 입력한다. 확장자까지 명확하게 지정하려면 wget의 -O 옵션을 이용한다.

코드 7-39 태스크 ID 1의 0001 스크린샷 파일 다운로드

```
hakawati@Cuckoo-Core:~$ wget http://192.168.0.100:8090/tasks/screenshots/1/0001
                        -O 0001.jpg
--2017-11-09 13:54:22--  http://192.168.0.100:8090/tasks/screenshots/1
Connecting to 192.168.0.100:8090... connected.
HTTP request sent, awaiting response... 200 OK
Length: 141879 (139K) [image/jpeg]
Saving to: '0001.jpg'

0001.jpg                    100%[=============================================
====>] 138.55K  --.-KB/s    in 0.001s
```

```
2017-11-09 13:54:22 (385 MB/s) - '0001.jpg' saved [141879/141879]
```

특정 분석 보고서를 다시 생성하도록 요청할 수 있다.

표 7-12 보고서 재생성

번호	메소드	경로	요구 사항	추가 경로	설명
1	GET	/tasks/ rereport	필수	[task id]	지정한 태스크 ID의 보고서를 다시 생성하도록 요청한다.

이 기능을 사용하려면 cuckoo의 process 하위 명령으로 보고서 생성 인스턴스가 실행돼 있어야 한다. 다음과 같이 새로운 터미널에서 process 하위 명령과 인스턴스 이름을 설정해 실행한다. 여기서 사용한 인스턴스 이름인 r1 대신 다른 이름을 사용해도 좋다. process 하위 명령은 **제 9절 보고서 처리를 위한 process**에서 상세히 다룬다.

코드 7-40 process 하위 명령과 인스턴스 실행

```
hakawati@Cuckoo-Core:~$ cuckoo process r1
2017-11-09 14:02:28,981 [cuckoo] INFO: Initialized instance=r1, ready to process
some tasks
```

보고서 생성 인스턴스가 실행됐다면, 코드 7-41과 같이 보고서를 다시 생성하도록 요청한다. 만약 보고서를 다시 생성할 수 없는 경우 true가 아닌 false로 출력된다.

코드 7-41 태스크 ID 1의 보고서 재생성 요청

```
hakawati@Cuckoo-Core:~$ curl -X GET http://192.168.0.100:8090/tasks/rereport/1
{
  "success": true
}
```

보고서 생성 인스턴스가 실행된 터미널에서는 코드 7-43과 같이 로그가 출력된다.

코드 7-42 태스크 ID 1의 보고서 재생성 로그

```
2017-11-09 14:05:49,531 [cuckoo.apps.apps] INFO: Task #1: reporting task
2017-11-09 14:05:53,983 [cuckoo.core.plugins] WARNING: The reporting module
"SingleFile" returned the following error: The weasyprint library hasn't
been installed on your Operating System and as such we can't generate a PDF
report for you. You can install 'weasyprint' manually by running 'pip install
weasyprint' or by compiling and installing package yourself.
2017-11-09 14:05:54,492 [cuckoo.apps.apps] INFO: Task #1: reports generation
completed
```

악성코드가 동작할 때 해당 수집한 프로세스 메모리와 추가 실행된 악성코드를 확인
하거나 다운로드할 수 있다.

표 7-13 프로세스 메모리 덤프 리스트 출력 및 다운로드

번호	메소드	경로	요구 사항	추가 경로	설명
1	GET	/memory/ list	필수	[task id]	메모리에서 수집한 파일 리스트를 보여준다.
	GET	/memory/ get	필수	[task id]/ [filname]	/memory/list에서 보여지는 특정 파일을 지정해 다운로드한다.

/memory/list를 이용해 어떤 데이터가 수집됐는지 확인한다. 파일명 앞의 숫자는
해당 파일이 샌드박스에서 수집될 때 프로세스 ID에 해당한다.

코드 7-43 태스크 ID 1의 프로세스 메모리 덤프 출력

```
hakawati@Cuckoo-Core:~$ curl -X GET http://192.168.0.100:8090/memory/list/1
{
  "dump_files": [
    "3668-1",
```

```
    "380-b18b74d68b7723db.exe_",
    "3668-735e07f9f2f2e590.exe_",
    "380-1"
  ]
}
```

/memory/get 명령은 특정 파일을 다운로드할 때 사용한다.

코드 7-44 태스크 ID 1의 프로세스 메모리 덤프 다운로드

```
hakawati@Cuckoo-Core:~$ curl -X GET http://192.168.0.100:8090/memory/
                        get/1/3668-1 > 3668-1
% Total     % Received % Xferd  Average Speed   Time    Time     Time  Current
                                 Dload  Upload   Total   Spent    Left  Speed
100 15.7M  100 15.7M    0     0   404M      0 --:--:-- --:--:-- --:--:--  415M
```

해시 값의 정보를 출력하는 기능은 새로 분석할 악성코드가 이미 분석됐는지 확
인하는데 유용하게 사용한다. 표 7-14의 요구사항과 추가 경로에서 볼 수 있듯이
특정 태스크 ID나 악성코드 샘플의 md5, sha256 해시 값 중 하나를 사용해 검색
한다.

표 7-14 파일 검색

번호	메소드	경로	요구 사항	추가 경로	설명
1	GET	/files/view	필수	id/[task id]	태스크 ID나 md5 그리고 sha256을 통해 악성 코드의 간략한 정보를 볼 수 있다.
			필수	md5/[md5]	
			필수	sha256/[sha256]	

태스크 ID가 1의 악성코드 정보를 요청하면 코드 7-45와 같이 출력된다.

코드 7-45 코드 7-45 태스크 ID 1의 악성코드 해시 정보

```
hakawati@Cuckoo-Core:~$ curl -X GET http://192.168.0.100:8090/files/view/id/1
{
  "sample": {
    "crc32": "C6303BA4",
    "file_size": 91072,
    "file_type": "PE32 executable (GUI) Intel 80386, for MS Windows",
    "id": 1,
    "md5": "c735ac8e7674310854f4463d64703617",
    "sha1": "a89f7605d288266c0cd7a1014df266f5150d197b",
    "sha256": "e0b0ab0f63306dddc50e3dad30b09cf6331ed75f0375f4205c669b2825155
    ef5",
    "sha512": "95cf311abba37b14e9ce65c7e1418a73603f6c054c99650c2da125edeb218c08
    18a2914fd9834c3656d28c251aa432be0ad68c745addda57b005dfbef21d9706",
    "ssdeep": null
  }
}
```

해시를 이용해도 동일한 결과가 출력된다. 만약 중복되는 샘플이 존재한다면, 가장
오래전에 분석한 태스크 ID가 출력된다. 예를 들어, 해시 값이 같은 악성코드 분석이
태스크 1, 46, 65, 85가 있다면 1만 출력된다.

코드 7-46 태스크 ID 1의 악성코드 정보

```
hakawati@Cuckoo-Core:~$ curl http://192.168.0.100:8090/files/view/md5/c735ac8e7
                            674310854f4463d64703617
{
  "sample": {
    "crc32": "C6303BA4",
    "file_size": 91072,
    "file_type": "PE32 executable (GUI) Intel 80386, for MS Windows",
    "id": 1,
    "md5": "c735ac8e7674310854f4463d64703617",
    "sha1": "a89f7605d288266c0cd7a1014df266f5150d197b",
    "sha256": "e0b0ab0f63306dddc50e3dad30b09cf6331ed75f0375f4205c669b2825155
```

```
ef5",
    "sha512": "95cf311abba37b14e9ce65c7e1418a73603f6c054c99650c2da125edeb218c08
        18a2914fd9834c3656d28c251aa432be0ad68c745addda57b005dfbef21d9706",
    "ssdeep": null
  }
}
```

/files/view에서 출력될 때 악성코드 샘플이 존재하면 악성코드 샘플을 다운로드한
다. sha256 해시만 사용해서 다운로드 받을 수 있다.

표 7-15 악성코드 다운로드

번호	메소드	경로	요구 사항	추가 경로	설명
12	GET	/files/get	필수	[sha256]	sha256을 사용해 악성코드 샘플을 다운로드한다.

코드 7-47 악성코드 다운로드

```
hakawati@Cuckoo-Core:~$ wget http://192.168.0.100:8090/files/get/e0b0ab0f63306d
                ddc50e3dad30b09cf6331ed75f0375f4205c669b2825155ef5
--2017-11-09 16:20:04--  http://192.168.0.100:8090/files/get/e0b0ab0f63306dddc5
0e3dad30b09cf6331ed75f0375f4205c669b2825155ef5
Connecting to 192.168.0.100:8090... connected.
HTTP request sent, awaiting response... 200 OK
Length: 91072 (89K) [application/octet-stream]
Saving to: 'e0b0ab0f63306dddc50e3dad30b09cf6331ed75f0375f4205c669b2825155ef5'

e0b0ab0f63306dddc50e3dad3 100%[===================================>]  88.94K
--.-KB/s    in 0s

2017-11-09 16:20:04 (455 MB/s) - 'e0b0ab0f63306dddc50e3dad30b09cf6331ed75f0375f4
205c669b2825155ef5' saved [91072/91072]
```

네트워크 분석에 사용된 네트워크 패킷 캡처 파일을 다운로드한다.

표 7-16 패킷 캡처 파일 다운로드

번호	메소드	경로	요구 사항	추가 경로	설명
1	GET	/pcap/get	필수	[task id]	지정한 태스크 ID의 PCAP 파일을 다운로드한다.

코드 7-48과 같이 wget 명령으로 패킷 캡처 파일을 다운로드한다. 확장자를 지정하기 위해 -O 옵션을 함께 사용한다.

코드 7-48 태스크 ID 1의 패킷 캡처 파일 다운로드

```
hakawati@Cuckoo-Core:~$ wget http://192.168.0.100:8090/pcap/get/1 -O dump.pcap
--2017-11-09 16:24:51--  http://192.168.0.100:8090/pcap/get/1
Connecting to 192.168.0.100:8090... connected.
HTTP request sent, awaiting response... 200 OK
Length: 48180 (47K) [application/octet-stream]
Saving to: 'dump.pcap'

dump.pcap               100%[===================================>]   47.05K
--.-KB/s    in 0s

2017-11-09 16:24:51 (153 MB/s) - 'dump.pcap' saved [48180/48180]
```

분석 결과를 삭제할 때 표 7-17과 같이 사용한다.

표 7-17 분석 결과 삭제

번호	메소드	경로	요구 사항	추가 경로	설명
1	GET	/tasks/ delete	필수	[task id]	지정한 태스크 ID의 정보를 삭제한다.

네 번째 분석한 결과를 삭제하려면 코드 7-49와 같이 사용하며 잘 수행되면 코드 7-49와 같은 메시지를 출력한다.

코드 7-49 특정 분석 결과 삭제

```
hakawati@Cuckoo-Core:~$ curl -X GET http://192.168.0.100:8090/tasks/delete/4
{
  "status": "OK",
}
```

운영 관련 쿠쿠 API

악성코드를 분석하기 위해 사용하는 샌드박스의 설정 정보를 출력한다. 단순히 /machines/list를 사용하면 전체 샌드박스 정보를 출력하므로 다수의 샌드박스를 운영할 경우 많은 양의 정보가 출력된다.

표 7-18 샌드박스 정보 보기

번호	메소드	경로	요구 사항	추가 경로	설명
1	GET	/machines/ list	필수	N/A	전체 샌드박스 정보를 출력한다.

코드 7-50 샌드박스 정보 출력

```
hakawati@Cuckoo-Core:~$ curl -X GET http://192.168.0.100:8090/machines/list
{
  "machines": [
    {
      "id": 1,
      "interface": "ens33",
      "ip": "192.168.0.10",
      "label": "cuckoo1",
```

```
    "locked": false,
    "locked_changed_on": null,
    "name": "cuckoo1",
    "options": [],
    "platform": "windows",
    "resultserver_ip": "192.168.56.1",
    "resultserver_port": 2042,
    "snapshot": null,
    "status": "saved",
    "status_changed_on": "2017-11-09 20:32:16",
    "tags": []
  },
  {
    "id": 2,
    "interface": "ens33",
    "ip": "192.168.0.11",
    "label": "cuckoo2",
    "locked": false,
    "locked_changed_on": null,
    "name": "cuckoo2",
    "options": [],
    "platform": "windows",
    "resultserver_ip": "192.168.56.1",
    "resultserver_port": 2042,
    "snapshot": null,
    "status": "saved",
    "status_changed_on": "2017-11-09 20:32:16",
    "tags": []
  }
 ]
}
```

특정 샌드박스를 출력하고 싶으면 /machines/view 명령을 사용한다.

표 7-19 샌드박스 정보 보기

번호	메소드	경로	요구 사항	추가 경로	설명
1	GET	/machines/view	필수	[name]	특정 샌드박스 정보를 출력한다.

코드 7-51과 같이 샌드박스 이름을 입력해 해당 샌드박스 정보를 확인한다.

코드 7-51 특정 샌드박스 정보 출력

```
hakawati@Cuckoo-Core:~$ curl -X GET http://192.168.0.100:8090/machines/view/
                       cuckoo1
{
  "machine": {
    "id": 1,
    "interface": "ens33",
    "ip": "192.168.0.10",
    "label": "cuckoo1",
    "locked": false,
    "locked_changed_on": null,
    "name": "cuckoo1",
    "options": [],
    "platform": "windows",
    "resultserver_ip": "192.168.56.1",
    "resultserver_port": 2042,
    "snapshot": null,
    "status": "saved",
    "status_changed_on": "2017-11-09 20:32:16",
    "tags": []
  }
}
```

쿠쿠 엔진의 상태 정보를 보는 명령은 /cuckoo/status다.

표 7-20 쿠쿠 샌드박스 상태 정보 보기

번호	메소드	경로	요구 사항	추가 경로	설명
1	GET	/cuckoo/ status	필수	N/A	쿠쿠 샌드박스의 상태 정보를 보여준다.

다음과 같이 출력되는데, 일부 정보는 다음과 같다.

- analyses: 쿠쿠 분석 기록 보관소의 analyses 크기
- binaries: 쿠쿠 분석 기록 보관소의 binaries 크기

코드 7-52 쿠쿠 샌드박스 상태 정보 출력

```
hakawati@Cuckoo-Core:~$ curl -X GET http://192.168.0.100:8090/cuckoo/status
{
  "cpuload": [
    0.21,
    0.1,
    0.03
  ],
  "diskspace": {
    "analyses": {
      "free": 66822836224,
      "total": 101327663104,
      "used": 34504826880
    },
    "binaries": {
      "free": 66822836224,
      "total": 101327663104,
      "used": 34504826880
    }
  },
  "hostname": "Cuckoo-Core",
  "machines": {
    "available": 1,
```

```
    "total": 1
  },
  "memavail": 2290252,
  "memory": 43.10560524503632,
  "memtotal": 4025444,
  "tasks": {
    "completed": 0,
    "pending": 0,
    "reported": 1,
    "running": 0,
    "total": 1
  },
  "version": "2.0.5"
}
```

VPN 설정과 연결 상태 정보를 출력한다. 이 정보는 쿠쿠 라우팅 설정 중 VPN을 구성한 후 쿠쿠의 하위 명령인 rooter가 실행돼 있어야 볼 수 있다. VPN 구성은 쿠쿠 샌드박스 2.0.5.3 버전에서 구축하고 구현하는 데 문제가 있어 이 책에서는 다루지 않는다.

표 7-21 VPN 정보 출력

번호	메소드	경로	요구 사항	추가 경로	설명
1	GET	/vpn/ status	필수	N/A	VPN 상태 정보를 출력한다.

마지막으로 API 서버 운영을 원격에서 종료하는 기능이다. 이 기능을 사용하려면 api 서버를 운영할 때 디버그 모드로 실행해야 한다.

표 7-22 샌드박스 정보 보기

번호	메소드	경로	요구 사항	추가 경로	설명
1	GET	/vpn/ status	필수	N/A	VPN 상태 정보를 출력한다.

이 기능을 테스트하기 위해 Nginx와 uWSGI로 동작하는 API 서버를 종료하고, 코드 7-53과 같이 디버그 옵션(-d)을 추가해 실행한다.

코드 7-53 기존 API 서버 종료와 디버그 모드 실행

```
hakawati@Cuckoo-Core:~$ sudo rm -rf /etc/nginx/sites-enabled/cuckoo-api

hakawati@Cuckoo-Core:~$ sudo systemctl restart nginx.service

hakawati@Cuckoo-Core:~$ cuckoo -d api -H 192.168.0.100 -p 8090
2017-11-09 23:10:14,721 [werkzeug] INFO:  * Running on
http://192.168.0.100:8090/ (Press CTRL+C to quit)
2017-11-09 23:10:14,722 [werkzeug] INFO:  * Restarting with stat
2017-11-09 23:10:16,318 [werkzeug] WARNING:  * Debugger is active!
2017-11-09 23:10:16,319 [werkzeug] INFO:  * Debugger PIN: 324-624-499
```

디버그 모드로 동작할 때 /exit 명령으로 원격에서 api 서버를 종료할 수 있다.

코드 7-54 API 서버 원격 종료

```
hakawati@Cuckoo-Core:~$ curl -X GET http://192.168.0.100:8090/exit
{
  "message": "Server stopped"
}
```

지금까지 살펴봤듯이, REST API 서버를 운영해 명령을 전달하고 실행하는 방식은 HTTP 프로토콜을 사용하므로 HTTP 상태 코드를 확인해 명령이 잘 전달되고 실행

됐는지를 확인한다. 만약 상태 코드를 확인할 수 없을 경우 쿠쿠는 별도의 메시지를 출력하도록 구성돼 있어 쉽게 명령 실행 여부를 확인할 수 있다. 쿠쿠의 API에서 자주 사용되는 HTTP 상태 코드는 2가지로 구분할 수 있다.

- 200: 명령이 잘 수행된 경우
- 404: 명령이 없거나 명령이 잘 수행됐으나 해당 정보가 없는 경우

제 5절   분석 데이터 초기화를 위한 clean

쿠쿠는 clean 하위 명령을 통해 모든 데이터를 간단하게 초기화할 수 있다. 이 명령으로 데이터를 초기화하면 연동돼 있는 모든 데이터베이스와 쿠쿠 코어에 의해 시스템 로컬에 저장되는 악성코드 및 추가 생성 파일 등을 삭제한다. 모든 데이터가 삭제되므로 조심히 써야 할 하위 명령이다.

코드 7-55 쿠쿠 샌드박스 데이터 초기화

```
hakawati@Cuckoo-Core:~$ cuckoo clean
```

제 6절   쿠쿠 확장을 위한 community

커뮤니티는 쿠쿠 샌드박스를 이용하는 수많은 분석가들이 모여서 생산한 데이터나 개선된 분석 기능을 공유하는 곳이다. 기존에 쿠쿠 샌드박스를 다운로드받는 깃허브 주소와 달리 별개의 주소로 운영된다.

```
https://github.com/cuckoosandbox/community
```

이곳에서 공유하는 정보는 크게 다음과 같다.

- 시그니처
- 안드로이드 에이전트
- 윈도우 모니터링 도구
- 화이트리스트
- 기타

쿡쿠 커뮤니티를 이용해 업데이트하려면 community 하위 명령을 사용한다. 도움말을 확인하면 코드 7-56과 같이 볼 수 있다.

코드 7-56 쿡쿠 커뮤니티 도움말

```
hakawati@Cuckoo-Core:~$ cuckoo community --help
Usage: cuckoo community [OPTIONS]

  Fetch supplies from the Cuckoo Community.

Options:
  -f, --force             Overwrite existing files
  -b, --branch TEXT       Specify a different community branch rather than
                          master
  --file, --filepath PATH Specify a local copy of a community .tar.gz file
  --help                  Show this message and exit.
```

옵션 정보는 다음과 같다.

- **-f**: 기존에 커뮤니티 명령으로 생성된 파일을 덮어쓰기 형태로 다운로드
- **-b**: 쿡쿠 샌드박스 특정 버전을 명시해 해당 버전과 호환되는 기능을 다운로드하며 명시하지 않은 경우 가장 최신 버전을 다운로드
- **--file, --filepath**: 커뮤니티에서 다운로드한 tar.gz 확장자를 가진 파일을 적용

- --help: 도움말

코드 7-57과 같이 버전 정보를 명시하지 않고 사용하면 최신 버전을 다운로드한다.

코드 7-57 최신 버전에 호환되는 커뮤니티 업데이트

```
hakawati@Cuckoo-Core:~$ cuckoo community
2017-11-10 14:18:51,208 [cuckoo.apps.apps] INFO: Downloading.. https://github.
com/cuckoosandbox/community/archive/master.tar.gz
2017-11-10 14:19:06,746 [cuckoo] INFO: Finished fetching & extracting the
community files!
```

쿠쿠 커뮤니티의 기능 중 핵심은 분석가들이 생성한 쿠쿠 시그니처다. 시그니처를 다운로드하고 적용하면 분석된 결과에서 그림 7-3과 같은 시그니처 정보를 볼 수 있다.

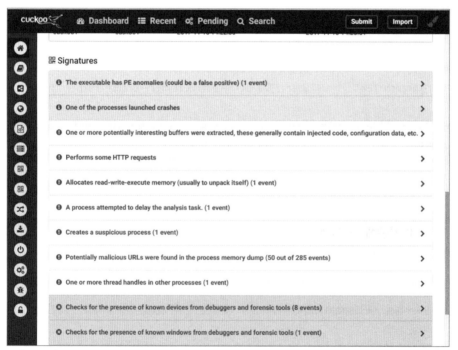

그림 7-3 시그니처 탐지 결과

제 7절 설정 초기화를 위한 init

쿠쿠 샌드박스를 구축하는 과정에서 잘못 설정해 잘 동작하지 않을 수 있으므로 설정 파일을 초기화하고 새로 설정을 할 수 있도록 init 명령을 제공한다. 이 명령은 분석한 데이터를 모두 초기화하는 clean 명령과 달리 설정 파일만 초기화한다.

코드 7-58 쿠쿠 설정 초기화

```
hakawati@Cuckoo-Core:~$ cuckoo init


                               _|
      _|_|_|  _|      _|    _|_|_|  _|  _|      _|_|      _|_|
    _|        _|      _|  _|        _|_|      _|    _|  _|    _|
    _|        _|      _|  _|        _|  _|    _|    _|  _|    _|
      _|_|_|    _|_|_|    _|_|_|  _|    _|    _|_|      _|_|


Cuckoo Sandbox 2.0.5
www.cuckoosandbox.org
Copyright (c) 2010-2017

Checking for updates...
You're good to go!

Our latest blogposts:
* Cuckoo Sandbox 2.0.5: Office DDE, December 03, 2017.
  Brand new release based on a DDE case study.
  More at https://cuckoosandbox.org/blog/205-office-dde

* Cuckoo Sandbox 2.0.4, September 06, 2017.
  Introducing Malware Configuration Extraction.
  More at https://cuckoosandbox.org/blog/cuckoo-sandbox-204

* Cuckoo Sandbox 2.0.0, March 30, 2017.
  First Cuckoo package release!
  More at https://cuckoosandbox.org/blog/cuckoo-sandbox-v2
```

제 8절 샌드박스 설정 제어를 위한 machine

쿠쿠 샌드박스는 시스템 자원에 따라 가상머신을 여러 대 구축해 악성코드를 분석할
수 있다. 새로운 샌드박스를 생성할 때마다 virtualbox.conf 설정 파일을 직접 수정
하는 것은 매우 번거로운 작업이므로 쿠쿠는 편리하게 샌드박스를 추가하거나 제거
하고, 설정을 추가할 수 있도록 machine 하위 명령을 제공한다.

코드 7-59 쿠쿠 설정 초기화

```
hakawati@Cuckoo-Core:~$ cuckoo machine --help
Usage: cuckoo machine [OPTIONS] VMNAME [IP]

  Dynamically add/remove machines.

Options:
  --add               Add a Virtual Machine
  --delete            Delete a Virtual Machine
  --platform TEXT     Guest Operating System
  --options TEXT      Machine options
  --tags TEXT         Tags for this Virtual Machine
  --interface TEXT    Sniffer interface for this Virtual Machine
  --snapshot TEXT     Specific Virtual Machine Snapshot to use
  --resultserver TEXT IP:Port of the Result Server
  --help              Show this message and exit.
```

첫 가상머신은 virtualbox.conf 파일을 직접 수정하는 방식으로 등록하는 것을 추
천하며, 두 번째 샌드박스를 만들었을 때부터 간편하게 machine 명령을 통해 등
록한다.

가상머신 복제

새로운 샌드박스를 추가한다. 먼저 가상머신을 복제하고, machine 하위 명령을 이

용해 추가한다. 가상머신을 복제하기 위해 버추얼박스를 실행한다.

```
hakawati@Cuckoo-Core:~$    virtualbox
```

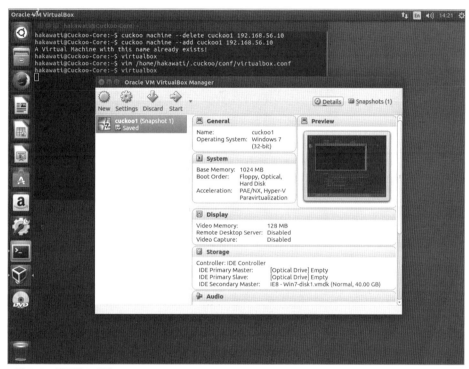

그림 7-4 버추얼박스 실행

꼭 기억해야 할 점은 가상머신 상태가 복원된 상태여야 한다는 것이다. 가상머신이 그림 7-4의 Preview와 유사한 상태가 아닌 경우 악성코드를 분석하고 강제 종료된 상태다. 다시 말해서 깨끗한 상태가 아니다. 만약 분석 후 복원된 상태가 아니라면 스냅샷으로 복원하고 진행 복제를 진행한다. 우리가 생성했었던 cuckoo1 가상머신 에서 마우스 오른쪽 버튼을 클릭하면 그림 7-5와 같은 창이 나타난다. 여기서 Clone 을 선택한다.

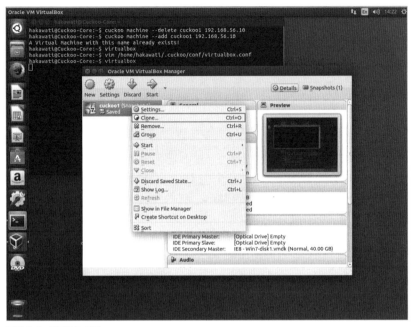

그림 7-5 샌드박스 복제

새로운 가상머신의 이름은 cuckoo2로 입력한다. 바로 아래의 Reinitialize the MAC address of all network cards 항목을 체크해 구성된 네트워크의 MAC 주소를 초기화한다.

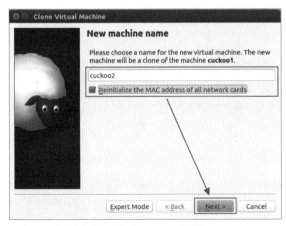

그림 7-6 가상머신 이름 설정 및 MAC 주소 초기화

가상머신 복제는 두 가지 유형이 있다.

- **완전 복제**[Full clone]: 원본 가상머신 자체를 완벽하게 복제
- **연결된 복제**[Linked clone]: 원본 가상머신의 스냅샷에 기대는 형태로 복제

우리는 그림 7-7과 같이 완전 복제를 진행한다.

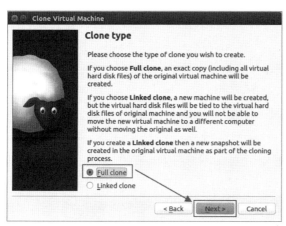

그림 7-7 전체 복제 선택

완전 복제를 선택하면 어떤 상태를 복제할 것인지 선택해야 한다. 현재 상태[Current machine state]와 전체 상태[Everything] 복제 두 가지가 있다. 현재 상태는 복제를 선택한 시점의 상태를 복제하며, 전체 상태 복제는 스냅샷을 찍은 모든 내용을 복제한다. 우리는 샌드박스 내부의 일부 설정을 변경하고 다시 스냅샷을 구성하므로 현재 상태 복제를 선택한다.

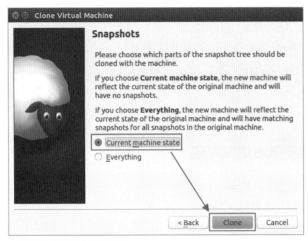

그림 7-8 현재 상태 복제 선택

Clone 버튼을 클릭하면 그림 7-9와 같이 복제되는 과정을 볼 수 있다.

그림 7-9 가상머신 복제

복제가 완료되면 새로운 가상머신이 생성된 것을 확인할 수 있다.

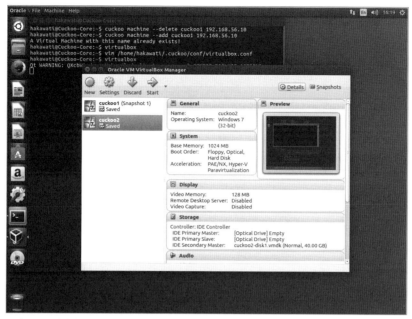

그림 7-10 가상머신 복제 완료

두 번째 샌드박스 설정

새롭게 생성한 가상머신은 샌드박스로서의 기능을 가지도록 일부 설정을 변경할 필요가 있다. 필수적으로 진행할 설정 변경을 요약하면 다음과 같다.

- IP 변경
- 시스템 이름 변경
- agent.py 실행
- 스냅샷 설정

먼저 IP를 변경한다. cuckoo1 샌드박스가 192.168.56.101을 사용했으므로 cuckoo2 샌드박스는 192.168.56.102로 설정한다. 이 설정은 샌드박스 안 윈도우의 명령 프롬프트에서 진행한다.

```
c:\Windows\Administrator> netsh interface ipv4 set address name="Local Area
                          Connection 2" static 192.168.56.102 255.255.255.0
                          192.168.56.1
```

```
c:\Windows\Administrator> netsh interface ipv4 set dns name="Local Area
                          Connection 2" static 8.8.8.8
The configured DNS server is incorrect or does not exist.
```

다음은 시스템 이름을 변경한다. 다수의 샌드박스를 운영할 때 시스템 이름이 충돌이 일어날 수 있기 때문이다. 시스템을 재부팅해야 변경한 이름이 적용된다.

코드 7-61 컴퓨터 이름 변경

```
c:\Windows\Administrator> wmic computersystem where caption='cuckoo1' rename
                          'cuckoo2'
Executing <\\IE8WIN7\ROOT\CIMV2:Win32_ComputerSystem.Name="CUCKOO1")->rename()
Method execution successful.
Out Parameters:
instance of __PARAMETERS
{
        ReturnValue = 0;
};
```

```
c:\Windows\Administrator>         shutdown -r -t 0
```

시스템이 재부팅됐다면 이제 바탕화면에 있는 agent.py를 실행한다. 만약 agent.py가 실행된 창을 숨기거나 백그라운드로 동작시키고 싶다면 agent.py를 agent.pyw로 확장자를 변경해 실행한다.

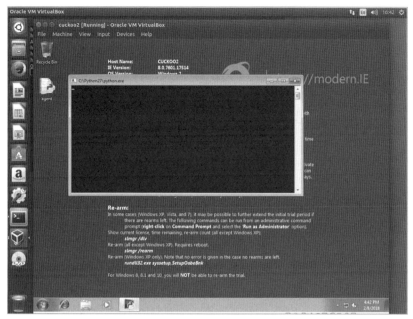

그림 7-11 두 번째 샌드박스에서 실행된 agent.py

샌드박스 내부의 모든 구성이 끝났으므로 스냅샷을 구성한다.

코드 7-62 선택한 가상머신 스냅샷 설정 후 일시정지

```
hakawati@Cuckoo-Core:~$ VBoxManage snapshot "cuckoo2" take "Snapshot " --pause
0%...10%...20%...30%...40%...50%...60%...70%...80%...90%...100%
Snapshot taken. UUID: bf67f6d3-dc4c-4835-961b-488aed0540a2

hakawati@Cuckoo-Core:~$ VBoxManage controlvm "cuckoo2" poweroff
0%...10%...20%...30%...40%...50%...60%...70%...80%...90%...100%

hakawati@Cuckoo-Core:~$ VBoxManage snapshot "cuckoo2" restorecurrent
Restoring snapshot bf67f6d3-dc4c-4835-961b-488aed0540a2
0%...10%...20%...30%...40%...50%...60%...70%...80%...90%...100%
```

새로운 샌드박스 등록 및 운영

쿡쿡의 machine 하위 명령을 이용해 새롭게 생성한 샌드박스를 등록한다. 등록하는 방법은 --add 옵션 뒤에 가상머신 이름과 IP를 입력한다.

코드 7-63 쿡쿡 샌드박스에 새로운 샌드박스 등록

```
hakawati@Cuckoo-Core:~$ cuckoo machine --add cuckoo2 192.168.56.102
```

등록한 후 쿡쿡 코어를 다시 실행하면 두 개의 샌드박스를 인식했음을 볼 수 있다.

코드 7-64 쿡쿡 샌드박스에 새로운 샌드박스 등록

```
hakawati@Cuckoo-Core:~$ cuckoo -d
                              ...snip...
2018-02-08 17:33:30,872 [cuckoo.core.resultserver] DEBUG: ResultServer running
on 192.168.56.1:2042.
2018-02-08 17:33:30,873 [cuckoo.core.scheduler] INFO: Using "virtualbox" as
machine manager
2018-02-08 17:33:31,409 [cuckoo.machinery.virtualbox] DEBUG: Stopping vm
cuckoo1
2018-02-08 17:33:31,735 [cuckoo.machinery.virtualbox] DEBUG: Stopping vm
cuckoo2
2018-02-08 17:33:31,968 [cuckoo.machinery.virtualbox] DEBUG: Restoring virtual
machine cuckoo1 to its current snapshot
2018-02-08 17:33:32,073 [cuckoo.machinery.virtualbox] DEBUG: Restoring virtual
machine cuckoo2 to its current snapshot
2018-02-08 17:33:32,223 [cuckoo.core.scheduler] INFO: Loaded 2 machine/s
2018-02-08 17:33:32,248 [cuckoo.core.scheduler] INFO: Waiting for analysis
tasks.
```

여러 개의 악성코드를 분석 요청하면 두 개의 샌드박스가 스케줄링에 의해 동작하며 각각 분석하는 것을 볼 수 있다.

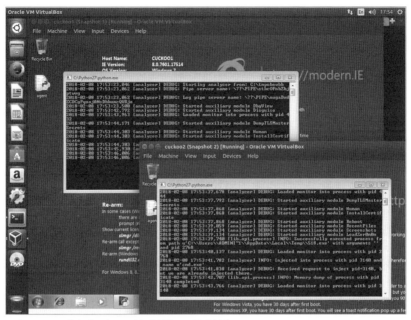

그림 7-12 두 개의 샌드박스로 다수의 악성코드 동시 분석

시스템 자원에 여유가 있다면 이런 방식으로 다수의 샌드박스를 구성해 많은 악성코드를 대량으로 분석할 수 있다.

제 9절 보고서 처리를 위한 process

process는 악성코드를 분석한 후 보고서를 생성하는 과정과 관련있는 하위 명령이다.

코드 7-65 process 하위 명령의 도움말

```
hakawati@Cuckoo-Core:~$ cuckoo process --help
Usage: cuckoo process [OPTIONS] [INSTANCE]
```

```
  Process raw task data into reports.

Options:
  -r, --report TEXT       Re-generate one or more reports
  -m, --maxcount INTEGER  Maximum number of analyses to process
  --help
```

이 책의 실습을 따라했다면, 새로운 기능을 도입한 후에 보고서를 다시 생성하도록 코드 7-66과 같은 명령을 사용한 것을 기억할 수 있다.

코드 7-66 보고서 재생성 명령

```
hakawati@Cuckoo-Core:~$ cuckoo process -r 1
2018-02-08 18:08:06,195 [cuckoo.apps.apps] INFO: Task #1: reports generation
completed
```

여러 개의 분석 보고서를 재생성하도록 요청할 수 있다.

코드 7-67 다수 분석 결과에서 보고서 재생성 명령 1

```
hakawati@Cuckoo-Core:~$ cuckoo process -r 1,2,7
2018-02-08 18:08:59,312 [cuckoo.apps.apps] INFO: Task #1: reports generation
completed
2018-02-08 18:09:08,074 [cuckoo.apps.apps] INFO: Task #2: reports generation
completed
2018-02-08 18:09:19,164 [cuckoo.apps.apps] INFO: Task #7: reports generation
completed
```

범위를 지정해 분석 보고서를 재생성하고 싶다면 하이픈(-)을 사용한다.

코드 7-68 다수 분석 결과에서 보고서 재생성 명령 2

```
hakawati@Cuckoo-Core:~$ cuckoo process -r 1,6-7
```

```
2018-02-08 18:11:39,597 [cuckoo.apps.apps] INFO: Task #1: reports generation
completed
2018-02-08 18:11:46,151 [cuckoo.apps.apps] INFO: Task #6: reports generation
completed
2018-02-08 18:12:00,169 [cuckoo.apps.apps] INFO: Task #7: reports generation
completed
```

정식 기능은 아니지만, 모든 분석 보고서를 다시 재생성하고 싶다면 코드 7-69와 같이 큰 수를 입력한다. 분석 번호가 없는 경우 진행을 중단하기 때문이다.

코드 7-69 다수 분석 결과에서 보고서 재생성 명령 3

```
hakawati@Cuckoo-Core:~$ cuckoo process -r 1-10000
2018-02-08 18:11:39,597 [cuckoo.apps.apps] INFO: Task #1: reports generation
completed
2018-02-08 18:11:46,151 [cuckoo.apps.apps] INFO: Task #6: reports generation
completed
2018-02-08 18:12:00,169 [cuckoo.apps.apps] INFO: Task #7: reports generation
completed
2018-02-08 18:12:00,169 [cuckoo.apps.apps] INFO: Task #8: reports generation
completed
2018-02-08 18:12:00,169 [cuckoo.apps.apps] INFO: Task #9: reports generation
completed
```

악성코드 분석과 보고서 생성 프로세스 분리

쿠쿠 샌드박스는 악성코드 분석 후 보고서를 생성한다. 이러한 구성은 다수의 샌드박스를 운영할 때와 악성코드 분석이 끝나고 보고서를 생성할 때 새로운 악성코드 분석이 진행되지 않으므로 매우 비효율적이다. 이러한 성능적 이슈를 해결하고자 악성코드 분석과 보고서 생성을 독립된 프로세스로 분할하면 악성코드 분석과 보고서 생성이 독립적으로 운영될 수 있어 효율성이 높아진다.

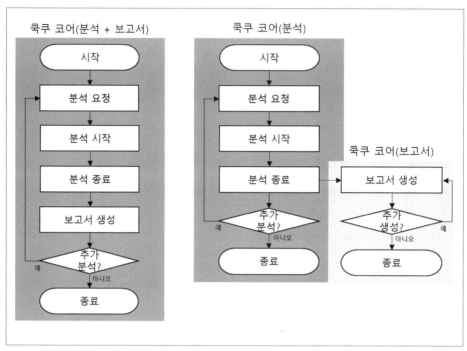

그림 7-13 쿠쿠 분석과 보고서 프로세스 분할

이러한 구성을 갖추려면 $cwd/conf/cuckoo.conf에서 쿠쿠 코어의 보고서 생성을 중단하도록 설정한다.

코드 7-70 쿠쿠 코어의 보고서 생성 기능 비활성화

```
hakawati@Cuckoo-Core:~$ vim $cwd/conf/cuckoo.conf
                            ...snip...
36      # Enable processing of results within the main cuckoo process.
37      # This is the default behavior but can be switched off for setups that
38      # require high stability and process the results in a separate task.
39      process_results = no
                            ...snip...
```

설정을 변경했으므로 쿠쿠 코어를 다시 실행하고, 악성코드 분석을 진행하면 로그에

는 코드 7-71과 같이 보고서 생성과 관련있는 로그가 출력되지 않는 것을 확인할 수 있다.

코드 7-71 보고서 생성 기능 비활성화 후 분석 시 출력되는 행위 로그

```
hakawati@Cuckoo-Core:~$ cuckoo -d
                              ...snip...
2018-02-08 18:33:42,936 [cuckoo.core.guest] DEBUG: cuckoo2: analysis still
processing
2018-02-08 18:33:43,947 [cuckoo.core.guest] DEBUG: cuckoo2: analysis still
processing
2018-02-08 18:33:44,958 [cuckoo.core.guest] DEBUG: cuckoo2: analysis still
processing
2018-02-08 18:33:45,972 [cuckoo.core.guest] INFO: cuckoo2: analysis completed
successfully
2018-02-08 18:33:46,050 [cuckoo.core.plugins] DEBUG: Stopped auxiliary module:
Sniffer
2018-02-08 18:33:46,051 [cuckoo.machinery.virtualbox] DEBUG: Stopping vm
cuckoo2
2018-02-08 18:33:49,614 [cuckoo.core.scheduler] DEBUG: Released database task
#8
2018-02-08 18:33:49,632 [cuckoo.core.scheduler] INFO: Task #8: analysis
procedure completed
```

process 하위 명령으로 보고서 생성 프로세스를 실행한다. 이 프로세스는 보고서 인스턴스라고 부른다. 각각의 인스턴스는 옵션 없이 이름을 지정하는 형태로 사용한다.

코드 7-72 보고서 생성 인스턴스 실행

```
hakawati@Cuckoo-Core:~$ cuckoo process instance1
2018-02-08 18:36:41,536 [cuckoo.apps.apps] INFO: Task #8: reports generation
completed
```

보고서 생성 과정을 구체적으로 살펴보고 싶다면 쿠쿠 코어의 디버그 옵션(-d)을 함께 이용한다.

코드 7-73 보고서 생성 인스턴스 실행

```
hakawati@Cuckoo-Core:~$ cuckoo -d process instance1
                           ...snip...
2018-02-08 18:36:41,027 [cuckoo.core.plugins] DEBUG: Analysis matched signature:
packer_entropy
2018-02-08 18:36:41,027 [cuckoo.core.plugins] DEBUG: Analysis matched signature:
pe_features
2018-02-08 18:36:41,028 [cuckoo.core.plugins] DEBUG: Analysis matched signature:
raises_exception
2018-02-08 18:36:41,342 [cuckoo.core.plugins] DEBUG: Executed reporting module
"JsonDump"
2018-02-08 18:36:41,526 [cuckoo.core.plugins] DEBUG: Executed reporting module
"MongoDB"
2018-02-08 18:36:41,536 [cuckoo.apps.apps] INFO: Task #8: reports generation
completed
```

보고서 생성 인스턴스는 가동 가능한 샌드박스의 수와 분석 기능의 종류에 따라 실행할 개수가 달라진다. 예를 들어 볼라틸리티를 이용한 메모리 분석이 활성화되면 보고서 생성 시간이 비약적으로 상승한다. 추가 기능 없이 필자가 12개 샌드박스를 구축해 테스트를 해본 결과 대략적으로 다음과 같으며, 시스템 성능과 보고서 기능에 따라 상이할 수 있다.

- 샌드박스 4개당 1개의 인스턴스
- 메모리 분석 기능을 제외한 기능 추가 시 3개당 1개의 인스턴스
- 메모리 분석 기능을 포함한 모든 기능 추가 시 2개당 1개의 인스턴스

만약 12개의 샌드박스에 메모리 분석 기능을 사용하지 않는다고 가정한다. 그러면, 쿠쿠 코어 1개, 보고서 생성 인스턴스 3개, 웹 서버 1개가 실행돼 총 5개의 터미널을

실행해야 한다. 웹 서버의 경우 NginX와 uWSGI를 이용해 백그라운드로 실행하도록 구성했다면, 총 4개의 터미널이 실행된다. 쿠쿠 코어와 보고서 생성 인스턴스를 터미널이 아닌 백그라운드에서 실행하는 방법은 **제8장, 'supervisor를 이용한 쿠쿠 샌드박스 서비스 관리 구성'**에서 다룬다.

제 10절   터미널에서 악성코드 분석 요청을 위한 submit

악성코드 분석 요청 시 웹 서비스보다 상세하게 설정해 요청할 수 있는 기능이 submit 하위 명령이다. 예를 들면, **제10장, '볼라틸리티를 이용한 메모리 분석'**의 **'제 4절 베이스라인 분석'**에서 기준점을 생성하는 것은 submit 명령으로만 가능하며, 해시를 비교해 기존에 분석된 악성코드가 있는지 확인하는 unique 기능도 submit에서만 사용할 수 있다. 특히 대량의 악성코드를 분석 요청할 땐 웹 서비스보다 서버에 악성코드를 옮긴 후 submit 명령으로 요청하는 것이 안정적이고 빠르게 분석 요청을 할 수 있다. submit 명령의 도움말을 살펴보면 코드 7-74와 같다.

코드 7-74 submit 하위 명령의 도움말

```
hakawati@Cuckoo-Core:~$ cuckoo submit --help
Usage: cuckoo submit [OPTIONS] [TARGET]...

  Submit one or more files or URLs to Cuckoo.

Options:
  -u, --url          Submitting URLs instead of samples
  -o, --options TEXT Options for these tasks
  --package TEXT     Analysis package to use
  --custom TEXT      Custom information to pass along this task
  --owner TEXT       Owner of this task
  --timeout INTEGER  Analysis time in seconds
  --priority INTEGER Priority of this task
```

```
--machine TEXT       Machine to analyze these tasks on
--platform TEXT      Analysis platform
--memory             Enable full VM memory dumping
--enforce-timeout    Don't terminate the analysis early
--clock TEXT         Set the system clock
--tags TEXT          Analysis tags
--baseline           Create baseline task
--remote TEXT        Submit to a remote Cuckoo instance
--shuffle            Shuffle the submitted tasks
--pattern TEXT       Provide a glob-pattern when submitting a directory
--max INTEGER        Submit up to X tasks at once
--unique             Only submit samples that have not been analyzed before
--help               Show this message and exit.
```

파일을 분석 요청할 경우 특정 악성코드를 지정하거나 악성코드를 모아놓은 디렉터리를 지정하는 방식으로 사용할 수 있다. 디렉터리를 지정하면 해당 디렉터리에 있는 모든 파일을 분석 요청한다.

코드 7-75 submit을 이용한 악성코드 분석 요청

```
hakawati@Cuckoo-Core:~$ cuckoo submit .cuckoo/storage/binaries/
Success: File "/home/hakawati/.cuckoo/storage/binaries/e0b0ab0f63306dddc50e3dad3
0b09cf6331ed75f0375f4205c669b2825155ef5" added as task with ID #2
```

URL 분석을 요청할 때 -u 옵션을 이용한다.

코드 7-76 submit을 이용한 URL 분석 요청

```
hakawati@Cuckoo-Core:~$ cuckoo submit -u "http://www.naver.com"
Success: URL "http://www.naver.com" added as task with ID #3
```

기존에 분석한 악성코드는 제외하고 신규 분석만 진행하고 싶다면 --unique 옵션

을 추가해 사용한다. 이 옵션은 URL 분석에서 사용할 수 없다.

코드 7-77 기존 분석한 악성코드를 배제한 분석 요청

```
hakawati@Cuckoo-Core:~$ cuckoo submit --unique .cuckoo/storage/binaries/
Skipped: File "/home/hakawati/.cuckoo/storage/binaries/e0b0ab0f63306dddc50e3dad3
0b09cf6331ed75f0375f4205c669b2825155ef5" as it has already been analyzed
```

타 쿠쿠 샌드박스에 악성코드 분석 요청을 할 수 있으나 전제 조건으로 타 쿠쿠 샌드
박스 서버에 API 서버가 운영중이어야 한다. --remote 옵션과 함께 API 서버의 주
소를 입력한다.

코드 7-78 REST API 서버에 악성코드 분석 요청

```
hakawati@Cuckoo-Core:~$ cuckoo submit --remote "192.168.0.101:8090" .cuckoo/
                        storage/binaries
Success: File "/home/hakawati/.cuckoo/storage/binaries/e0b0ab0f63306dddc50e3dad3
0b09cf6331ed75f0375f4205c669b2825155ef5" added as task with ID #5
```

특정 시간에만 동작하는 악성코드가 존재할 수 있다. 이러한 악성코드를 분석하려는
샌드박스의 시스템 시간을 변경할 필요가 있다. 이 기능을 이용하려면 --clock 옵션
과 함께 일(D), 월(M), 년(Y), 시(H), 분(M), 초(S)를 DD-MM-YYYY HH:MM:SS 형
태로 사용한다.

코드 7-79 샌드박스 시스템 시간을 수정해 악성코드 분석 요청

```
hakawati@Cuckoo-Core:~$ cuckoo submit --clock "03-20-2013 14:41:20" .cuckoo/
                        storage/binaries/
Success: File "/home/hakawati/.cuckoo/storage/binaries/e0b0ab0f63306dddc50e3dad3
0b09cf6331ed75f0375f4205c669b2825155ef5" added as task with ID #6
```

우선순위를 지정하는 --priority, 특정 샌드박스를 지정하는 --machine [샌드박스

이름], 특정 운영체제를 지정하는 --platform [운영체제] 등 submit 하위 명령은 웹 서비스에서도 만나볼 수 있다.

제 11절 분산처리 시스템을 위한 distributed

쿠쿠 샌드박스 2.0.5.3 버전에서 분산처리 시스템은 기존 쿠쿠 샌드박스와 운영상 하나로 통합되지 않으므로 별개의 시스템으로 바라봐야 한다. 그 외 웹 서비스가 없으므로 악성코드 분석 요청도 우분투 로컬에서만 가능하고, 대량의 파일 분석 요청이나 URL 분석을 하지 못하는 등 디테일한 제어가 불가능하다. 향후 기존 시스템과 분산처리 시스템의 융합을 기대해보며 개선된 후 다양한 경로를 통해 구성 방법을 공유할 예정이다.

제 12절 네트워크 라우팅을 위한 rooter

rooter는 말 그대도 루트 권한을 가진 자를 의미한다. 쿠쿠 샌드박스는 일반 사용자 권한으로 동작하지만, 네트워크 소켓을 이용할 때 루트 권한이 필요하며, 이 경우에 rooter 하위 명령을 사용한다. 코드 7-80과 같이 rooter의 도움말을 살펴보자.

코드 7-80 rooter 하위 명령의 도움말

```
hakawati@Cuckoo-Core:~$ cuckoo rooter --help
Usage: cuckoo rooter [OPTIONS] [SOCKET]

  Instantiates the Cuckoo Rooter.

Options:
  -g, --group TEXT  Unix socket group
```

```
--service PATH    Path to service(8) for invoking OpenVPN
--iptables PATH   Path to iptables(8)
--ip PATH         Path to ip(8)
--sudo            Request superuser privileges
--help            Show this message and exit.
```

rooter 하위 명령에서 필수로 사용해야 할 옵션은 -g와 --sudo다. -g 옵션은 일반 사용자 계정이 포함된 그룹을 지정하는 옵션으로 지정하지 않으면 cuckoo 그룹으로 설정돼 사용된다. --sudo 옵션은 루트 권한을 임시적으로 할당한다는 의미이기에 필수로 사용한다.

그 외 옵션으로 --service는 vpn 라우팅을 이용할 때 사용하는 service 프로그램의 위치를 지정하며, 설정하지 않으면 기본으로 /usr/sbin/service로 설정된다. --iptables는 iptables 방화벽 프로그램의 위치를 지정하며, 설정하지 않으면 기본으로 /sbin/iptables로 설정한다. 마지막으로 --ip는 ip 프로그램의 위치를 지정하며, 설정하지 않으면 기본으로 /sbin/ip로 설정한다. 만약 각각의 프로그램 경로가 다른 경우 해당 옵션을 이용해 직접 지정할 필요가 있다.

rooter 하위 옵션을 사용하려면 $cwd/conf/routing.conf 파일을 수정해 네트워크 라우팅을 구성해야 한다. 쿠쿠 샌드박스의 네트워크 라우팅에 관한 자세한 내용은 **제17장, '네트워크 라우팅 구축'**을 참고한다.

Cuckoo Sandbox

3편

쿠쿠 샌드박스 확장 운영

쿠쿠 샌드박스는 다른 오픈소스 소프트웨어를 설치하고 연동해 기능을 확장할 수 있다. 함께 구축하고 연동하는 오픈소스를 깊이있게 사용하려면 한 권의 책이 나올 수 있을 정도로 규모가 큰 오픈소스이므로 깊이 있는 내용을 이 책에서 다루긴 어렵고 간단한 구축과 설정, 그리고 쿠쿠 샌드박스와 연동 방법 정도만 다룬다.

Cuckoo Sandbox

supervisor를 이용한
쿠쿠 샌드박스 서비스 관리 구성

제8장에서는 쿠쿠 코어와 쿠쿠 보고서 생성 인스턴스를 백그라운드로 실행하고, supervisord와 supervisorctl 명령으로 체계적으로 관리할 수 있다. 이를 supervisor를 이용한 쿠쿠 샌드박스 서비스 관리 구성에서 다룬다.

쿠쿠 샌드박스는 supervisor 도구를 이용해 쿠쿠 코어와 쿠쿠 보고서 생성 인스턴스를 백그라운드 서비스로 운영할 수 있다. 쿠쿠 샌드박스에서 이 도구를 이용한 서비스 제어를 권장하고 있으며, supervisor를 이용할 수 있도록 설정 파일을 제공한다. 코드 8-1과 같이 supervisor 3.3.4 버전을 설치한다.

코드 8-1 supervisor 설치

```
hakawati@Cuckoo-Core:~$ sudo -H pip install supervisor==3.3.4
Collecting supervisor==3.3.4
  Downloading supervisor-3.3.4.tar.gz (419kB)
     100% |███████████████████████████████| 419kB 1.9MB/s
Requirement already satisfied: meld3>=0.6.5 in /usr/local/lib/python2.7/dist-
packages (from supervisor==3.3.4)
Building wheels for collected packages: supervisor
```

```
  Running setup.py bdist_wheel for supervisor ... done
  Stored in directory: /root/.cache/pip/wheels/47/55/e5/6b5a37e860aaa900185ab84
becc4b023673580d81c02efd83a
Successfully built supervisor
Installing collected packages: supervisor
  Found existing installation: supervisor 3.3.3
    Uninstalling supervisor-3.3.3:
      Successfully uninstalled supervisor-3.3.3
Successfully installed supervisor-3.3.4
```

supervisor로 운영할 경우 쿠쿠 코어와 쿠쿠 보고서 생성 인스턴스를 분할해 운영한다. 쿠쿠 보고서 생성 인스턴스를 사용하도록 쿠쿠 코어의 보고서 생성 기능을 비활성화한다.

코드 8-2 supervisor가 사용할 설정 파일 등록 및 실행

```
hakawati@Cuckoo-Core:~$ vim $cwd/conf/cuckoo.conf
                             ...snip...
39  process_results = no
                             ...snip...
```

supervisor를 운영하기 위해 $cwd/supervisord.conf 설정 파일을 이용한다. 이 설정 파일의 구성은 코드 8-3과 같으며, 쿠쿠 코어와 쿠쿠 보고서 생성 인스턴스 운영 부분을 확인할 수 있다.

코드 8-3 supervisor 설정 파일

```
hakawati@Cuckoo-Core:~$ vim $cwd/supervisord.conf
                             ...snip...
15  [program:cuckoo-daemon]
16  command = cuckoo -d -m 10000
17  user = hakawati
18  startsecs = 30
```

```
19   autorestart = true
20
21   [program:cuckoo-process]
22   command = cuckoo process p%(process_num)d
23   process_name = cuckoo-process_%(process_num)d
24   numprocs = 4
25   user = hakawati
26   autorestart = true
27
28   [group:cuckoo]
29   programs = cuckoo-daemon, cuckoo-process
                                  ...snip...
```

supervisor가 설정 파일을 읽는 기본 디렉터리는 /etc다. 여기에 $cwd/
supervisord.conf 설정 파일은 심볼릭 링크를 생성하고 supervisord를 실행한다.
/etc 경로에 심볼릭 링크를 생성한 이유는 supervisord가 설정 파일을 찾는 기본 경
로이기 때문이다. 만약 설정 파일 경로를 직접 지정하고 싶다면 –c 옵션을 함께 사용
한다. 설정 파일을 지정해 실행한다.

코드 8-4 supervisor가 사용할 설정 파일 등록 및 실행

```
hakawati@Cuckoo-Core:~$ sudo ln -s $cwd/supervisord.conf /etc/supervisord.conf

hakawati@Cuckoo-Core:~$ supervisord
```

프로세스 실행의 상태는 supervisorctl 명령과 status를 사용해 확인할 수 있다.
cuckoo-daem은 30초가 지나야 실행 상태를 확인할 수 있다.

코드 8-5 supervisor로 실행된 프로세스 상태

```
hakawati@Cuckoo-Core:~$ supervisorctl status
cuckoo:cuckoo-daemon               RUNNING   pid 3493, uptime 0:00:37
cuckoo:cuckoo-process_0 RUNNING   pid 3494, uptime 0:00:37
```

```
cuckoo:cuckoo-process_1        RUNNING   pid 3497, uptime 0:00:37
cuckoo:cuckoo-process_2        RUNNING   pid 3496, uptime 0:00:37
cuckoo:cuckoo-process_3        RUNNING   pid 3495, uptime 0:00:37
distributed                    STOPPED   Not started
```

$cwd/supervisord.conf 설정 파일의 29행을 살펴보면 cuckoo-daemon과 cuckoo-process 서비스가 그룹화돼 있다. 이러한 설정으로 인해 쿠쿠 코어와 쿠쿠 보고서 생성 인스턴스 모두 종료하려면 코드 8-6과 같이 사용한다.

코드 8-6 supervisor로 그룹화된 프로세스 종료

```
hakawati@Cuckoo-Core:~$ supervisorctl stop cuckoo:*
cuckoo:cuckoo-daemon: stopped
cuckoo:cuckoo-process_0: stopped
cuckoo:cuckoo-process_3: stopped
cuckoo:cuckoo-process_2: stopped
cuckoo:cuckoo-process_1: stopped
```

쿠쿠 데몬만 실행하고 싶다면 **[그룹 명]:[프로세스 명]** 형태로 사용한다.

코드 8-7 cuckoo로 그룹화된 프로세스 실행

```
hakawati@Cuckoo-Core:~$ supervisorctl start cuckoo:cuckoo-daemon
cuckoo:cuckoo-daemon: started
```

백그라운드로 프로세스를 실행하므로 프로세스 로그를 출력하는 창은 존재하지 않는다. supervisorctl을 이용해 쿠쿠 샌드박스를 운영할 경우 로그는 $cwd/log 디렉터리에 생성된다.

코드 8-8 쿠쿠 샌드박스 로그 관리 디렉터리

```
hakawati@Cuckoo-Core:~$ ls -al $cwd/log
```

```
total 160
drwxr-sr-x  2 hakawati hakawati    4096  2월 19 16:33 .
drwxr-sr-x 17 hakawati hakawati    4096  2월  5 15:47 ..
-rw-rw-r--  1 hakawati hakawati   35333  2월 19 16:37 cuckoo.json
-rw-rw-r--  1 hakawati hakawati  109537  2월 19 16:37 cuckoo.log
-rw-r--r--  1 hakawati hakawati       0  2월  5 15:46 .gitignore
-rw-r--r--  1 hakawati hakawati       0  2월 19 16:33 process-p0.json
-rw-r--r--  1 hakawati hakawati       0  2월 19 16:33 process-p1.json
-rw-r--r--  1 hakawati hakawati       0  2월 19 16:33 process-p2.json
-rw-r--r--  1 hakawati hakawati       0  2월 19 16:33 process-p3.json
```

tail 명령으로 파일의 끝부분을 살펴보면 쿠쿠 코어의 동작 기록을 확인할 수 있다. supervisor로 관리하는 쿠쿠 샌드박스가 제대로 동작하지 않는다면 이 로그 기록을 분석해 문제의 해결을 시도해보자.

코드 8-9 쿠쿠 샌드박스 운영 로그

```
hakawati@Cuckoo-Core:~$ tail $cwd/log/cuckoo.log
                        ...snip...
2018-02-19 16:37:05,900 [cuckoo.core.startup] DEBUG:      |-- shellcode
metasploit.yar
2018-02-19 16:37:05,901 [cuckoo.core.startup] DEBUG:      |-- office dde.yar
2018-02-19 16:37:05,901 [cuckoo.core.startup] DEBUG:      |-- office ole.yar
2018-02-19 16:37:05,903 [cuckoo.core.resultserver] DEBUG: ResultServer running
on 192.168.56.1:2042.
2018-02-19 16:37:05,905 [cuckoo.core.scheduler] INFO: Using "virtualbox" as
machine manager
2018-02-19 16:37:06,393 [cuckoo.machinery.virtualbox] DEBUG: Stopping vm
cuckoo1
2018-02-19 16:37:06,571 [cuckoo.machinery.virtualbox] DEBUG: Restoring virtual
machine cuckoo1 to its current snapshot
2018-02-19 16:37:06,685 [cuckoo.core.scheduler] INFO: Loaded 1 machine/s
2018-02-19 16:37:06,703 [cuckoo.core.scheduler] INFO: Waiting for analysis
tasks.
```

쿠쿠가 아닌 supervisor 서비스의 동작 로그는 코드 8-10의 경로에 기록된다.

코드 8-10 supervisor 운영 로그

```
hakawati@Cuckoo-Core:~$ tail $cwd/supervisord/log.log
                              ...snip...
2018-02-19 16:43:38,297 INFO success: cuckoo-process_0 entered RUNNING state,
process has stayed up for > than 1 seconds (startsecs)
2018-02-19 16:43:38,297 INFO success: cuckoo-process_3 entered RUNNING state,
process has stayed up for > than 1 seconds (startsecs)
2018-02-19 16:43:38,297 INFO success: cuckoo-process_2 entered RUNNING state,
process has stayed up for > than 1 seconds (startsecs)
2018-02-19 16:43:38,297 INFO success: cuckoo-process_1 entered RUNNING state,
process has stayed up for > than 1 seconds (startsecs)
2018-02-19 16:44:07,359 INFO success: cuckoo-daemon entered RUNNING state,
process has stayed up for > than 30 seconds (startsecs)
```

마지막으로 우분투 시스템을 재부팅하더라도 supervisor가 자동으로 쿠쿠 샌드박스 서비스를 실행하도록 구성한다. ~/.profile에 코드 8-11과 같이 supervisord를 실행하도록 구성한다.

코드 8-11 supervisor로 관리하는 쿠쿠 샌드박스를 systemctl 서비스 관리로 등록

```
hakawati@Cuckoo-Core:~$ vim ~/.profile
                              ...snip...
23   # Autorun Cuckoo Sandbox with Supervisor
24   /usr/local/bin/supervisord
```

이제 전력 공급이 중단되거나 패치를 적용하기 위해 재부팅하더라도 쿠쿠 샌드박스 서비스는 자동으로 실행되고 운영된다.

Cuckoo Sandbox

일래스틱서치 데이터베이스를 활용한 검색 기능 확장

모든 분석 결과에서 검색할 수 있도록 일래스틱서치 데이터베이스를 구축하고 연동하는 과정을 일래스틱서치 데이터베이스를 활용한 검색 기능 확장에서 설명한다.

일래스틱서치^{Elasticsearch}는 자바 기반인 루씬^{Lucene} 검색 엔진을 이용해 만든 데이터베이스다. 루씬은 아파치 최상위 프로젝트 중 하나로 텍스트를 색인^{Index}하고 검색할 수 있도록 지원한다. 일래스틱서치는 분산 검색 데이터베이스로 상당한 메모리를 요구한다. 필자가 테스트해본 결과 분산이 아닌 단일 처리 구성은 최소 4GB 이상의 메모리를 요구한다.

그림 9-1 일래스틱서치 로고

제 1절 일래스틱서치 설치

일래스틱서치 데이터베이스를 이용하려면 자바를 설치한다. 자바는 우분투에서 기본으로 제공하는 openjdk의 8 버전이다.

코드 9-1 자바 설치

```
hakawati@Cuckoo-Core:~$ sudo apt install -y openjdk-8-jre
                              ...snip...
Setting up openjdk-8-jre:amd64 (8u151-b12-0ubuntu0.16.04.2) ...
update-alternatives: using /usr/lib/jvm/java-8-openjdk-amd64/jre/bin/policytool
to provide /usr/bin/policytool (policytool) in auto mode
Processing triggers for libc-bin (2.23-0ubuntu10) ...
Processing triggers for ca-certificates (20170717~16.04.1) ...
Updating certificates in /etc/ssl/certs...
0 added, 0 removed; done.
Running hooks in /etc/ca-certificates/update.d...

done.
done.
```

일래스틱서치는 1.x, 2.x, 5.x, 6.x 버전을 제공하는데, 각각의 버전마다 성능과 구조가 다르다. 쿠쿠 샌드박스는 5 버전을 지원한다. 코드 9-2와 같이 일래스틱서치 5 버전 저장소를 등록, 우분투의 저장소 데이터를 갱신한 후 일래스틱서치를 설치한다.

코드 9-2 일래스틱서치 설치

```
hakawati@Cuckoo-Core:~$ echo "deb https://artifacts.elastic.co/packages/5.x/
                         apt stable main" | sudo tee -a /etc/apt/sources.list.d/
                         elastic-5.x.list
deb https://artifacts.elastic.co/packages/5.x/apt stable main
```

```
hakawati@Cuckoo-Core:~$ wget -qO - https://artifacts.elastic.co/GPG-KEY-
```

```
                    elasticsearch | sudo apt-key add -
OK
```

```
hakawati@Cuckoo-Core:~$ sudo apt update
Hit:1 http://download.virtualbox.org/virtualbox/debian xenial InRelease
Hit:2 http://kr.archive.ubuntu.com/ubuntu xenial InRelease
Hit:3 http://kr.archive.ubuntu.com/ubuntu xenial-updates InRelease
Ign:4 https://artifacts.elastic.co/packages/5.x/apt stable InRelease
Hit:5 https://artifacts.elastic.co/packages/5.x/apt stable Release
Reading package lists... Done
Building dependency tree
Reading state information... Done
287 packages can be upgraded. Run 'apt list --upgradable' to see them.
```

```
hakawati@Cuckoo-Core:~$ sudo apt install -y elasticsearch
                              ...snip...
Creating elasticsearch group... OK
Creating elasticsearch user... OK
Unpacking elasticsearch (5.6.6) ...
Processing triggers for systemd (229-4ubuntu19) ...
Processing triggers for ureadahead (0.100.0-19) ...
Setting up elasticsearch (5.6.6) ...
Processing triggers for systemd (229-4ubuntu19) ...
Processing triggers for ureadahead (0.100.0-19) ...
```

일래스틱서치의 설정 파일은 /etc/elasticsearch/elasticsearch.yml이다. 이 설정 파일의 17행, 23행, 33행, 37행, 55행의 주석을 해제하고 각각 우리 환경에 맞게 설정한다. 클러스터 이름은 식별하기 쉽게 ES-Cuckoo로 설정하고, 노드는 es-node-1로 설정한다. 데이터가 저장될 위치를 /var/lib/elasticsearch로 구성하며 로그는 /var/log/elasticsearch에 기록하도록 구성한다. IP와 포트를 설정하지 않으면 기본값으로 localhost와 9200으로 설정되므로 우리는 쿠쿠 샌드박스가 동작하는 운영체제의 IP로 설정한다. 마지막으로 우리가 구성한 일래스틱서치가 마스터 노드이며, 이 마스터 노드가 데이터를 저장하도록 node.master와 node.data를 true로 설정한다.

코드 9-3 일래스틱서치 설정

```
hakawati@Cuckoo-Core:~$ sudo vim /etc/elasticsearch/elasticsearch.yml
                                ...snip...
17    cluster.name: ES-Cuckoo
23    node.name: es-node-1
33    path.data: /var/lib/elasticsearch
37    path.logs: /var/log/elasticsearch
55    network.host: 192.168.0.100
59    http.port: 9200
89    node.master: true
90    node.data: true
```

우분투 시스템이 재부팅돼도 일래스틱서치를 실행하도록 설정하고, 모든 설정이 끝
났으므로 재가동한다.

코드 9-4 일래스틱서치 자동실행 설정 및 서비스 실행

```
hakawati@Cuckoo-Core:~$ sudo systemctl enable elasticsearch.service
Synchronizing state of elasticsearch.service with SysV init with /lib/systemd/
systemd-sysv-install...
Executing /lib/systemd/systemd-sysv-install enable elasticsearch
Created symlink from /etc/systemd/system/multi-user.target.wants/elasticsearch.
service to /usr/lib/systemd/system/elasticsearch.service.

hakawati@Cuckoo-Core:~$ sudo systemctl restart elasticsearch.service
```

일래스틱서치 데이터베이스가 동작하기까지 짧게는 10초에서, 길게는 1분 정도 기
다려야 한다. 일래스틱서치가 잘 동작한다면 코드 9-5와 같이 GET 메소드로 확인
할 수 있다.

코드 9-5 일래스틱서치 동작 여부 확인

```
hakawati@Cuckoo-Core:~$ curl -X GET http://192.168.0.100:9200
```

```
{
  "name" : "es-node-1",
  "cluster_name" : "ES-Cuckoo",
  "cluster_uuid" : "8_TIPCbASIuSJKpT_8HRVw",
  "version" : {
    "number" : "5.6.6",
    "build_hash" : "7d99d36",
    "build_date" : "2018-01-09T23:55:47.880Z",
    "build_snapshot" : false,
    "lucene_version" : "6.6.1"
  },
  "tagline" : "You Know, for Search"
}
```

제 2절   일래스틱서치와 쿠쿠 샌드박스 연동

쿠쿠 샌드박스와의 연동은 $cwd/conf/reporting.conf에서 진행한다. 설정에 있어 중요한 부분은 hosts에 포트 번호를 기입하는 것이다. 추가로, calls를 활성화하면 분석에서 추출되는 API 함수 호출과 관련 있는 내용까지 기록할 수 있으나 데이터의 양이 상당히 많으므로 상황에 따라 적절히 설정한다.

코드 9-6 일래스틱서치 기능 활성화

```
hakawati@Cuckoo-Core:~$ vim $cwd/conf/reporting.conf
45      [elasticsearch]
46      enabled = yes
50      hosts = 192.168.0.100:9200
53      timeout = 300
56      calls = yes
60      index = cuckoo
65      index_time_pattern = yearly
```

```
69    cuckoo_node = es-node-1
```

쿠쿠 샌드박스의 데이터가 저장될 구조인 템플릿을 업로드한다. 이 템플릿은 $cwd/
elasticsearch/ 디렉터리의 template.json 파일이다.

코드 9-7 쿠쿠 샌드박스를 위한 일래스틱서치 템플릿 업로드

```
hakawati@Cuckoo-Core:~$ curl -X PUT 192.168.0.100:9200/_template/cuckoo_
                        template -T ~/.cuckoo/elasticsearch/template.json
% Total    % Received % Xferd  Average Speed   Time    Time     Time  Current
                                Dload  Upload   Total   Spent    Left  Speed
100  3843  100    21  100  3822    372  67816 --:--:-- --:--:-- --:--:-- 68250
{"acknowledged":true}
```

웹 서비스에 일래스틱서치 기능을 활성화하기 위해 웹 서비스를 재가동한다. Nginx
와 uWSGI를 이용해 웹 서비스를 운영하는 중이라면 uWSGI 서비스만 재가동해 일
래스틱서치 기능을 활성화한다.

코드 9-8 엘라스틱 서치 기능 활성화를 위한 uWSGI 서비스 재가동

```
hakawati@Cuckoo-Core:~$ sudo systemctl restart uwsgi.service
```

기존에 분석한 악성코드의 보고서를 다시 생성하도록 요청한다. 보고서를 다시 생성
하는 과정에 일래스틱서치 데이터베이스에 분석한 데이터가 기록된다.

코드 9-9 일래스틱서치에 보고하기 위한 보고서 재생성

```
hakawati@Cuckoo-Core:~$ cuckoo process -r 1
2018-01-23 15:42:44,688 [cuckoo.apps.apps] INFO: Task #1: reports generation
completed
```

웹 서비스에 방문해 우측 상단에 Search 카테고리를 선택하면 그림 9-2와 같이 기능이 활성화된 것을 볼 수 있다.

그림 9-2 일래스틱서치 기능 활성화 확인

검색 창에 우리가 분석했던 518.exe 악성코드가 사용하는 C&C 도메인 이름인 www.kmsuuy.com을 검색하면 그림 9-3과 같이 출력된다.

For details on how to perform searches, get some help.

www.kmsuuy.com   Search

Term *www.kmsuuy.com*

Search Results

Task ID	Matches
Analysis #1	hostname: www.kmsuuy.com
Analysis #1	resolves_host: www.kmsuuy.com
Analysis #1	resolves_host: www.kmsuuy.com
Analysis #1	resolves_host: www.kmsuuy.com
Analysis #1	resolves_host: www.kmsuuy.com
Analysis #1	resolves_host: www.kmsuuy.com

Back to the top

그림 9-3 일래스틱서치 동작 확인

수많은 악성코드를 분석했을 때 통합적으로 검색할 수 있으므로 매우 유용하지만 상당히 많은 시스템 리소스를 요구한다. 하지만 서로 다른 악성코드가 동일한 정보를 가지고 있다면 일래스틱서치를 이용해 확인할 수 있다는 매력이 있다.

10

Cuckoo Sandbox

볼라틸리티를 이용한 메모리 분석

샌드박스에서 악성코드를 분석하는 과정은 사용자 레벨에서 동작하므로 커널 레벨에서 동작하는 악성코드의 경우 탐지하기 매우 힘들다. 이러한 문제를 해결하기 위해 메모리 분석을 진행할 수 있다. 메모리 분석으로 유명한 오픈소스 도구인 볼라틸리티를 설치하고 연동하는 과정을 볼라틸리티를 이용한 메모리 분석에서 설명한다.

물리 메모리는 시스템의 시작부터 종료 전까지 모든 동작에 관여하는 중요한 물리적 요소로 시작부터 종료 전까지 사용되는 수많은 데이터를 찾아볼 수 있다. 쿠쿠 샌드박스는 볼라틸리티^{Volatility}라는 도구를 활용해 물리 메모리의 데이터를 살펴볼 수 있다.

이 영역을 살펴보는 이유는 응용프로그램 계층에서 동작하는 쿠쿠의 분석 기능이 살펴볼 수 없는 커널 계층의 활동 정보를 찾아볼 수 있기 때문이다. 은닉에 극대화된 악성코드 유형인 루트킷^{Rootkit}이 이런 커널 영역을 자주 이용한다.

물리 메모리를 분석하려면 덤프를 진행한다. 쿠쿠는 샌드박스에 설정한 메모리 크기만큼 덤프 파일이 생성된다. 다시 말해서, 샌드박스 메모리를 1GB로 할당했으므로 물리 메모리를 덤프한 파일의 크기도 1GB로 생성된다. 이러한 이유로 쿠쿠 샌드박스를 운영하는 운영체제에 할당한 하드 디스크의 용량에 따라 적절한 운영을 고려해야 한다.

그림 10-1 볼라틸리티 로고

제 1절 볼라틸리티 설치

우분투 저장소는 볼라틸리티 2.5를 배포하며, 이 버전은 쿠쿠 샌드박스와 연동이 가능하다. 코드 10-1과 같이 간단하게 볼라틸리티를 설치한다.

코드 10-1 볼라틸리티 설치

```
hakawati@Cuckoo-Core:~$ sudo apt install -y volatility
                                ...snip...
Setting up python-yara (3.4.0+dfsg-2build1) ...
Setting up python-tz (2014.10~dfsg1-0ubuntu2) ...
Setting up volatility-tools (2.5-1) ...
Setting up volatility (2.5-1) ...
Processing triggers for libc-bin (2.23-0ubuntu10) ...
```

제 2절 볼라틸리티와 쿠쿠 샌드박스 연동

쿠쿠 샌드박스가 볼라틸리티를 이용해 물리 메모리를 분석하려면, 메모리 수집 기능을 활성화해야 한다. 이 활성화는 $cwd/conf/cuckoo.conf에서 다음 항목을 찾아 수정한다.

코드 10-2 메모리 수집 기능 활성화

```
hakawati@Cuckoo-Core:~$ vim $cwd/conf/cuckoo.conf
1    [cuckoo]
                                        ...snip...
25   memory_dump = yes
```

물리 메모리를 수집하도록 설정했다면, 물리 메모리를 분석하도록 설정한다. 이 설정은 $cwd/conf/processing.conf에서 진행한다.

코드 10-3 메모리 분석 기능 활성화

```
hakawati@Cuckoo-Core:~$ vim $cwd/conf/processing.conf
                                ...snip...
47   [memory]
48   # Create a memory dump of the entire Virtual Machine. This memory dump will
49   # then be analyzed using Volatility to locate interesting events that can
be
50   # extracted from memory
51   enabled = yes
                                ...snip...
```

볼라틸리티가 사용하는 다양한 플러그인이 있다. 이 플러그인에 대한 상세한 내용은 볼라틸리티 공식 다운로드 사이트인 깃허브의 위키^{Wiki}에서 찾아볼 수 있다. 다음 주소는 볼라틸리티의 핵심 플러그인이다.

https://github.com/volatilityfoundation/volatility/wiki/Command-Reference

쿠쿠 샌드박스는 표 10-1의 플러그인을 사용한다. 플러그인의 활성화 유무는 $cwd/conf/memory.conf에서 설정 가능하며 후킹Hooking 관련 플러그인을 활성화 하면 분석 결과를 받기까지 많은 시간이 소모된다.

표 10-1 볼라틸리티 플러그인

	플러그인	설명
1	malfind	숨기거나 인젝션한 코드와 DLL을 찾는 플러그인이다.
2	apihooks	사용자와 커널 공간에서 후킹된 API를 나열하며 이 기능을 활성화하면 쿠쿠 샌드박스의 레포팅 생성 시간이 매우 오래 걸린다.
3	pslist	사용중인 프로세스를 나열하며 숨겨진 프로세스는 탐지하지 못한다.
4	psxview	여러 가지 트릭을 이용해 숨겨진 프로세스를 탐지한다.
5	callbacks	커널 콜백callback을 출력한다.
6	idt	IDTInterrupt Descriptor Table를 출력한다.
7	timers	설치된 커널 타이머KTIMER - Kernel Timer와 지연된 프로시저 호출 DPCDeferred Procedure Calls를 출력한다.
8	messagehooks	로컬 및 글로벌 메시지 훅을 모두 출력하는 플러그인으로 활성화하면 쿠쿠 샌드박스의 레포팅 생성 시간이 매우 오래 걸린다.
9	getsids	보안식별자 SID – Security IDentifiers를 출력하는 플러그인이다.
10	privs	어떤 프로세스에 어떤 권한이 존재하고 사용 가능한지 출력한다.
11	dlllist	프로세스가 로드한 DLL을 출력하며 단 숨기거나 표시되지 않는 DLL은 출력하지 않는다.
12	handles	프로세스의 핸들 리스트를 출력한다.
13	ldrmodules	숨겨진 DLL을 찾아 출력하며 모든 숨겨진 DLL을 출력하지 않는다.
14	mutantscan	KMUTANT 객체를 스캐닝해 뮤텍스Mutex를 검색한다.
15	devicetree	연결된 장치와 드라이버를 출력한다.
16	svcscan	사용된 서비스 목록을 출력한다.
17	modscan	숨겨져 있거나 로드하지 않은 커널 드라이브를 출력한다.
18	yarascan	메모리에서 야라 도구를 이용해 특정 패턴을 탐지한다.

19	ssdt	루트킷 유형의 악성코드나 백신이 사용하는 시스템 서비스 서술자 테이블SSDT - System Service Descriptor Table을 출력한다.
20	gdt	IA32 아키텍처를 사용하는 CPU에 메모리 세그먼트에 대해 알려주는 항목 중 하나인 전역 서술자 테이블GDT - Grobal Descriptor Table을 출력한다.
21	sockscan	네트워크 소켓을 사용한 데이터와 아티팩트를 가지고 올 수 있으며 윈도우 XP와 2003 서버에서만 사용할 수 있다.
22	netscan	Sockscan 플러그인과 유사한 플러그인으로 윈도우 비스타와 7에서 사용할 수 있다.
23	mask	볼라틸리티로 출력되는 정보에는 정상적인 정보도 포함되므로 볼라틸리티 플러그인은 아니지만 이 기능을 이용해 예외처리를 할 수 있다. 이 기능을 사용하려면 각각의 플러그인의 filter 기능을 활성화한다.

1$cwd/conf/memory.conf에서 분석 보고서의 생성 속도가 느린 apihooks와 messagehooks는 비활성화하고, 별도로 mask는 아직 설정하지 않는다. 그 외 필수적으로 설정해야 할 부분은 프로파일(guest_profile)이다.

프로파일은 물리 메모리를 사용하는 운영체제에 따라 그 구조가 조금씩 달라진다. 따라서 볼라틸리티가 물리 메모리 분석을 위해서 운영체제에 맞는 설정을 진행한다. 이 프로파일 설정에 필요한 정보는 다음 사이트에서 볼 수 있다.

https://github.com/volatilityfoundation/volatility/wiki/Volatility-Usage#selecting-a-profile

우리가 사용하는 운영체제는 32비트 윈도우 7이다. 코드 10-4와 같이 memory.conf 설정 파일에 프로파일을 설정한다. 만약 샌드박스마다 서로 다른 운영체제를 구축해 각각의 프로파일을 설정해야 한다면 $cwd/conf/virtualbox.conf에 설정한 각 샌드박스 섹션별 osprofile을 설정한다.

코드 10-4 메모리 프로파일 설정

```
hakawati@Cuckoo-Core:~$ vim $cwd/conf/memory.conf
1        # Volatility configuration
2
```

```
3       # Basic settings
4       [basic]
5       # Profile to avoid wasting time identifying it
6       guest_profile = Win7SP1x86
                                    ...snip...
```

변경한 설정을 적용하기 위해 쿡쿡 코어를 재시작한다. supervisor로 관리하고 있다면 코드 10-5와 같이 명령을 입력한다.

코드 10-5 쿡쿡 코어 재시작

```
hakawati@Cuckoo-Core:~$ sudo supervisorctl reload
Restarted supervisord
```

웹 서비스에서 물리 메모리 분석 정보를 보여줄 수 있도록 uWSGI 서비스를 재시작한다.

코드 10-6 uWSGI 서비스 재시작

```
hakawati@Cuckoo-Core:~$ sudo systemctl restart uwsgi.service
```

제 3절 쿡쿡 샌드박스의 메모리 분석

이미 분석한 악성코드에는 물리 메모리를 수집하지 않았으므로 process 하위 명령을 이용한 보고서 재생성으로 물리 메모리 분석 결과를 수집할 수 없다. 다시 한번 악성코드 분석 요청을 진행한다. 쿡쿡 웹 서비스에서 악성코드 분석 요청 시 왼쪽 하단에 가상 메모리 덤프 기능이 자동으로 활성화된 것을 볼 수 있다.

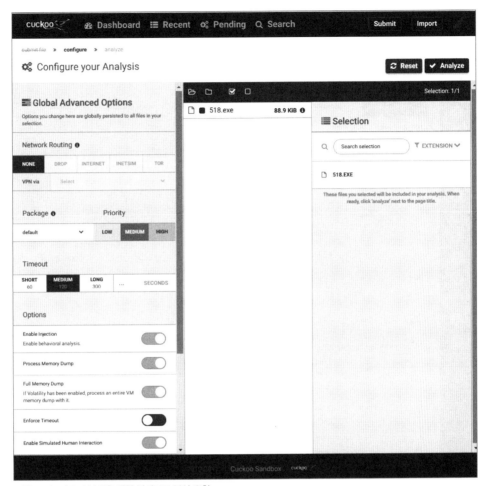

그림 10-2 메모리 분석을 위한 악성코드 분석 요청

memory.conf 설정에 사용되는 볼라틸리티 플러그인에서 찾아내는 물리 메모리의 데이터가 모두 웹 서비스에 표현되지 않는다. 모든 정보는 $cwd/storage/analyses/ [task id]/reports 디렉터리에 생성되는 report.json 파일에 기록된다. 메모리 분석은 정상 정보와 악성 정보가 함께 있으므로 선별해 살펴봐야 한다.

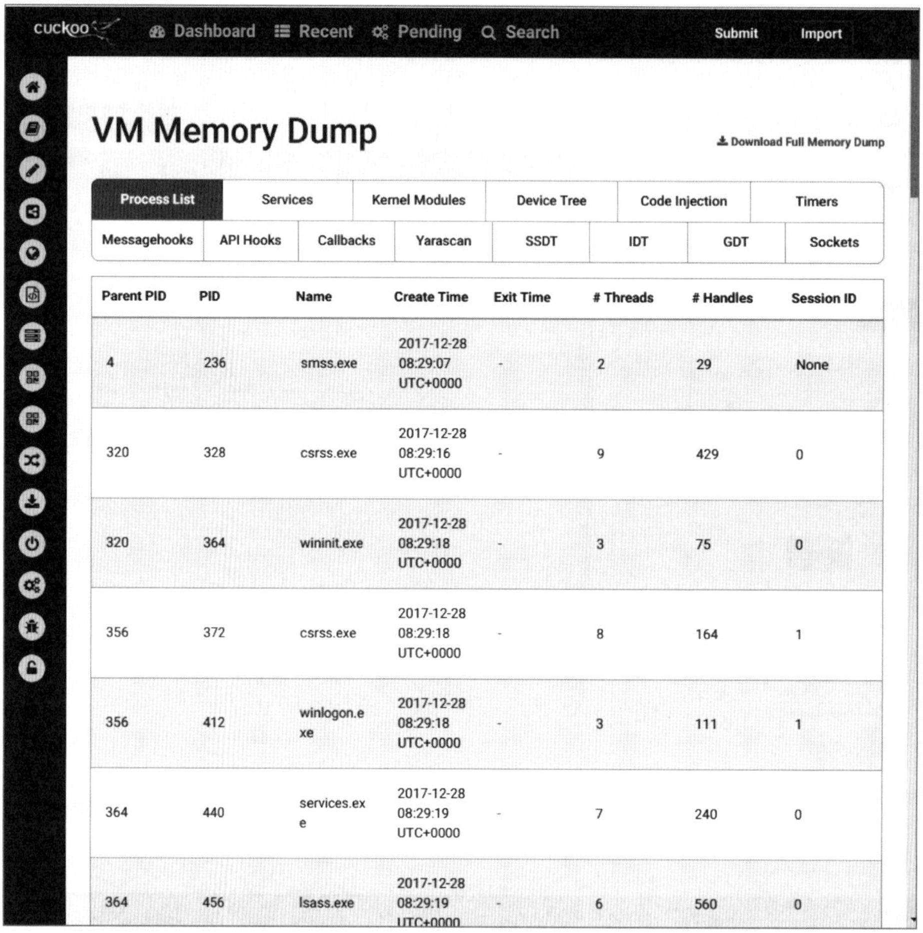

그림 10-3 쿠쿠 샌드박스의 메모리 분석

쿠쿠 샌드박스가 악성코드를 분석하며 생성되는 파일은 $cwd/storage/analysis/ [task id] 디렉터리에 기록된다. 물리 메모리의 수집 기능이 활성화되면 이 디렉터리에 memory.dmp 파일이 생성되며 볼라틸리티로 분석할 수 있다. 볼라틸리티를 직접 사용할 때 가장 먼저 사용하는 플러그인은 imageinfo다. 물리 메모리 구조를 분석해 어떤 운영체제가 사용하는 메모리 구조인지 파악한다.

코드 10-7 imageinfo 플러그인을 이용한 메모리 구조 파악

```
hakawati@Cuckoo-Core:~$ volatility -f /home/$USER/.cuckoo/storage/analyses/
                       latest/memory.dmp imageinfo
Volatility Foundation Volatility Framework 2.5
INFO    : volatility.debug    : Determining profile based on KDBG search...
        Suggested Profile(s) : Win7SP0x86, Win7SP1x86
                    AS Layer1 : IA32PagedMemory (Kernel AS)
                    AS Layer2 : OSXPmemELF (Unnamed AS)
                    AS Layer3 : FileAddressSpace (/home/hakawati/.cuckoo/
storage/analyses/latest/memory.dmp)
                    PAE type : No PAE
                         DTB : 0x185000L
                        KDBG : 0x8296bea8L
          Number of Processors : 1
      Image Type (Service Pack) : 1
              KPCR for CPU 0 : 0x8296cd00L
          KUSER_SHARED_DATA : 0xffdf0000L
         Image date and time : 2018-03-26 01:32:50 UTC+0000
   Image local date and time : 2018-03-25 18:32:50 -0700
```

imageinfo를 통해 알아낸 운영체제 정보를 프로파일로 설정한 후 볼라틸리티의 플러그인을 이용해 수집한 물리 메모리에서 데이터를 추출할 수 있다.

코드 10-8 프로세스 트리 플러그인을 사용한 볼라틸리티

```
hakawati@Cuckoo-Core:~$ volatility -f /home/$USER/.cuckoo/storage/analyses/
                       latest/memory.dmp --profile=Win7SP1x86 pstree
Volatility Foundation Volatility Framework 2.6
Name                                              Pid   PPid  Thds  Hnds
Time
-------------------------------------------------- ------ ------ ------ ------
 0x84233890:System                                  4     0    74   573
2017-12-28 08:29:07 UTC+0000
. 0x8e14e5f8:smss.exe                              236     4     2    29
2017-12-28 08:29:07 UTC+0000
```

0x8f8e1d40:wininit.exe	364	320	3	75
2017-12-28 08:29:18 UTC+0000				
. 0x857c3030:lsass.exe	456	364	6	561
2017-12-28 08:29:19 UTC+0000				
. 0x857b7030:services.exe	440	364	7	239
2017-12-28 08:29:19 UTC+0000				
.. 0x857fe7a0:VBoxService.ex	648	440	11	116
2017-12-28 08:29:22 UTC+0000				
.. 0x85b2c810:svchost.exe	3212	440	17	389
2017-12-28 08:31:39 UTC+0000				
.. 0x84703cb0:VSSVC.exe	3764	440	5	119
2018-01-24 14:35:14 UTC+0000				
.. 0x85118b18:svchost.exe	920	440	52	2053
2017-12-28 08:29:26 UTC+0000				
... 0x84dcf4c8:wuauclt.exe	3992	920	7	103
2018-01-24 14:34:08 UTC+0000				
... 0x85146030:wuauclt.exe	3408	920	4	88
2017-12-28 08:48:36 UTC+0000				
.. 0x8596b688:vmicsvc.exe	1520	440	3	66
2017-12-28 08:29:33 UTC+0000				
.. 0x85953030:vmicsvc.exe	1480	440	5	127
2017-12-28 08:29:33 UTC+0000				
.. 0x8595bb18:vmicsvc.exe	1544	440	4	80
2017-12-28 08:29:33 UTC+0000				
.. 0x8587f610:svchost.exe	1068	440	13	336
2017-12-28 08:29:27 UTC+0000				
.. 0x857ee640:svchost.exe	584	440	10	358
2017-12-28 08:29:21 UTC+0000				

...snip...

제 4절 베이스라인 분석

베이스라인^{Baseline} 분석은 기준을 세워 비교 분석하는 방법이다. 정상 데이터를 사전에 수집하고, 정상 데이터와 비정상 데이터가 섞여 있는 데이터를 수집한 후 이 둘을 비교 분석해 비정상 데이터만 산출하는 방법이다.

쿠쿠 샌드박스에서 베이스라인 분석을 물리 메모리 분석에서 사용한다. 분석을 위해서 기준점이 되는 데이터가 필요하다. 이를 만들기 위해 가상머신에서 메모리를 추출해 기준점을 생성한다. 쿠쿠 샌드박스는 베이스라인 생성을 도와주는 명령이 존재한다. 코드 10-9와 같이 기준점을 만들 샌드박스를 지정하고 베이스라인을 생성한다.

코드 10-9 비교 분석할 메모리 베이스라인 파일 생성

```
hakawati@Cuckoo-Core:~$ cuckoo submit --machine cuckoo1 --baseline
Success: Baseline "cuckoo1" added as task with ID #3
```

기준점을 생성하기 위해 cuckoo1 샌드박스가 동작하며 악성코드 없이 물리 메모리를 추출한다. 쿠쿠 코어의 로그에는 코드 10-10과 같이 출력된다.

코드 10-10 쿠쿠 로그 기록

```
                          ...snip...
2018-03-26 16:39:39,769 [cuckoo.machinery.virtualbox] INFO: Successfully
generated memory dump for virtual machine with label cuckoo1 to path /home/
hakawati/.cuckoo/storage/analyses/3/memory.dmp
2018-03-26 16:39:39,780 [cuckoo.machinery.virtualbox] DEBUG: Stopping vm
cuckoo1
2018-03-26 16:39:41,152 [cuckoo.core.scheduler] DEBUG: Released database task #3
2018-03-26 16:39:41,163 [cuckoo.core.scheduler] INFO: Task #3: analysis
procedure completed
```

베이스라인 분석은 샌드박스별로 기준점을 생성한다. 만약 cuckoo2라는 샌드박스를 구성했다면, cuckoo2의 베이스라인은 별도로 생성한다. 베이스라인 분석은 기능을 켜고 끌 수 있으며, 이 설정은 processing.conf 설정 파일에서 찾을 수 있다.

코드 10-11 베이스라인 분석 활성화

```
hakawati@Cuckoo-Core:~$ vim $cwd/conf/processing.conf
                              ...snip...
17        [baseline]
18        enabled = yes

                              ...snip...
```

베이스라인 분석 결과는 웹 서비스에서 확인할 수 없으며, 분석 결과는 각각의 분석 파일이 저장되는 $cwd/storage/analyses/[task id]/reports/ 디렉터리의 report.json 보고서에서 확인할 수 있다. 다음은 베이스라인 분석 기능을 비활성화한 상태에서 기록된 물리 메모리의 분석 결과다.

```
                              ...snip...
"memory": {
        "modscan": {
            "data": [
                {
                    "kernel_module_offset": "0x5b16b8",
                    "kernel_module_file": "\\SystemRoot\\system32\\drivers\\
msisadrv.sys",
                    "kernel_module_base": "0x8762e000",
                    "kernel_module_name": "msisadrv.sys",
                    "kernel_module_size": 32768
                },
                {
                              ...snip...
```

다음 결과물은 베이스라인 분석이 활성화한 상태의 물리 메모리 분석 보고서다. modscan에서 볼 수 있듯이 메모리 분석 결과에서 기존과 동일한 데이터면 기록되지 않는 것을 확인할 수 있다. 동일한 악성코드를 분석했어도, 분석 결과는 사용자에 따라 달라질 수 있다.

```
                            ...snip...
"baseline": {
      "memory": {
          "modscan": {
              "data": [],
              "config": {}
          },
          "svcscan": {
              "data": [
                  {
                      "service_binary_path": null,
                      "service_name": "Ntfs",
                      "service_display_name": "Ntfs",
                      "class_": "warning",
                      "process_id": -1,
                      "service_type": "SERVICE_FILE_SYSTEM_DRIVER",
                      "service_order": 202,
                      "service_offset": "0x6d02d0",
                      "service_state": "SERVICE_STOPPED"
                  },
                            ...snip...
```

향후에는 이러한 결과를 웹 서비스로 볼 수 있을 것으로 예상된다.

Cuckoo Sandbox

스노트를 이용한 네트워크 패턴 탐지

네트워크 패킷에서 악의적인 행위를 하는 유형을 탐지하는 패턴을 스노트와 수리카타로 탐지할 수 있다. 이 오픈소스를 구축하고 연동하는 과정을 스노트를 이용한 네트워크 패턴 탐지에서 설명한다.

스노트는 소스파이어^{SourceFire}의 마틴 로시^{Martin Roesch}가 발표한 오픈소스 도구로, 네트워크 침입 탐지 시스템^{NIDS - Network Intrusion Detection System}으로 분류한다. 네트워크 인터페이스에서 실시간으로 네트워크 트래픽을 수집하고 분석해 다양한 공격을 탐지한다.

스노트는 크게 네 가지 기능을 가진다.

- **스니퍼**^{Sniffer}: 스노트를 통과하는 패킷을 수집하는 기능
- **프리프로세서**^{Preprocessor}: 사전 패킷 검수를 통해 비정상 헤더 구조 패킷이나 비정상 트래픽을 구분
- **탐지 엔진**^{Detection Engine}: 프리프로세서에서 검사를 통과한 패킷은 탐지 엔진에서 사전에 정의한 규칙^{Rule}을 이용해 데이터를 분석하고 공격 여부를 판단
- **알림**^{Alert} **및 로깅**^{Logging}: 탐지 엔진에 의해 탐지된 패킷은 파일, SMB, SNMP 등 다양한 수단을 통해 탐지 알림을 출력하며, 탐지 내용을 포함한 스노트 동작

대부분의 내용은 로그에 기록

그림 11-1 스노트 로고

우리가 구축할 스노트는 네트워크 인터페이스에서 패킷을 감시할 필요 없다. 쿠쿠 샌드박스는 스노트의 중요한 요소인 패턴을 이용해 악성코드의 네트워크 활동에서 악성행위 탐지 여부를 확인하는 데 사용한다.

제 1절 스노트 설치

스노트는 우분투 저장소를 통해서 쉽게 설치할 수 있다. 우분투 저장소에서 배포하는 스노트 버전은 집필하는 시점에선 2.9.7.0-5 버전이다.

코드 11-1 스노트 설치

```
hakawati@Cuckoo-Core:~$ sudo apt install -y snort
```

설치하는 과정에 TUI로 보여지는 스노트 설정을 진행한다. 첫 번째 설정은 탐지할 네트워크 인터페이스 이름을 지정하는데 네트워크 활동에서 직접 분석하지 않으므로 샌드박스가 사용하는 vboxnet0을 입력한다.

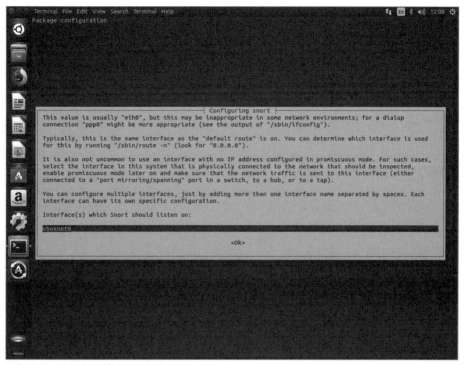

그림 11-2 스노트가 감시할 네트워크 인터페이스 설정

이제 설정한 네트워크 인터페이스가 사용할 IP 대역을 설정한다. 이 설정은 사이더
CIDR - Classless Inter-Domain Routing 블록으로 표현한다. 사이더 블록이 16인 경우 넷마스크
Netmask가 255.255.0.0이 돼 호스트 수가 65536개가 되고, 24인 경우 255.255.255.0
이 돼 256개가 되며 32인 경우 255.255.255.255로 설정돼 호스 수가 1개 즉 자기
자신이 된다. 우리는 사이더 블록을 포함해 192.168.0.0/24로 설정한다.

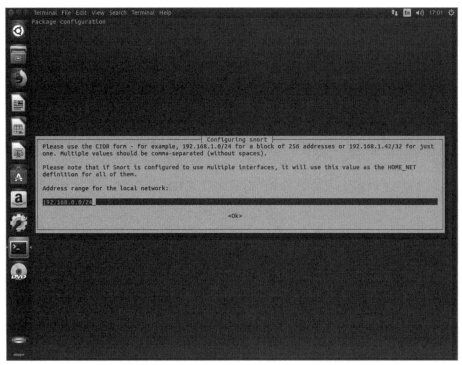

그림 11-3 스노트가 감시할 네트워크 인터페이스 대역을 설정

그림 11-3과 같이 스노트가 감시할 네트워크 인터페이스 설정과 동일한 화면이 나타날 경우 동일하게 vboxnet0 네트워크 인터페이스를 지정하고 설치를 마무리한다.

스노트는 네트워크를 감시하기 때문에 root 권한이 필요한 반면, 쿠쿠 샌드박스는 일반 사용자 권한으로 운영된다. 따라서 일반 사용자도 스노트를 사용할 수 있도록 스노트 응용프로그램의 권한을 변경할 필요가 있다. 쿠쿠 샌드박스가 스노트의 패턴 파일과 스노트 설정 데이터를 읽을 수 있도록 코드 11-2와 같이 읽기 권한을 부여한다.

코드 11-2 스노트 실행 파일 및 스노트 설정 파일 권한 수정

```
hakawati@Cuckoo-Core:~$ sudo chmod 4775 /usr/sbin/snort
```

```
hakawati@Cuckoo-Core:~$ sudo chmod 644 /etc/snort/snort.conf
```

-T 옵션으로 snort를 실행해 설정에 문제가 없었는지 테스트한다. 축하 메시지가 출력되면 잘 설정된 것이다.

코드 11-3 스노트 동작 확인

```
hakawati@Cuckoo-Core:~$ snort -T -c /etc/snort/snort.conf
                              ...snip...


        --== Initialization Complete ==--

  ,,_      -*> Snort! <*-
 o"  )~    Version 2.9.7.0 GRE (Build 149)
  ''''     By Martin Roesch & The Snort Team: http://www.snort.org/contact#team
           Copyright (C) 2014 Cisco and/or its affiliates. All rights reserved.
           Copyright (C) 1998-2013 Sourcefire, Inc., et al.
           Using libpcap version 1.7.4
           Using PCRE version: 8.38 2015-11-23
           Using ZLIB version: 1.2.8


           Rules Engine: SF_SNORT_DETECTION_ENGINE  Version 2.4  <Build 1>
           Preprocessor Object: SF_DCERPC2  Version 1.0  <Build 3>
           Preprocessor Object: SF_REPUTATION  Version 1.1  <Build 1>
           Preprocessor Object: SF_SDF  Version 1.1  <Build 1>
           Preprocessor Object: SF_IMAP  Version 1.0  <Build 1>
           Preprocessor Object: SF_DNP3  Version 1.1  <Build 1>
           Preprocessor Object: SF_GTP  Version 1.1  <Build 1>
           Preprocessor Object: SF_SSH  Version 1.1  <Build 3>
           Preprocessor Object: SF_MODBUS  Version 1.1  <Build 1>
           Preprocessor Object: SF_SSLPP  Version 1.1  <Build 4>
           Preprocessor Object: SF_DNS  Version 1.1  <Build 4>
           Preprocessor Object: SF_SIP  Version 1.1  <Build 1>
           Preprocessor Object: SF_POP  Version 1.0  <Build 1>
           Preprocessor Object: SF_FTPTELNET  Version 1.2  <Build 13>
           Preprocessor Object: SF_SMTP  Version 1.1  <Build 9>

Snort successfully validated the configuration!
Snort exiting
```

제 2절 스노트와 쿠쿠 샌드박스 연동

구축한 스노트를 쿠쿠 샌드박스와 연동한다. 연동은 $cwd/conf/processing.conf
의 [snort] 섹션에서 한다. 스노트 응용프로그램과 설정 파일 경로를 지정하는 옵션
이 있으며, 이 옵션을 우리가 구성한 스노트 환경에 맞게 설정한다.

코드 11-4 스노트와 쿠쿠 샌드박스 연동

```
hakawati@Cuckoo-Core:~$ vim $cwd/conf/processing.conf
                              ...snip...
101     [snort]
102     enabled = yes
103     # Following are various configurable settings. When in use of a recent
2.9.x.y
104     # version of Snort there is no need to change any of the following
settings as
105     # they represent the defaults.
106     #
107     snort = /usr/sbin/snort
108     conf = /etc/snort/snort.conf
                              ...snip...
```

쿠쿠 샌드박스에서 스노트를 운영하는 것은 악성코드를 분석하면서 수집한 네트워
크 패킷을 스노트의 룰을 통해 확인하는 것이다. 테스트에 사용중인 518.exe 악성코
드에서 발생하는 네트워크 탐지 결과 중 qzone.qq.com을 탐지하도록 스노트 패턴
을 제작한다.

코드 11-5 스노트 탐지 룰 생성

```
hakawati@Cuckoo-Core:~$ sudo vim /etc/snort/rules/local.rules
                              ...snip...
7    alert tcp any any -> any any (msg:"\"qzone.qq.com\" Alert"; content:"qzone.
     qq.com"; nocase; sid:10000002; gid:1; rev:1;)
```

쿡쿠 샌드박스 분석에서 스노트 패턴에 의한 탐지는 기존 분석이 있다면 레포팅 재생성을 통해 확인할 수 있다.

코드 11-6 스노트 탐지 결과 확인을 위한 보고서 재생성

```
hakawati@Cuckoo-Core:~$ cuckoo process -r 2
[x86] Gathering all referenced SSDTs from KTHREADs...
Finding appropriate address space for tables...
2018-02-21 16:29:34,546 [cuckoo.apps.apps] INFO: Task #2: reports generation
completed
```

쿡쿠 웹 서비스의 네트워크 분석에 있는 스노트 카테고리에 방문하면 방금 설정한 패턴에 의해 탐지되는 결과를 확인할 수 있다.

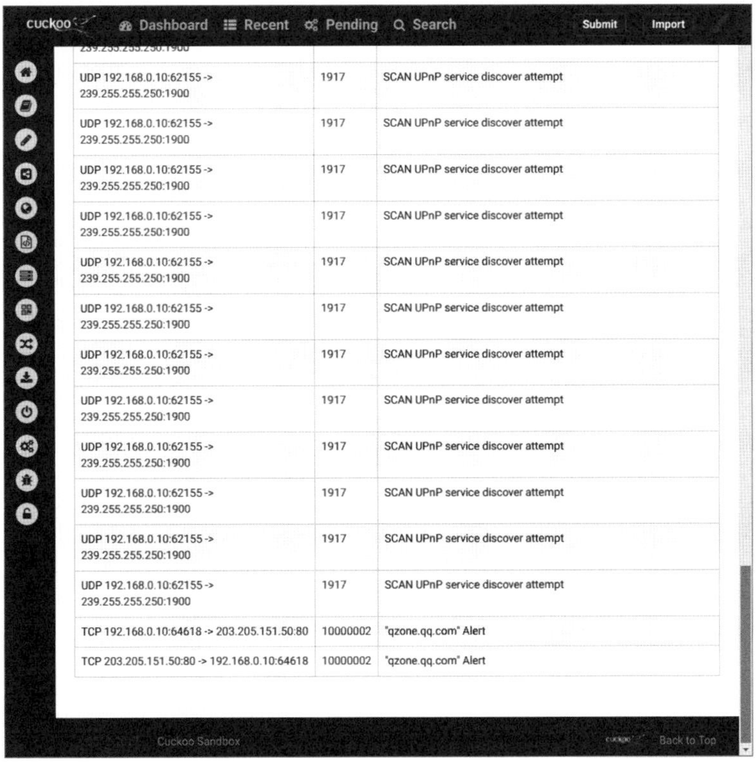

그림 11-4 스노트 탐지 결과

Cuckoo Sandbox

수리카타를 이용한 네트워크 패턴 탐지

네트워크 패킷에서 악의적인 행위를 하는 유형을 탐지하는 패턴을 수리카타를 이용한 네트워크 패턴 탐지에서 다룬다.

수리카타는 2009년 12월에 OSIF^{Open Information Security Foundation}에서 처음 선보인 오픈소스 도구로 스노트와 유사하게 실시간 침입 탐지를 할 수 있는 도구이며, 설정을 어떻게 하는가에 따라 탐지뿐만 아니라 방지도 할 수 있는 네트워크 침입 방지^{NIPS - Network Intrusion Prevention System} 기능도 수행할 수 있다. 쿡쿠 샌드박스에서 사용하는 수리카타는 스노트와 동일하게 네트워크 기반 패턴 탐지를 수행하며, 제작하는 룰은 스노트와 동일하다.

그림 12-1 수리카타 로고

제 1절 수리카타 설치

기본적으로 우분투 저장소를 통해 설치하면 3 버전의 수리카타가 설치된다. 비교적 최신 버전인 4 버전의 수리카라를 설치하기 위해 저장소에 설치할 수리카타 저장소를 추가한다.

코드 12-1 수리카타 설치 파일 저장소 등록

```
hakawati@Cuckoo-Core:~$ sudo add-apt-repository ppa:oisf/suricata-stable
                              ...snip...
gpg: /tmp/tmp2v1qvjcf/trustdb.gpg: trustdb created
gpg: key 66EB736F: public key "Launchpad PPA for Peter Manev" imported
gpg: Total number processed: 1
gpg:              imported: 1  (RSA: 1)
OK
```

```
hakawati@Cuckoo-Core:~$ sudo apt update
                              ...snip...
Hit:1 http://download.virtualbox.org/virtualbox/debian xenial InRelease
Hit:2 http://kr.archive.ubuntu.com/ubuntu xenial InRelease
Get:3 http://kr.archive.ubuntu.com/ubuntu xenial-updates InRelease [102 kB]
Get:4 http://ppa.launchpad.net/oisf/suricata-stable/ubuntu xenial InRelease
[17.5 kB]
                              ...snip...
```

이제 수리카타를 설치해보자. 집필 기준인 4.0.3 버전을 설치한다.

코드 12-2 수리카타 설치

```
hakawati@Cuckoo-Core:~$ sudo apt install -y suricata
                              ...snip...
tar: rules/gpl-2.0.txt: time stamp 2018-01-31 06:50:04 is 35011.599141497 s in
the future
tar: rules: time stamp 2018-01-31 06:50:08 is 35015.598550236 s in the future
Latest ET Open rule set deployed in /etc/suricata/rules !
```

```
Processing triggers for libc-bin (2.23-0ubuntu9) ...
Processing triggers for systemd (229-4ubuntu19) ...
Processing triggers for ureadahead (0.100.0-19) ...
```

수리카타를 설치할 때 함께 설치되는 도구로 오인크마스터^{Oinkmaster}가 있다. 이 도구
는 스노트나 수리카타 탐지 패턴을 관리한다. 이 도구를 이용해 수리카타 패턴을 최
신 공유중인 패턴으로 갱신한다. 다운로드받고 설정할 룰 주소를 /etc/oinkmaster.
conf 파일의 마지막에 추가한다.

코드 12-3 수리카타가 사용할 룰 파일 다운로드 경로 지정

```
hakawati@Cuckoo-Core:~$ sudo vim /etc/oinkmaster.conf
                              ...snip...
453  # It's a good idea to also add comment about why you disable the sid:
454  # disablesid 1324    # 20020101: disabled this SID just because I can
455  url=http://rules.emergingthreats.net/open/suricata/emerging.rules.tar.gz
```

추가한 주소를 통해 룰을 설치한다.

코드 12-4 수리카타가 탐지 및 차단할 룰 등록

```
hakawati@Cuckoo-Core:~$ sudo oinkmaster -o /etc/suricata/rules/
Loading /etc/oinkmaster.conf
Downloading file from http://rules.emergingthreats.net/open/suricata/emerging.
rules.tar.gz... done.
Archive successfully downloaded, unpacking... done.
Setting up rules structures... done.
Processing downloaded rules... disablesid 0, enablesid 0, modifysid 0, localsid
0, total rules 25177
                              ...snip...
```

수리카타의 탐지 룰은 /etc/suricata/rules/ 디렉터리에서 기록해 관리한다. 여기에

우리가 사용할 local.rules를 생성한다. 탐지할 패턴은 스노트에서 사용한 내용과 동일하다.

코드 12-5 수리카타가 사용할 룰 생성

```
hakawati@Cuckoo-Core:~$ sudo vim /etc/suricata/rules/local.rules
1    alert tcp any any -> any any (msg:"\"qzone.qq.com\" Alert"; content:"qzone.
     qq.com"; nocase; sid:10000002; gid:1; rev:1;)
```

생성한 local.rules 파일을 수리카타에서 인식할 수 있게 설정을 추가한다. 여기에 추가하는 설정은 /etc/suricata/rules 디렉터리를 기본 경로로 사용한다.

코드 12-6 수리카타 신규 룰 파일 등록

```
hakawati@Cuckoo-Core:~$ sudo vim /etc/suricata/suricata.yaml
                          ...snip...
53   rule-files:
54    - local.rules
55    - botcc.rules
56   # - botcc.portgrouped.rules
57    - ciarmy.rules
                          ...snip...
```

다음으로 수리카타를 일반 사용자가 사용할 수 있도록 사용자와 권한을 설정한다.

코드 12-7 수리카타 사용자 및 권한 수정

```
hakawati@Cuckoo-Core:~$ sudo chown -R root:$USER /var/log/suricata
```

```
hakawati@Cuckoo-Core:~$ sudo chmod -R 775 /var/log/suricata
```

설정이 끝났으니 수리카타를 재시작한다. 수리카타 서비스는 설치 단계에서 자동실행이 설정되므로 별도로 설정하지 않는다.

```
hakawati@Cuckoo-Core:~$ sudo serivce suricata restart
```

제 2절 수리카타와 쿠쿠 샌드박스 연동

수리카타와 쿠쿠 샌드박스 연동은 $cwd/conf/processing.conf에서 진행할 수 있다. 연동 시 주의할 점은 suricata 명령이 실행될 경로와 수리카타 설정 파일 위치인데, 4 버전의 수리카타는 쿠쿠에서 기본으로 설정된 경로와 동일하다.

코드 12-9 수리카타와 쿠쿠 샌드박스 연동을 위한 설정

```
hakawati@Cuckoo-Core:~$ vim $cwd/conf/processing.conf
                                ...snip...
122     [suricata]
123     enabled = yes
                                ...snip...
128     suricata = /usr/bin/suricata
129     conf = /etc/suricata/suricata.yaml
130     eve_log = eve.json
131     files_log = files-json.log
132     files_dir = files
```

설정이 끝나고 코드 12-10과 같이 보고서 재생성을 진행하면 네트워크 분석 영역의 수리카타 항목에서 탐지된 결과를 확인할 수 있다.

코드 12-10 수리카타 탐지 확인을 위한 보고서 재생성

```
hakawati@Cuckoo-Core:~$ cuckoo process -r 2
[x86] Gathering all referenced SSDTs from KTHREADs...
Finding appropriate address space for tables...
```

```
21/2/2018 -- 16:57:49 - <Notice> - This is Suricata version 4.0.4 RELEASE
21/2/2018 -- 16:57:55 - <Notice> - all 9 packet processing threads, 4 management
threads initialized, engine started.
21/2/2018 -- 16:57:55 - <Notice> - Signal Received.  Stopping engine.
21/2/2018 -- 16:57:55 - <Notice> - Pcap-file module read 302 packets, 41188
bytes
2018-02-21 16:57:55,208 [cuckoo.processing.suricata] WARNING: Unable to find
the files-json.log log file
2018-02-21 16:58:08,431 [cuckoo.apps.apps] INFO: Task #2: reports generation
completed
```

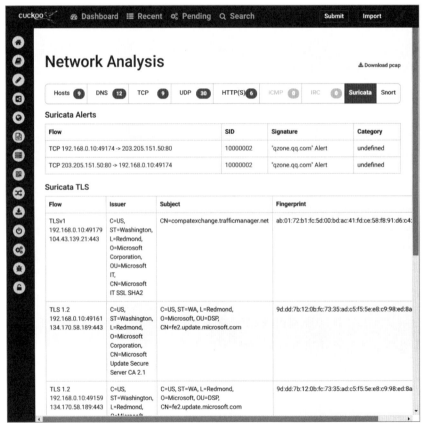

그림 12-2 수리카타 탐지 내역

Cuckoo Sandbox

몰록을 이용한 네트워크 포렌식

네트워크를 더욱 디테일하게 분석하도록 몰록 소프트웨어와 연동할 수 있다. 몰록도 일래스틱서치 데이터베이스를 이용한다. 몰록을 설치하려면 제9장, '일래스틱서치 데이터베이스를 활용한 검색 기능 확장'을 먼저 진행한 후 제13장의 몰록을 이용한 네트워크 포렌식을 참고해 구축한다.

프로젝트 이름이 몰록^{Moloch}인 이 도구는 오픈소스로 네트워크 포렌식을 위해 만들어졌다. 이 프로젝트의 메인 로고는 수리 부엉이다.

그림 13-1 몰록 로고

수리 부엉이는 맹금류로 날개 소리를 내지 않고 먹이에 접근해 날카로운 발톱으로 낚아챈다. 그래서 제작진은 조용하고 강력하게 쥐(RAT – 원격 제어 유형의 악성 코드)를 수집하고 분석할 수 있다는 의미를 부여한다. 몰록은 크게 세 가지 구성을 가진다.

- **캡처**^{Capture}: 네트워크 인터페이스를 스니핑해 트래픽 구문을 분석하고 세션 프로파일 정보^{SPI-Session Profile Information Data}를 생성하고 기록하는 C 언어 프로그램
- **데이터베이스**^{Database}: 일래스틱서치를 이용해 대용량 데이터를 저장하고 검색
- **뷰어**^{Viewer}: 원격에서 GUI나 API로 접속할 수 있는 웹 서비스로 다양한 네트워크 정보와 저장된 PCAP을 검색 가능

제 1절 몰록 설치

몰록을 사용하려면 일래스틱서치 데이터베이스가 설치돼 있어야 한다. 이 과정은 **제9장, '일래스틱서치 데이터베이스를 활용한 검색 기능 확장'**을 활용한 검색 기능 확장를 참고하며 쿡쿡 샌드박스가 사용하는 일래스틱서치와 중복 운영해도 무관하다.

몰록에서 패킷을 수집하는 엔진은 C 언어로 작성됐으며, 이를 제어하기 위한 인터페이스는 노드JS^{NodeJS}로 작성돼 있다. 노드JS는 클라이언트 기반 웹 언어인 자바스크립트를 서버에서 사용할 수 있도록 만들어진 자바스크립트 프레임워크다. 브라우저의 종속적인 자바스크립트를 브라우저 없이 사용하기 위해 크롬에서 사용하는 V8 자바스크립트 엔진을 탑재한 점이 특징이다. 코드 13-1과 같이 몰록 0.50.0 버전을 다운로드한다. 다운로드가 완료됐으면 압축을 해제하고 해당 디렉터리로 이동한다.

코드 13-1 몰록 다운로드 및 압축 해제

```
hakawati@Cuckoo-Core:~$ wget https://github.com/aol/moloch/archive/v0.50.0.tar.
                          gz -O /tmp/v0.50.0.tar.gz
                                     ...snip...
HTTP request sent, awaiting response... 200 OK
Length: unspecified [application/x-gzip]
Saving to: '/tmp/v0.50.0.tar.gz'

/tmp/v0.50.0.tar.gz              [                          <=>           ]
2.95M    154KB/s    in 36s

2018-02-22 11:57:53 (84.4 KB/s) - '/tmp/v0.50.0.tar.gz' saved [3095120]
```

```
hakawati@Cuckoo-Core:~$ sudo tar xfz /tmp/v0.50.0.tar.gz -C /opt/
```

```
hakawati@Cuckoo-Core:~$ cd /opt/moloch-0.50.0
```

압축을 해제한 몰록에는 설치를 쉽게 할 수 있도록 스크립트를 제공한다. 이 설치 스크립트를 이용해 몰록 구축에 필요한 패키지 및 소스코드를 구성하고 빌드한다.

코드 13-2 몰록 설치

```
hakawati@Cuckoo-Core:/opt/moloch-0.50.0$ sudo ./easybutton-build.sh
                                     ...snip...
HTTP request sent, awaiting response... 200 OK
Length: 9365464 (8.9M) [application/x-xz]
Saving to: 'node-v6.12.3-linux-x64.tar.xz'

node-v6.12.3-linux-x64.tar.xz 100%[============================================
====>]   8.93M  1.89MB/s    in 5.1s

2018-02-22 11:19:46 (1.76 MB/s) - 'node-v6.12.3-linux-x64.tar.xz' saved
[9365464/9365464]

MOLOCH: Now type 'sudo make install' and 'sudo make config'
```

몰록 컴파일 과정은 노드JS 라이브러리를 설치하는 npm이라는 도구가 필요하다. 이 도구는 파이썬에서 사용하는 pip와 유사하게 노드JS 라이브러리를 관리하는 역할을 한다. 우리는 빌드 과정에서 node-v6.12.3-linux-x64.tar.xz 압축 파일을 다운로드 받았고 이 파일의 압축을 해제해 각각의 리눅스 디렉터리로 복사해 npm을 사용할 수 있다.

코드 13-3 몰록 컴파일

```
hakawati@Cuckoo-Core:/opt/moloch-0.50.0$ sudo tar xf node-v6.12.3-linux-x64.tar.
                                          xz -C /opt/

hakawati@Cuckoo-Core:/opt/moloch-0.50.0$ cd ../node-v6.12.3-linux-x64/

hakawati@Cuckoo-Core:/opt/node-v6.12.3-linux-x64$    sudo cp -r bin/* /usr/bin

hakawati@Cuckoo-Core:/opt/node-v6.12.3-linux-x64$    sudo cp -r include/* /usr/
                                                     include

hakawati@Cuckoo-Core:/opt/node-v6.12.3-linux-x64$    sudo cp -r lib/* /usr/lib

hakawati@Cuckoo-Core:/opt/node-v6.12.3-linux-x64$    sudo cp -r share/* /usr/
                                                     share/

hakawati@Cuckoo-Core:/opt/node-v6.12.3-linux-x64$    cd ../moloch-0.50.0
```

본격적으로 몰록을 구축하기 위해 컴파일을 진행한다.

코드 13-4 몰록 컴파일

```
hakawati@Cuckoo-Core:/opt/moloch-0.50.0$ sudo make install
                          ...snip...
make[2]: Entering directory '/opt/moloch-0.50.0'
make[2]: Nothing to be done for 'install-exec-am'.
make[2]: Nothing to be done for 'install-data-am'.
make[2]: Leaving directory '/opt/moloch-0.50.0'
make[1]: Leaving directory '/opt/moloch-0.50.0'
```

설치한 몰록을 설정한다. 첫 설정은 지정한 인터페이스에서 네트워크 트래픽을 수집하거나 분석한다. 우리는 샌드박스가 사용하는 인터페이스인 vboxnet0으로 설정한다. 두 번째 질문은 일래스틱서치가 설치돼 있지 않다면 yes를 입력해 설치하는 질문이다. no를 입력하면 사용할 일래스틱서치 주소 입력을 할 수 있다. 마지막으로, 기타 주요 정보를 암호화할 때 필요한 비밀번호를 입력해 설정을 마무리한다. 참고로 지금 진행한 설정은 /data/moloch/etc/config.ini에 기록된다.

코드 13-5 몰록 설정

```
hakawati@Cuckoo-Core:/opt/moloch-0.50.0$ sudo make config
/data/moloch/bin/Configure
Found interfaces: ens33;lo;vboxnet0
Semicolon ';' seperated list of interfaces to monitor [eth1] vboxnet0
Install Elasticsearch server locally for demo, must have at least 3G of memory,
NOT recommended for production use (yes or no) [no] no
Elasticsearch server URL [http://localhost:9200] http://192.168.0.100:9200
Password to encrypt S2S and other things [no-default] moloch
Moloch - Creating configuration files
Installing systemd start files, use systemctl
Moloch - Installing /etc/logrotate.d/moloch to rotate files after 7 days
Moloch - Installing /etc/security/limits.d/99-moloch.conf to make core and
memlock unlimited
Moloch - Downloading GEO files
2018-02-22 12:49:01 URL:https://www.iana.org/assignments/ipv4-address-space/
ipv4-address-space.csv [23044] -> "ipv4-address-space.csv" [1]
2018-02-22 12:49:02 URL:http://www.maxmind.com/download/geoip/database/asnum/
GeoIPASNum.dat.gz [2520541/2520541] -> "GeoIPASNum.dat.gz" [1]
2018-02-22 12:49:03 URL:http://download.maxmind.com/download/geoip/database/
asnum/GeoIPASNumv6.dat.gz [2909422/2909422] -> "GeoIPASNumv6.dat.gz" [1]
2018-02-22 12:49:05 URL:http://www.maxmind.com/download/geoip/database/
GeoLiteCountry/GeoIP.dat.gz [700469/700469] -> "GeoIP.dat.gz" [1]
2018-02-22 12:49:05 URL:http://geolite.maxmind.com/download/geoip/database/
GeoIPv6.dat.gz [1110013/1110013] -> "GeoIPv6.dat.gz" [1]

Moloch - Configured - Now continue with step 4 in /data/moloch/README.txt
```

```
        https://www.elastic.co/downloads/past-releases
  4b) If using the demo Elasticsearch, these won't work with real Elasticsearch
installs
        /sbin/start elasticsearch # for upstart/Centos 6/Ubuntu 14.04
        systemctl start elasticsearch.service # for systemd/Centos 7/Ubuntu 16.04
  5) Initialize/Upgrade Elasticsearch Moloch configuration
   a) If this is the first install, or want to delete all data
        /data/moloch/db/db.pl http://ESHOST:9200 init
   b) If this is an update to moloch package
        /data/moloch/db/db.pl http://ESHOST:9200 upgrade
  6) Add an admin user if a new install or after an init
        /data/moloch/bin/moloch_add_user.sh admin "Admin User" THEPASSWORD
        --admin
  7) Start everything
    a) If using upstart (Centos 6 or sometimes Ubuntu 14.04):
        /sbin/start molochcapture
        /sbin/start molochviewer
    b) If using systemd (Centos 7 or Ubuntu 16.04 or sometimes Ubuntu 14.04)
        systemctl start molochcapture.service
        systemctl start molochviewer.service
  8) Look at log files for errors
        /data/moloch/logs/viewer.log
        /data/moloch/logs/capture.log
  9) Visit http://molochhost:8005 with your favorite browser.
        user: admin
        password: password from step #6



Additional information can be found at:
  * https://github.com/aol/moloch/wiki/FAQ
  * https://github.com/aol/moloch/wiki/Settings
```

설정의 끝에는 9개의 스텝으로 추가 설정에 대한 절차가 출력된다. 먼저 일래스틱서
치는 활성화됐기에 첫 번째 절차는 무의미하다. 다음 절차는 일래스틱서치에 몰록이

사용할 템플릿을 구성한다. 만약 몰록을 운영하다가 저장된 데이터를 초기화하고 싶다면 init 명령을 다시 사용한다.

코드 13-6 몰록이 사용할 데이터베이스 구성

```
hakawati@Cuckoo-Core:/opt/moloch-0.50.0$ cd
```

```
hakawati@Cuckoo-Core:~$ /data/moloch/db/db.pl http://192.168.0.100:9200 init
It is STRONGLY recommended that you stop ALL moloch captures and viewers before
proceeding.

There is 1 elastic search data node, if you expect more please fix first before
proceeding.

This is a fresh Moloch install
Erasing
Creating


Finished.  Have fun!
Finished
```

moloch 웹 서비스에 로그인하기 위해 관리자 계정을 생성한다. admin이 세 번 사용됐는데 순서대로 ID, 보여지는 이름, 비밀번호를 의미한다. 마지막으로 --admin 옵션은 관리자 권한을 부여한다는 의미를 가진다.

코드 13-7 몰록 사용자 계정 설정

```
hakawati@Cuckoo-Core:~$ /data/moloch/bin/moloch_add_user.sh admin admin admin
                       --admin
Added
```

앞서 이야기한 것처럼 몰록은 캡처와 뷰어 두 가지 서비스를 제공한다. 캡처 서비스를 실행할 경우 우리가 설정한 네트워크 인터페이스에서 패킷 캡처를 수행하고, 분석 결과를 데이터베이스에 기록한다. 뷰어 서비스는 데이터베이스에 기록된 네트워크 분석 데이터를 사용자에게 보여주는 웹 서비스다. 몰록 운영은 캡처 서비스를 실행하지 않는데 쿠쿠 샌드박스가 직접 moloch-capture라는 커맨드라인 도구를 이용해 pcap 파일을 분석하기 때문이다. 하지만 쿠쿠 웹 서비스의 네트워크 데이터는 모두 몰록에서 확인하도록 구성할 수 있어, 몰록 웹 서비스는 별도로 운영할 필요가 있다. 코드 13-8과 같이 몰록 뷰어를 부팅과 함께 실행하도록 구성한다.

코드 13-8 몰록 데몬 실행 및 자동실행 등록

```
hakawati@Cuckoo-Core:~$ sudo systemctl enable molochviewer.service
Created symlink from /etc/systemd/system/multi-user.target.wants/molochcapture.
service to /etc/systemd/system/molochcapture.service.
```

```
hakawati@Cuckoo-Core:~$ sudo systemctl start molochviewer.service
```

이제 몰록 웹 서비스로 방문한다. 필자와 동일하게 구성했다면 IP는 192.168.0.100이고, 몰록의 기본 포트는 8005다.

```
http://192.168.0.100:8005
```

로그인 창을 만나면 커맨드로 설정한 계정과 비밀번호를 입력해 로그인한다. 로그인한 화면은 그림 13-2와 같다.

그림 13-2 몰록 웹 서비스 동작 확인

제 2절 몰록과 쿠쿠 샌드박스 연동

몰록이 잘 동작하는 것을 확인했으니 쿠쿠 샌드박스와 연동을 진행한다. 이 연동은
보고서와 관련있는 설정 파일인 reporting.conf에서 진행하며, 이 설정 파일에서
[moloch] 섹션을 찾아 enabled를 yes로 수정해 활성화한다. host는 몰록을 설치한

운영체제의 IP를 입력한다. 우리가 구성한 몰록은 HTTPS 통신을 사용하지 않기에 insecure를 yes로 수정한다. 마지막으로 몰록이 사용하는 데이터베이스인 일래스틱 서치의 노드 이름을 moloch-cuckoo로 설정한다.

코드 13-9 몰록과 쿠쿠 샌드박스 연동

```
hakawati@Cuckoo-Core:~$ vim $cwd/conf/reporting.conf1
                            ...snip...
71   [moloch]
72   enabled = yes
75   host = 192.168.0.100
78   insecure = yes
83   moloch_capture = /data/moloch/bin/moloch-capture
84   conf = /data/moloch/etc/config.ini
85   instance = moloch-cuckoo
```

설정이 끝났다면 보고서를 재생성한다. 코드 13-10과 같이 main.c:609 내용이 로그로 출력된다면 몰록은 잘 동작한다고 볼 수 있다.

코드 13-10 몰록 연동 확인을 위한 보고서 재생성

```
hakawati@Cuckoo-Core:~$ cuckoo process -r 2
[x86] Gathering all referenced SSDTs from KTHREADs...
Finding appropriate address space for tables...
21/2/2018 -- 18:22:53 - <Notice> - This is Suricata version 4.0.4 RELEASE
21/2/2018 -- 18:22:58 - <Notice> - all 9 packet processing threads, 4 management
threads initialized, engine started.
21/2/2018 -- 18:22:58 - <Notice> - Signal Received.  Stopping engine.
21/2/2018 -- 18:22:58 - <Notice> - Pcap-file module read 302 packets, 41188
bytes
2018-02-21 18:22:58,940 [cuckoo.processing.suricata] WARNING: Unable to find
the files-json.log log file
Feb 21 18:23:08 main.c:609 main(): THREAD 0x7f200fbc0780
2018-02-21 18:23:12,974 [cuckoo.apps.apps] INFO: Task #2: reports generation
completed
```

만약 Nginx와 uWSGI를 이용해 웹 서버를 구동했다면, 우리가 구성한 Nginx 설정
으로는 몰록으로 링크를 전달할 수 없다. 이 문제를 직접 해결하려면 코드 13-11과
같이 수정하고 Nginx 서비스를 재시작해 설정을 적용한다.

코드 13-11 Nginx 웹 설정 파일 수정

```
hakawati@Cuckoo-Core:~$ sudo vim /etc/nginx/sites-enabled/cuckoo-web
                              ...snip...
15    rewrite ^/analysis/moloch/(.*)$ http://192.168.0.100:8005/?date=-
      1&expression=ip+==+$1 permanent;
                              ...snip...
hakawati@Cuckoo-Core:~$ sudo systemctl reload nginx
```

이제 제6장, '제 5절 네트워크 분석 정보'에서 활성화된 링크를 선택하면 모두 몰록
으로 이동하고, 몰록 안에서 연관 분석이나 추가 정보를 살펴볼 수 있다.

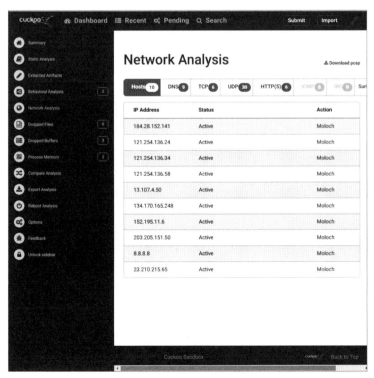

그림 13-3 쿠쿠 샌드박스의 네트워크 분석과 몰록으로 연동되는 링크

몰록으로 이동해도 그림 13-4와 같이 데이터가 출력되지 않는다면 약 1분 정도 기다렸다가 다시 살펴보는 것을 추천한다. 데이터를 보여주기까지 약간의 시간이 필요하기 때문이다.

그림 13-4 연동된 정보 확인

Cuckoo Sandbox

위협 정보 공유 플랫폼 MISP와 연동

악성코드를 분석하고 그 정보를 다양하게 공유할 수 있다. 특히 인텔리전스 서비스로 알려진 MISP 서버를 구축해 쿠쿠 샌드박스의 분석 정보를 업로드하거나 공유받은 위협 정보를 쿠쿠 샌드박스로 가져오도록 연동할 수 있다. 제14장에서는 위협 정보 공유 플랫폼 MISP와의 연동에서는 MISP 서비스를 구축하고 연동하는 과정을 설명한다.

MISP^{Malware Information Sharing Platform}는 악성코드 정보 공유 플랫폼으로 위협 정보를 공유할 수 있게 제작된 오픈소스 도구다. 침해사고지표인 IOC뿐만 아니라 기술과 비기술 정보를 관리하고 공유할 수 있어 침해 사고에서 얻은 정보를 토대로 새로운 정보를 생산할 수 있다. 이러한 이유로 사이버 시큐리티 인텔리전스로 각광받고 있다. 쿠쿠 샌드박스로 분석한 악성코드 정보 중 일부를 MISP로 전달하고 MISP에서 필요한 정보를 쿠쿠 샌드박스가 받아올 수 있다.

그림 14-1 MISP 로고

MISP를 사용하는 단체는 대표적으로 다음과 같다.

- CIRCL: MISP를 만들었으며 민간 단체, 기업, 금융 기관, 보안 회사 등이 가입해 다양한 정보들을 취합해 인증된 사용자들에게 데이터를 공유하는 커뮤니티다.
- FIRST^{Forum of Incident Response and Security Team}: 1989년에 만들어진 전통이 있는 침해사고 대응 단체로, 회원사에게 기술정보, 도구, 방법론, 프로세스나 모범 사례 등을 공유하고 양질의 제품, 정책, 서비스 등을 장려한다.
- NATO: 북대서양 조약 기구이며 북대서양 동맹 국제 군사 기구로 시작해 비회원국으로부터 공격에 대응하기 위한 집단 방어 체계로 운영하며, 특히 컴퓨터 침해 사고 대응 능력 기술 센터^{NCIRC TC - NATO Computer Incident Response Capability Technical Centre}에서 사고 정보 공유를 목적으로 MISP를 운영한다.

이러한 위협 정보 시스템을 구축하고 활용 방법을 이해했다면, 여러 기관의 정보를 한 곳에서 살펴보면서 새로운 위협 정보를 찾는데 많은 도움이 될 수 있다. 국내에서는 MISP처럼 한국인터넷진흥원에서 운영하는 C-TAS라는 위협 정보 공유 플랫폼이 있다.

제 1절 MISP 구축

MISP는 다양한 패키지와 이를 지원하는 라이브러리를 설치한다. MISP는 깃허브에 저장된 소스코드를 다운로드하므로 도구인 git를 그리고 메모리 기반 데이터베이스인 레디스^{Redis} 서버를 설치한다.

코드 14-1 MISP 종속 패키지 설치

```
hakawati@Cuckoo-Core:~$ sudo apt install -y git redis-server
                       ...snip...
```

```
Setting up redis-tools (2:3.0.6-1) ...
Setting up redis-server (2:3.0.6-1) ...
Processing triggers for libc-bin (2.23-0ubuntu9) ...
Processing triggers for systemd (229-4ubuntu19) ...
Processing triggers for ureadahead (0.100.0-19) ...
```

MISP가 사용하는 웹 서버는 아파치며 웹 서버 언어로 PHP를, 데이터베이스로는 마리아DB^{MariaDB}를 사용한다. 윈도우 기반에 이러한 구성을 APM^{Apache2, PHP, MariaDB}라고 불리며, 리눅스 기반에서는 LAMP^{Linux, Apache2, MariaDB, PHP}로 불린다. 과거에는 M 약자로 사용됐던 데이터베이스가 MySQL이었으나, 여러 가지 이유로 MySQL과 유사하게 개발한 마리아DB로 바뀌어가는 중이며, MySQL을 사용하는 도구는 마리아DB를 설치해 사용해도 문제없다.

코드 14-2 LAMP 설치

```
hakawati@Cuckoo-Core:~$ sudo apt install -y mariadb-client mariadb-server \
                        libapache2-mod-php php php-cli php-crypt-gpg php-dev \
                        php-json php-mysql php-opcache php-readline php-redis \
                        php-xml apache2 apache2-doc apache2-utils
                                ...snip...
Processing triggers for libc-bin (2.23-0ubuntu9) ...
Processing triggers for systemd (229-4ubuntu19) ...
Processing triggers for ureadahead (0.100.0-19) ...
Processing triggers for ufw (0.35-0ubuntu2) ...
Processing triggers for libapache2-mod-php7.0 (7.0.25-0ubuntu0.16.04.1) ...
```

설치가 끝났다면 마리아DB 설정을 진행한다. 이 설정은 mysql_secure_installation 스크립트로 한번에 진행할 수 있다.

코드 14-3 마리아DB 설정

```
hakawati@Cuckoo-Core:~$ sudo mysql_secure_installation
NOTE: RUNNING ALL PARTS OF THIS SCRIPT IS RECOMMENDED FOR ALL MariaDB
```

SERVERS IN PRODUCTION USE! PLEASE READ EACH STEP CAREFULLY!

In order to log into MariaDB to secure it, we'll need the current
password for the root user. If you've just installed MariaDB, and
you haven't set the root password yet, the password will be blank,
so you should just press enter here.

Enter current password for root (enter for none): **none**
OK, successfully used password, moving on...

Setting the root password ensures that nobody can log into the MariaDB
root user without the proper authorisation.

Set root password? [Y/n] **Y**
New password: **toor**
Re-enter new password: **toor**
Password updated successfully!
Reloading privilege tables..
 ... Success!

By default, a MariaDB installation has an anonymous user, allowing anyone
to log into MariaDB without having to have a user account created for
them. This is intended only for testing, and to make the installation
go a bit smoother. You should remove them before moving into a
production environment.

Remove anonymous users? [Y/n] **Y**
 ... Success!

Normally, root should only be allowed to connect from 'localhost'. This
ensures that someone cannot guess at the root password from the network.

Disallow root login remotely? [Y/n] **Y**
 ... Success!

By default, MariaDB comes with a database named 'test' that anyone can

```
access.  This is also intended only for testing, and should be removed
before moving into a production environment.

Remove test database and access to it? [Y/n] Y
 - Dropping test database...
 ... Success!
 - Removing privileges on test database...
 ... Success!

Reloading the privilege tables will ensure that all changes made so far
will take effect immediately.

Reload privilege tables now? [Y/n] Y
 ... Success!

Cleaning up...

All done!  If you've completed all of the above steps, your MariaDB
installation should now be secure.

Thanks for using MariaDB!
```

우리가 구축할 MISP 소스코드를 다운로드한다. 설치할 버전은 2.4.88이며, 다운로
드할 위치는 아파치 웹 서비스가 운영되는 기본 디렉터리인 /var/www/에 생성한
MISP 디렉터리다.

코드 14-4 MISP 소스코드 다운로드

```
hakawati@Cuckoo-Core:~$ sudo mkdir /var/www/MISP

hakawati@Cuckoo-Core:~$ sudo chown www-data:www-data /var/www/MISP

hakawati@Cuckoo-Core:~$ cd /var/www/MISP

hakawati@Cuckoo-Core:/var/www/MISP$   sudo -u www-data -H git clone https://
                                      github.com/MISP/MISP.git /var/www/MISP
```

```
Cloning into '/var/www/MISP'...
remote: Counting objects: 50849, done.
remote: Compressing objects: 100% (5/5), done.
remote: Total 50849 (delta 0), reused 1 (delta 0), pack-reused 50844
Receiving objects: 100% (50849/50849), 38.50 MiB | 397.00 KiB/s, done.
Resolving deltas: 100% (37580/37580), done.
Checking connectivity... done.
```

```
hakawati@Cuckoo-Core:/var/www/MISP$    sudo -u www-data -H git checkout tags/
                                       v2.4.88
Note: checking out 'tags/v2.4.88'.

You are in 'detached HEAD' state. You can look around, make experimental
changes and commit them, and you can discard any commits you make in this
state without impacting any branches by performing another checkout.

If you want to create a new branch to retain commits you create, you may
do so (now or later) by using -b with the checkout command again. Example:

  git checkout -b <new-branch-name>

HEAD is now at e44abe3... new: add API response for /sightings/listSightings
```

마이터^{Mitre}에서 만든 위협 정보를 구조화된 형태로 표현하는 스틱스^{STIX - Structured Threat Information Expression}를 설치한다. 2017년 6월 버전 2가 공개됐으며, 공격 객체를 구분하는 CybOX와 통합되면서 공격의 정보로 활용될 수 있는 12개의 객체를 기준으로 상관관계를 구성해 구조체로 표현한다. 12개 객체에 대한 정보는 다음 사이트에서 만나볼 수 있다.

https://oasis-open.github.io/cti-documentation/stix/intro

코드 14-5 STIX 설치

```
hakawati@Cuckoo-Core:/var/www/MISP$    sudo apt install -y python-dev libxml2-
                                       dev libxslt1-dev zlib1g-dev python3-dev
                                       python3-pip
                            ...snip...
Setting up python3-dev (3.5.1-3) ...
Setting up python3-pip (8.1.1-2ubuntu0.4) ...
Setting up python3-setuptools (20.7.0-1) ...
Setting up python3-wheel (0.29.0-1) ...
Processing triggers for libc-bin (2.23-0ubuntu9) ...
```

```
hakawati@Cuckoo-Core:/var/www/MISP$    sudo -H pip install https://github.
                                       com/CybOXProject/python-cybox/archive/
                                       v2.1.0.12.tar.gz
                            ...snip...
Requirement already satisfied: python-dateutil in /usr/local/lib/python2.7/
dist-packages (from cybox==2.1.0.12)
Requirement already satisfied: six>=1.5 in /usr/local/lib/python2.7/dist-
packages (from python-dateutil->cybox==2.1.0.12)
Installing collected packages: cybox
  Running setup.py install for cybox ... done
Successfully installed cybox-2.1.0.12
```

```
hakawati@Cuckoo-Core:/var/www/MISP$    sudo -H pip install https://github.
                                       com/STIXProject/python-stix/archive/
                                       v1.1.1.4.tar.gz
                            ...snip...
Requirement already satisfied: cybox<2.1.1.0,>=2.1.0.9 in /usr/local/lib/
python2.7/dist-packages (from stix==1.1.1.4)
Requirement already satisfied: six>=1.5 in /usr/local/lib/python2.7/dist-
packages (from python-dateutil->stix==1.1.1.4)
Installing collected packages: stix
  Running setup.py install for stix ... done
Successfully installed stix-1.1.1.4
```

```
hakawati@Cuckoo-Core:/var/www/MISP$    sudo -H pip install https://github.
                                       com/CybOXProject/mixbox/archive/
                                       v1.0.2.tar.gz
```

```
                              ...snip...
  Stored in directory: /root/.cache/pip/wheels/70/11/e0/5a8e9a30d112eb688acc67c
fe1375cf44aa1164c33d03b111b
Successfully built ordered-set weakrefmethod
Installing collected packages: ordered-set, weakrefmethod, mixbox
  Running setup.py install for mixbox ... done
Successfully installed mixbox-1.0.2 ordered-set-2.0.2 weakrefmethod-1.0.3
```

```
hakawati@Cuckoo-Core:/var/www/MISP$       sudo -H pip3 install stix2==0.5.1
                              ...snip...
Running setup.py bdist_wheel for antlr4-python3-runtime ... done
  Stored in directory: /root/.cache/pip/wheels/f9/6c/c6/92e38e8079f638a1e53acd6
cb41de5f60adb768891e3de2980
Successfully built simplejson antlr4-python3-runtime
Installing collected packages: antlr4-python3-runtime, stix2-patterns,
simplejson, pytz, python-dateutil, taxii2-client, stix2
Successfully installed antlr4-python3-runtime-4.7 python-dateutil-2.6.1 pytz-
2018.3 simplejson-3.13.2 stix2-0.4.0 stix2-patterns-0.6.0 taxii2-client-0.2.0
```

MISP를 파이썬으로 사용할 수 있게 도와주는 라이브러리인 PyMISP, PHP로 제작된 웹 프레임워크인 CakePHP 등을 설치한다. 이 라이브러리와 프레임워크는 MISP에서 제공하는 submodule에 구성돼 있어 코드 14-6과 같이 설치한다.

코드 14-6 MISP 하위 모듈 설치

```
hakawati@Cuckoo-Core:/var/www/MISP$       sudo -u www-data -H git submodule init
                              ...snip...
Submodule 'app/files/misp-objects' (https://github.com/MISP/misp-objects)
registered for path 'app/files/misp-objects'
Submodule 'app/files/taxonomies' (https://github.com/MISP/misp-taxonomies.git)
registered for path 'app/files/taxonomies'
Submodule 'app/files/warninglists' (https://github.com/MISP/misp-warninglists.
git) registered for path 'app/files/warninglists'
Submodule 'cti-python-stix2' (https://github.com/oasis-open/cti-python-stix2)
registered for path 'cti-python-stix2'
Submodule 'misp-vagrant' (https://github.com/MISP/misp-vagrant.git) registered
```

```
for path 'misp-vagrant'
```

```
hakawati@Cuckoo-Core:/var/www/MISP$   sudo -u www-data -H git submodule update
                                ...snip...
remote: Total 176 (delta 2), reused 6 (delta 2), pack-reused 170
Receiving objects: 100% (176/176), 71.47 KiB | 0 bytes/s, done.
Resolving deltas: 100% (90/90), done.
Checking connectivity... done.
Submodule path 'misp-vagrant': checked out '8622be9f3074ead2e315803aac94eec6f164
61b5'
```

불필요한 작업을 후속 작업으로 배치하는 CakePHP 플러그인 CakeResque를 설치하고 마지막으로 레디스와 함께 CakeResque를 실행하도록 설정한다.

코드 14-7 CakeResque 플러그인 설치

```
hakawati@Cuckoo-Core:/var/www/MISP$      cd /var/www/MISP/app
```

```
hakawati@Cuckoo-Core:/var/www/MISP/app$ sudo -u www-data php composer.phar
                                        require kamisama/cake-resque:4.1.2
                                ...snip...

monolog/monolog suggests installing ruflin/elastica (Allow sending log messages
to an Elastic Search server)
monolog/monolog suggests installing sentry/sentry (Allow sending log messages
to a Sentry server)
kamisama/php-resque-ex suggests installing fresque/fresque (A command line tool
to manage your workers)
Writing lock file
Generating autoload files
```

```
hakawati@Cuckoo-Core:/var/www/MISP/app$ sudo -u www-data php composer.phar
                                        config vendor-dir Vendor
Cannot create cache directory /home/hakawati/.composer/cache/repo/https---
packagist.org/, or directory is not writable. Proceeding without cache
Cannot create cache directory /home/hakawati/.composer/cache/files/, or
directory is not writable. Proceeding without cache
```

```
hakawati@Cuckoo-Core:/var/www/MISP/app$ sudo -u www-data php composer.phar
                                        install
                                   ...snip...

monolog/monolog suggests installing rollbar/rollbar (Allow sending log messages
to Rollbar)
monolog/monolog suggests installing ruflin/elastica (Allow sending log messages
to an Elastic Search server)
monolog/monolog suggests installing sentry/sentry (Allow sending log messages
to a Sentry server)
kamisama/php-resque-ex suggests installing fresque/fresque (A command line tool
to manage your workers)
Generating autoload files
```
```
hakawati@Cuckoo-Core:/var/www/MISP/app$ sudo phpenmod redis
```
```
hakawati@Cuckoo-Core:/var/www/MISP/app$ sudo -u www-data cp -fa /var/www/MISP/
                                        INSTALL/setup/config.php /var/www/MISP/
                                        app/Plugin/CakeResque/Config/config.
                                        php
```

웹 서버로 사용되는 경로인 /var/www/MISP의 소유자와 권한을 변경한다.

코드 14-8 MISP 소스코드 소유자와 권한 설정

```
hakawati@Cuckoo-Core:/var/www/MISP/app$ cd
```
```
hakawati@Cuckoo-Core:~$ sudo chown -R www-data:www-data /var/www/MISP
```
```
hakawati@Cuckoo-Core:~$ sudo chmod -R 750 /var/www/MISP
```
```
hakawati@Cuckoo-Core:~$ sudo chmod -R g+ws /var/www/MISP/app/tmp
```
```
hakawati@Cuckoo-Core:~$ sudo chmod -R g+ws /var/www/MISP/app/files
```
```
hakawati@Cuckoo-Core:~$ sudo chmod -R g+ws /var/www/MISP/app/files/scripts/tmp
```

MISP가 사용할 데이터베이스를 생성하고, 사용자와 비밀번호를 설정한다. 마이라

DB에 처음 로그인할 때 사용하는 계정과 비밀번호는 마리아DB 설정인 mysql_
secure_installation에서 설정한 root 계정의 비밀번호를 사용한다. 생성할 데이터베
이스 이름은 misp이며, 이 데이터베이스를 사용할 사용자 계정은 misp, 이 계정의
비밀번호는 Misp123!@#으로 설정한다. 이러한 구성은 원하는 대로 수정해서 사용
해도 무방하다.

코드 14-9 MISP가 사용할 데이터베이스 생성 및 설정

```
hakawati@Cuckoo-Core:~$ sudo mysql -u root -p
Enter password: toor
Welcome to the MariaDB monitor.  Commands end with ; or \g.
Your MariaDB connection id is 50
Server version: 10.0.33-MariaDB-0ubuntu0.16.04.1 Ubuntu 16.04

Copyright (c) 2000, 2017, Oracle, MariaDB Corporation Ab and others.

Type 'help;' or '\h' for help. Type '\c' to clear the current input statement.

MariaDB [(none)]>  CREATE DATABASE misp;
Query OK, 1 rows affected (0.00 sec)
MariaDB [(none)]>  GRANT USAGE ON *.* TO misp@localhost IDENTIFIED BY
                   'Misp123!@#';
Query OK, 0 rows affected (0.00 sec)
MariaDB [(none)]>  GRANT ALL PRIVILEGES ON misp.* TO misp@localhost;
Query OK, 0 rows affected (0.00 sec)
MariaDB [(none)]>  FLUSH PRIVILEGES;
Query OK, 0 rows affected (0.00 sec)
MariaDB [(none)]>  EXIT
Bye
```

생성한 데이터베이스에 MISP가 사용할 테이블과 일부 데이터를 구성한다. 이는
MISP에서 제공하는 데이터베이스를 복원하는 방식으로 구성한다. 코드 14-10과 같
이 명령을 입력해 복원을 진행하면 비밀번호를 물어보는데, 이때 사용하는 비밀번호

는 misp 데이터베이스를 소유한 misp 계정의 비밀번호다.

코드 14-10 MSP가 사용할 데이터베이스 생성 및 설정

```
hakawati@Cuckoo-Core:~$ sudo -u www-data sh -c "mysql -u misp -p misp < /var/
                         www/MISP/INSTALL/MYSQL.sql"
Enter password: Misp123!@#
```

아파치 웹 서버를 운영하려면 웹 서버 설정 파일이 필요하다. 우리가 다운로드한 MISP 소스코드에는 아파치 설정 파일이 있다. 이 파일을 아파치 설정 파일을 관리하는 디렉터리인 /etc/apache2/sites-available/로 복사한다.

코드 14-11 아파치 설정 파일 구성

```
hakawati@Cuckoo-Core:~$ sudo cp /var/www/MISP/INSTALL/apache.misp.ubuntu /etc/
                         apache2/sites-available/misp.conf
```

아파치에서 기본으로 설정돼 운영되는 설정 파일인 000-default.conf는 비활성화하고 우리가 구성한 misp.conf를 활성화해서 MISP 웹 서비스를 운영한다. 아파치에는 사이트를 활성화하고 비활성화하는 것은 Nginx나 uWSGI처럼 링크 파일의 생성 유무로 동작하는데, 아파치에서는 이러한 설정 작업을 편리하게 할 수 있도록 웹 서비스 활성화는 a2ensite, 비활성화는 a2dissite 도구를 제공한다.

코드 14-12 아파치 설정 파일 구성

```
hakawati@Cuckoo-Core:~$ sudo a2dissite 000-default.conf
Site 000-default disabled.
To activate the new configuration, you need to run:
  service apache2 reload
```

```
hakawati@Cuckoo-Core:~$ sudo a2ensite misp.conf
Enabling site misp.
To activate the new configuration, you need to run:
```

```
service apache2 reload
```

그 외에 아파치 모듈 활성화는 a2enmod, 비활성화는 a2dismod를 제공한다. MISP 웹 서비스는 URL 주소를 짧게 줄여주는 rewirte 모듈과 HTTP 요청과 응답 헤더를 제어하는 headers 모듈을 요구하므로 이 두 모듈을 활성화한다.

코드 14-13 아파치 모듈 활성화

```
hakawati@Cuckoo-Core:~$ sudo a2enmod rewrite
Enabling module rewrite.
To activate the new configuration, you need to run:
  service apache2 restart
```

```
hakawati@Cuckoo-Core:~$ sudo a2enmod headers
Enabling module headers.
To activate the new configuration, you need to run:
  service apache2 restart
```

아피치와 관련된 모든 설정이 끝났으니 아파치 서비스를 재시작한다.

코드 14-14 아파치 서비스 재시작

```
hakawati@Cuckoo-Core:~$ sudo systemctl restart apache2.service
```

logrotate 도구를 이용해 CakeResque 로그를 주기적으로 백업하도록 구성한다. logrotate 설정 파일은 /var/www/MISP/INSTALL 디렉터리의 misp.logrotate 파일을 이용하며, 로그 생성 위치는 /var/www/MISP/app/tmp/logs 디렉터리다.

코드 14-15 logrotate를 이용한 MISP 로그 백업 관리 설정

```
hakawati@Cuckoo-Core:~$ sudo cp /var/www/MISP/INSTALL/misp.logrotate /etc/
                        logrotate.d/misp
```

기타 다양한 MISP의 설정 파일을 활성화한다. 이 설정 파일은 모두 /var/www/
MISP/app/Config 디렉터리에 구성돼 있으며, 이 디렉터리의 파일 이름에서 default
라는 키워드를 삭제하면 동작한다.

코드 14-16 MISP 설정 파일 활성화

```
hakawati@Cuckoo-Core:~$ sudo -u www-data cp -a /var/www/MISP/app/Config/
                       bootstrap.default.php /var/www/MISP/app/Config/
                       bootstrap.php
```

```
hakawati@Cuckoo-Core:~$ sudo -u www-data cp -a /var/www/MISP/app/Config/
                       database.default.php /var/www/MISP/app/Config/database.
                       php
```

```
hakawati@Cuckoo-Core:~$ sudo -u www-data cp -a /var/www/MISP/app/Config/core.
                       default.php /var/www/MISP/app/Config/core.php
```

```
hakawati@Cuckoo-Core:~$ sudo -u www-data cp -a /var/www/MISP/app/Config/config.
                       default.php /var/www/MISP/app/Config/config.php
```

활성화한 설정 파일 중에 두 개의 설정 파일이 핵심이다. 첫 번째 설정 파일은 웹 서
버 운영에 있어 설정으로 관여하는 config.php이고, 두 번째 설정 파일은 데이터베
이스 연동에 관여하는 database.php다. 우리는 MISP를 구축해 설정하고 운영하는
것이 아닌 쿠쿠 샌드박스와 연동하고 테스트하는 것에 집중하기에 MISP가 사용할
데이터베이스만 설정한다.

```
hakawati@Cuckoo-Core:~$ sudo -u www-data vim /var/www/MISP/app/Config/database.
                       php
                               ...snip...
60   class DATABASE_CONFIG {
61
62        public $default = array(
63             'datasource' => 'Database/Mysql',
64             //'datasource' => 'Database/Postgres',
```

```
65                'persistent' => false,
66                'host' => 'localhost',
67                'login' => 'misp',
68                'port' => 3306, // MySQL & MariaDB
69                //'port' => 5432, // PostgreSQL
70                'password' => 'Misp123!@#',
71                'database' => 'misp',
72                'prefix' => '',
73                'encoding' => 'utf8',
74           );
75  }
```

설치와 구성이 모두 끝났다. MISP를 튜닝하는 더 많은 방법이 있지만, 쿠쿠 샌드박스의 데이터를 받아서 처리하는 데는 문제없다. 다음 주소에 접속하면 MISP 웹 서비스를 볼 수 있다. 기본으로 설정된 관리자 계정은 admin@admin.test이며 비밀번호는 admin이다.

```
http://192.168.0.100
```

그림 14-2 MISP 웹 서비스

처음 로그인하면 관리자 비밀번호를 변경하도록 요구하며, 변경하지 않으면 어떤 서비스도 이용할 수 없다. 비밀번호 생성은 대문자, 소문자, 숫자, 특수문자를 적극 활용한다.

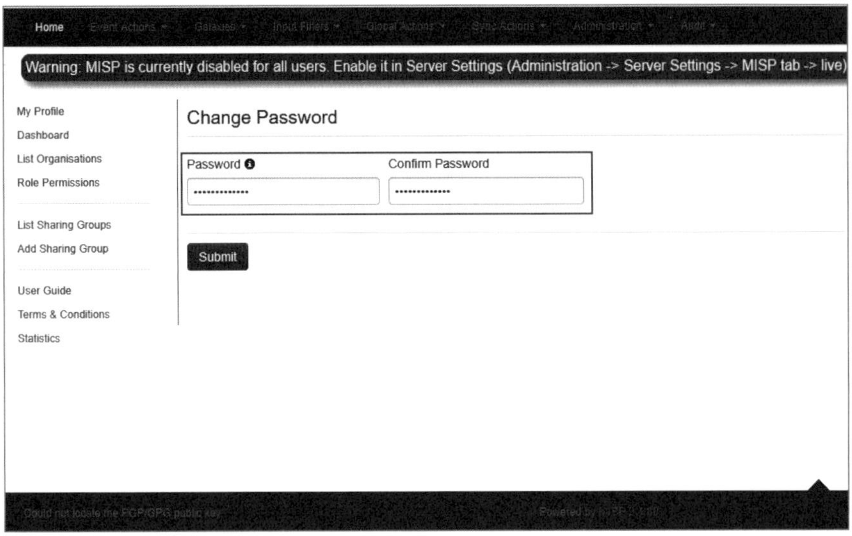

그림 14-3 MISP 관리자 계정 비밀번호 변경

제 2절 MISP와 쿠쿠 샌드박스 연동

MISP에 관리자 비밀번호를 변경하면 MISP 웹 서비스를 이용할 수 있다. 상단 Global Actions에서 My Profile을 클릭하면 현재 로그인된 사용자의 정보를 볼 수 있다. 이 정보 중 Authkey를 이용해 쿠쿠 샌드박스와 연동할 수 있다.

그림 14-4 로그인한 사용자 정보 확인

MISP와 연동 시 설정하는 파일은 processing.conf와 reporting.conf이다.

- **reporting.conf**: 쿠쿠 샌드박스가 생성한 정보 중 악성코드, 파일 이름, 해시 (md5, sha1, sha256), URL 그리고 IP 정보를 MISP에 전달
- **processing.conf**: MISP 서비스로부터 이벤트 ID(URL), MISP에 IOC가 기록된 날짜, 위협 레벨, 설명 그리고 기록된 IOC 정보를 요청

코드 14-17 쿠쿠 샌드박스와 MISP 연동

```
hakawati@Cuckoo-Core:~$ vim $cwd/conf/processing.conf
                              ...snip...
53    [misp]
54    enabled = yes
55    url = http://192.168.0.100
56    apikey = 21p4IaNJPtGNqwkMyxytNFpFSy0hJ4HJhYdyw4vm
                              ...snip...

hakawati@Cuckoo-Core:~$ vim $cwd/conf/reporting.conf
```

```
                              ...snip...
25    [misp]
26    enabled = yes
27    url = http://192.168.0.100
28    apikey = 21p4IaNJPtGNqwkMyxytNFpFSy0hJ4HJhYdyw4vm
                              ...snip...
```

연동이 끝났다. MISP를 통해 가져온 데이터를 출력할 수 있도록 쿡쿠 웹 서비스를 재가동한다.

코드 14-18 uWSGI 서비스 재시작

```
hakawati@Cuckoo-Core:~$ sudo systemctl restart uwsgi.service
```

보고서 재생성을 이용해 MISP와 연동 결과를 확인할 수 있다. 만약 연동 결과를 확인할 수 없거나, 웹 서비스의 MISP 항목에 MISP 에러가 발생하면 악성코드를 처음부터 다시 분석한다. 쿡쿠 샌드박스에 악성코드 분석을 요청하면 기본 설정으로 /tmp/cuckoo-tmp 디렉터리에 악성코드가 저장되는데, 여기에 악성코드가 없으면 발생하는 문제다. /tmp 디렉터리는 우분투 운영체제가 재부팅하면 삭제되는 임시 보관 디렉터리다.

코드 14-19 MISP 연동 확인을 위한 보고서 재생성

```
hakawati@Cuckoo-Core:~$ cuckoo process -r 2
23/2/2018 -- 16:49:27 - <Notice> - This is Suricata version 4.0.4 RELEASE
23/2/2018 -- 16:49:33 - <Notice> - all 9 packet processing threads, 4 management
threads initialized, engine started.
23/2/2018 -- 16:49:33 - <Notice> - Signal Received.  Stopping engine.
23/2/2018 -- 16:49:33 - <Notice> - Pcap-file module read 302 packets, 41188
bytes
2018-02-23 16:49:33,764 [cuckoo.processing.suricata] WARNING: Unable to find
the files-json.log log file
```

```
Feb 23 16:49:41 main.c:609 main( ): THREAD 0x7f7550cf1780
2018-02-23 16:49:43,130 [cuckoo.apps.apps] INFO: Task #2: reports generation
completed
```

MISP 웹 서비스에서 Home의 List Events에 쿠쿠 샌드박스가 전송한 정보 기록을
볼 수 있다. Published가 체크된 경우 IOC를 살펴볼 수 있으나 그렇지 않은 경우 살
펴볼 수 없다. Published가 체크되려면 악성코드 샘플까지 전송에 성공해야 한다.

그림 14-5 MISP에 기록된 쿠쿠 샌드박스 전송 기록

그림 14-5의 기록에서 id 카테고리에 활성화된 링크를 클릭하면 자세한 정보를 볼
수 있다.

그림 14-6 쿠쿠 샌드박스가 MISP에 전달한 정보

쿠쿠 샌드박스와 MISP 연동에 따른 보고서 생성 흐름은 processing.conf가 먼저 동작하고 reporting.conf가 동작한다. 다시 이야기하자면 MISP에서 데이터를 가지고 와서 쿠쿠의 몽고DB에 저장한 후 쿠쿠 샌드박스의 분석 데이터를 MISP에 전달한다. 즉, 쿠쿠 샌드박스에 MISP 데이터가 없다면, MISP에 해당 악성코드와 관련된 데이터가 없다는 의미다. 만약 그림 14-7과 같이 쿠쿠 웹 서비스의 MISP에 링크가 형성된 이벤트 ID가 있다면, 이 링크를 클릭해 MISP 웹 서비스에 방문할 수 있다.

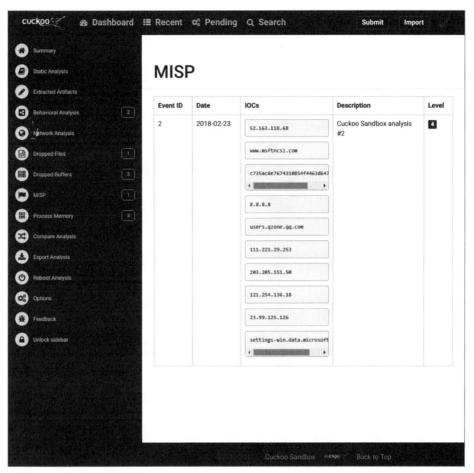

그림 14-7 MISP로부터 받은 정보

수많은 기업과 기관에서 MISP를 구축해 위협 정보를 저장하고 서로 공유할 수 있다. 아주 단편적으로 MISP를 다뤄보고 쿠쿠 샌드박스와 연동했지만, MISP를 운영하는 방법을 공부해서 다른 조직과 연동해 운영한다면 매우 훌륭한 위협 공유 플랫폼이 될 것이다.

Cuckoo Sandbox

야라를 이용한 정적 패턴 제작

악성코드를 식별하고 분류하는데 사용하는 야라라는 도구가 있다. 이 도구를 이용해 패턴을 제작하고 탐지 결과를 출력할 수 있다. 제15장에서는 야라 패턴을 생성하고 적용하는 방법을 설명한다.

야라YARA는 악성코드 분석가가 악성코드를 식별하고 분류할 수 있도록 지원하는 패턴 탐지 도구다. 바이너리나 문자열 형태로 패턴을 제작하며, 정규표현식을 이용해 식별 패턴을 제작할 수 있다. 야라는 바이러스토탈에서 제작했고 구글에서 관리하고 있으며 운영체제 플랫폼에 독립적으로 동작할 수 있도록 소스코드와 컴파일한 도구를 함께 제공한다. 야라는 쿠쿠 샌드박스 설치 시 함께 설치돼 별도로 설치할 필요가 없다.

그림 15-1 야라 로고

제 1절 야라 패턴 제작

탐지하는 패턴을 제작하기에 앞서 쿠쿠에서 야라 패턴을 보관하는 디렉터리 구조를 이해하는 것이 중요하다.

코드 15-1 쿠쿠 샌드박스의 야라 디렉터리

```
hakawati@Cuckoo-Core:~$ ls -al $cwd/yara
total 32
drwxr-sr-x  8 hakawati hakawati 4096  2월  5 15:47 .
drwxr-sr-x 17 hakawati hakawati 4096  2월 21 14:16 ..
drwxr-sr-x  2 hakawati hakawati 4096  2월 26 11:42 binaries
drwxr-sr-x  2 hakawati hakawati 4096  2월  5 15:47 memory
drwxr-sr-x  2 hakawati hakawati 4096  2월 26 11:27 office
drwxr-sr-x  2 hakawati hakawati 4096  2월 13 20:50 scripts
drwxr-sr-x  2 hakawati hakawati 4096  2월 13 20:50 shellcode
drwxr-sr-x  2 hakawati hakawati 4096  2월  5 15:47 urls
```

총 6개의 디렉터리가 있는데 임의의 디렉터리를 생성해서 야라 패턴을 등록하고 관리하려면 쿠쿠 샌드박스의 소스코드를 수정해야 하므로 기존 디렉터리를 이용해 패턴을 생성한다. 야라 패턴은 확장자가 없어도 되지만, 누구든 이 파일을 봤을 때 야라 패턴 파일임을 알 수 있도록 yar 확장자를 사용하며, 쿠쿠 샌드박스는 yar 확장자와 yara 확장자를 인식하도록 구성돼 있다.

야라를 이용한 패턴 제작은 크게 네 가지 영역으로 구분한다.

- 이름Name: 패턴을 구분하기 위해 사용하며 쿠쿠 웹 서비스는 탐지한 야라 패턴의 이름을 출력한다.
- 메타Meta: 메타는 기타 정보를 의미하며 이 패턴에 관한 설명이나 제작자의 이름 등을 기록한다. 탐지에 영향을 미치는 영역은 아니기에 생략해도 괜찮지만 쿠쿠 샌드박스에서는 메타 영역에 기록한 description의 내용을 웹 서비스에서 출력한다.

- **문자**[Strings]: 탐지할 유형을 기록하는 영역으로 단순 문자열, 16진수 바이너리, 정규표현식을 사용한다.
- **조건**[Condition]: 문자 영역에 작성한 패턴을 컴퓨터 논리 연산을 이용해 어떻게 탐지할 것인지 규정하는 영역이다.

간략하게 요약한 내용만 보고 이해하기 어려울 수 있다. 쿡쿠 샌드박스를 설치하면 기본으로 구성된 야라 패턴이 있다. 다음과 같이 패턴 파일 하나를 열어본다.

---

hakawati@Cuckoo-Core:~$　**vim $cwd/yara/binaries/embedded.yar**

코드 15-2의 19행은 이 패턴의 이름을 의미하며, 메타 영역인 23행의 description 과 함께 쿡쿠 웹 서비스에 출력된다. 이 패턴의 제작자는 nex라는 닉네임을 쓰는 사람인 것을 22행에서 알 수 있다. 탐지할 문자로 $a 변수에 PE32, $b 변수에 This program 문자열을 저장했으며, $mz 변수에는 바이너리 값인 4d 5a를 저장했다. 문자열은 쌍따옴표(" ")를 쓰고, 바이너리 값은 중괄호({ })를 사용하는 것을 볼 수 있다. 탐지할 문자 설정이 끝났다면 조건을 설정한다. or, and와 같은 논리 연산 키워드와 부정을 의미하는 not, 위치를 나타내는 키워드 중 ~부터라는 의미를 가진 at 등을 사용하는 것을 볼 수 있다.

코드 15-2 야라 패턴 유형 분석

```
                       ...snip...
19    rule embedded_pe
20    {
21        meta:
22            author = "nex"
23            description = "Contains an embedded PE32 file"
24
25        strings:
26            $a = "PE32"
27            $b = "This program"
```

```
28          $mz = { 4d 5a }
29      condition:
30          ($a or $b) and not ($mz at 0)
31  }
                        ...snip...
```

이러한 내용을 종합해 이해하기 쉬운 문장으로 재구성하면 다음과 같은 의미를 가진다.

PE32 문자열이나 This program이라는 문자열을 가지고 있으며, 바이너리 위치 0번째가 4d 5a 값이 아닌 것을 탐지하라.

다양한 패턴을 만들 수 있는 야라에 대한 상세한 내용은 다음 사이트를 참고한다.

http://yara.readthedocs.io/en/v3.7.1/index.html

embedded.yar의 내용을 참조해 코드 15-3과 같이 윈도우 실행 파일을 탐지하는 패턴을 제작한다.

코드 15-3 야라 패턴 제작

```
hakawati@Cuckoo-Core:~$ vim $cwd/yara/binaries/test.yar
1   rule pe32_file
2   {
3      meta:
4          author = "hakawati"
5          description = "This is PE32 file"
6
7      strings:
8          $a = "PE32"
9          $b = "This program"
```

```
10              $mz = { 4d 5a }
11
12          condition:
13              ($a or $b) and ($mz)
14      }
```

새로운 패턴을 제작했으므로 이를 인식할 수 있도록 쿠쿠 코어를 재시작한다. supervisor를 쓰는 사용자라면 reload 명령으로 재시작할 수 있다.

코드 15-4 패턴 인식을 위한 쿠쿠 코어 재시작

```
hakawati@Cuckoo-Core:~$ supervisorctl reload
Restarted supervisord
```

쿠쿠 코어의 로그 기록을 살펴보면 설정한 야라 디렉터리에 구성한 패턴이 잘 로드 됐는지 확인할 수 있다.

코드 15-5 패턴 등록 확인

```
hakawati@Cuckoo-Core:~$ tail $cwd/log/cuckoo.log
                            ...snip...
2018-02-26 15:34:34,966 [cuckoo.core.startup] DEBUG:      |-- binaries
embedded.yar
2018-02-26 15:34:34,966 [cuckoo.core.startup] DEBUG:      |-- binaries
filetypes.yar
2018-02-26 15:34:34,966 [cuckoo.core.startup] DEBUG:      |-- binaries
shellcodes.yar
2018-02-26 15:34:34,966 [cuckoo.core.startup] DEBUG:      |-- binaries test.yar
2018-02-26 15:34:34,967 [cuckoo.core.startup] DEBUG:      |-- binaries
vmdetect.yar
                            ...snip...
```

보고서를 재생성하면 야라 패턴 탐지를 진행한다.

코드 15-6 야라 탐지 확인을 위한 보고서 재생성

```
hakawati@Cuckoo-Core:~$ cuckoo process -r 2
2018-03-28 12:18:44,385 [cuckoo.apps.apps] INFO: Task #2: reports generation
completed
```

야라에 의해 탐지된 결과는 웹 서비스의 요약 부분에서 패턴 [이름 - description] 형태로 확인할 수 있다.

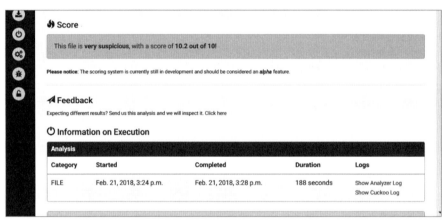

그림 15-2 야라 탐지 결과

야라는 탐지와 관련해 정보보안의 다양한 분야에서 많이 사용하는 도구다. 이 책에서는 쿠쿠 샌드박스에서 사용하는 야라를 집중적으로 다뤘지만 별개로 공부하면 도움될 중요한 도구다.

Cuckoo Sandbox

파이썬 프로그래밍을 이용한 쿠쿠 샌드박스의 동적 패턴 제작

쿠쿠 샌드박스는 악성코드를 실행하고 동적 분석 데이터를 추출한다. 추출된 데이터를 기반으로 시그니처를 생성해 탐지할 수 있는 기능을 쿠쿠 샌드박스에서 제공한다. 제16장에서는 파이썬 프로그래밍을 이용한 쿠쿠 샌드박스의 동적 패턴 제작에서 쿠쿠 샌드박스만의 고유한 시그니처를 제작하는 방법을 다룬다.

쿠쿠는 야라와 다른 유형의 패턴 탐지 시그니처를 제공한다. 야라는 바이너리에서 패턴을 탐지하는 도구로 사용됐다면, 쿠쿠 시그니처는 악성코드를 분석하고 수집한 정보인 행위를 기반으로 탐지하는데 사용한다. 시그니처 작성은 파이썬 언어를 사용하기에 파이썬 문법을 알고 있어야 사용 가능하다. 공식 문서에서 언급하는 시그니처 사용의 장점은 다음과 같다.

- 고유한 동작(파일 이름, 뮤텍스 등)을 분리해 흥미로운 악성코드 군을 식별한다.
- 장치 드라이버를 설치하는 것과 같이 악성코드가 시스템에서 수행하는 흥미로운 행위를 발견한다.
- 뱅킹형 악성코드, 랜섬웨어 악성코드와 같이 특정 악성코드 카테고리를 식별한다.

- 의심스러운 샘플을 정상과 비정상으로 구분할 수 있는 지표가 될 수 있다.

시그니처들은 모두 커뮤니티를 통해 배포된다. 쿡쿠 커뮤니티 깃허브에서 시그니처를 확인할 수 있는 주소는 다음과 같다.

---

https://github.com/cuckoosandbox/community/tree/master/modules/signatures

---

쿡쿠 커뮤니티에서 다운로드한 시그니처는 $cwd/signature 디렉터리에 기록되며, 디렉터리 구조는 플랫폼에 따라 구분하도록 구성돼 있다.

코드 16-1 쿡쿠 시그니처 디렉터리 구조

```
hakawati@Cuckoo-Core:~$ ls -al $cwd/signatures
total 60
drwxr-sr-x  9 hakawati hakawati  4096  2월 13 20:50 .
drwxr-sr-x 17 hakawati hakawati  4096  2월 21 14:16 ..
drwxr-sr-x  2 hakawati hakawati  4096  2월 13 20:50 android
-rw-rw-r--  1 hakawati hakawati   863  2월 13 20:50 compat.py
drwxr-sr-x  2 hakawati hakawati  4096  2월 13 20:50 cross
drwxr-sr-x  2 hakawati hakawati  4096  2월 13 20:50 darwin
drwxr-sr-x  2 hakawati hakawati  4096  2월 13 20:50 extractor
-rw-r--r--  1 hakawati hakawati   237  2월  5 15:46 __init__.py
drwxr-sr-x  2 hakawati hakawati  4096  2월  5 15:47 linux
drwxr-sr-x  2 hakawati hakawati  4096  2월 13 20:50 network
drwxr-sr-x  2 hakawati hakawati 20480  2월 13 20:50 windows
```

쿡쿠 시그니처는 세 가지 형태로 구성된다.

- 종속Dependencies 영역
- 골격Skeleton 영역
- 속성Attribute 영역

코드 16-2는 공식 문서에서 언급한 시그니처 예제다. 1행은 종속 영역을 나타낸다.

cuckoo.common.abstracts의 모듈을 가져와 Signature로 바꿔 사용하도록 설정된 부분으로 시그니처를 제작할 때 cuckoo.common.abstracts 모듈에 종속돼 사용해야만 하도록 구성해야 한다.

코드 16-2 기존 쿠쿠 시그니처 샘플

```
1    from cuckoo.common.abstracts import Signature
```

다음은 골격 영역이다. 골격 영역은 클래스 다음에 전역 변수 형태로 사용되는 부분으로 야라의 메타 영역과 유사하다.

```
3    class CreatesExe(Signature):
4        name = "creates_exe"
5        description = "Creates a Windows executable on the filesystem"
6        severity = 2
7        categories = ["generic"]
8        authors = ["Cuckoo Developers"]
9        minimum = "2.0"
```

골격에 사용될 수 있는 전역 변수 이름은 표 16-1과 같다.

표 16-1 시그니처 골격에 사용되는 전역 변수 항목

	이름	설명
1	name	시그니처를 식별하는 이름이다.
2	description	시그니처가 수행하는 탐지 행위의 간략한 설명을 의미한다.
3	severity	이 시그니처에 일치하는 이벤트가 발견될 경우, 심각도를 나타낸다. 심각도의 권장 범위는 1부터 3까지 사용할 수 있도록 권장하지만, 의무사항은 아니다. 이 점수를 기반으로 10점 만점인 악성 지표를 생성하며, 3 이상 값을 가진 시그니처가 있다면 10점이 넘을 수 있다. 기본 값은 1을 사용한다.
4	order	시그니처의 우선순위를 의미한다. 기본 값은 1로 설정되며, 시그니처 제작에서 거의 사용하지 않는다.

	이름	설명
5	categories	이 시그니처에 일치하는 이벤트가 발견될 경우, 악성코드 유형을 나타낸다(예, 랜섬웨어). 여러 유형을 사용할 수 있기에 배열 형태로 사용한다.
6	families	이 시그니처에 일치하는 이벤트가 발견될 경우, 특정 악성코드군을 나타내는데 사용한다. 악성코드군은 중복될 수 있기에 배열 형태로 사용한다.
7	authors	이 시그니처를 제작한 사용자의 정보를 기록한다. 제작자는 여러 명이 될 수 있기에 배열 형태로 사용한다.
8	references	이 시그니처에 일치하는 이벤트가 발견될 경우, 참조할 주소(URL)를 기록한다. 여러 주소를 참조할 수 있기에 배열 형태로 사용한다.
9	platform	운영체제 유형을 나타낸다. 사용하지 않으면 none으로 설정되며, 시그니처 제작에서 거의 사용하지 않는다.
10	enable	제작한 시그니처의 탐지 활성화 여부를 설정한다. 기본으로 True로 설정돼 사용되며, False로 설정하면 서명을 사용하지 않는다.
11	alert	특정 작업에 따라 보고할 수 있도록 만들어진 전역변수이나 구현되지 않았다.
12	minimum	이 시그니처를 사용할 쿠쿠 샌드박스의 최소 버전을 기록한다.
13	maximum	이 시그니처를 사용할 쿠쿠 샌드박스의 최대 버전을 기록한다.

마지막으로 속성 영역으로 함수 형태로 사용한다. 어떤 속성에서 어떤 탐지를 할 것인지 목적을 담아 구체적으로 패턴을 작성한다. 작성한 패턴과 조건에 맞게 탐지되면 True를 반환하고, 그렇지 않으면 False를 반환한다. 속성 영역은 항상 on_complete() 함수를 사용한다.

```
11      def on_complete(self):
12          return self.check_file(pattern=".*\\.exe$", regex=True)
```

시그니처가 탐지하는데 사용되는 로그 파일 리스트는 표 16-2와 같다. 이 파일은 모두 분석한 후 저장되는 $cwd/storage/analyses/[태스트 ID] 디렉터리에 있다.

표 16-2 시그니처가 탐지하는 항목

	이름	설명
1	analysis.log	샌드박스에서 agent.py가 동작하며 기록한 로그 기록이다.

2	cuckoo.log	쿡쿠 샌드박스가 동작하며 기록한 로그 기록이다.
3	binary	$cwd/storage/binaries에 기록된 악성코드 원본을 가리키는 심볼릭 링크다.
4	files	새로 생성된 프로세스나 수집한 파일을 ZIP 파일로 압축해 보관한 디렉터리다.
5	files.json	files 디렉터리의 파일과 프로세스 메모리 파일 그리고 스크린샷 파일의 로그를 json 구조체로 기록한 파일이다.
6	extracted	스크립트형 파일이 실행됐을 때 실행된 스크립트 파일의 실행 위치를 기록한 파일이 저장되는 디렉터리다.
7	package_files	압축 파일, OLE 구조를 가진 문서 파일, 이메일 등 패키지 형태의 파일 분석 시 해당 파일을 수집해 보관하는 디렉터리다.
8	buffer	악성코드 실행 시 추가로 실행한 프로세스나 생성된 파일을 수집해 보관한 디렉터리다.
9	logs	악성코드 프로세스의 행위 기록이 bson 파일로 저장된 디렉터리다.
10	shots	샌드박스에 설치한 pillow 파이썬 라이브러리가 수집한 스크린샷 이미지 파일이 저장된 디렉터리다.
11	dump.pcap	네트워크 패킷을 수집한 파일이다.
12	memory	프로세스가 사용한 메모리 정보를 수집해 보관한 디렉터리다.
13	memory.dmp	물리 메모리 수집을 활성화한 경우 생성되는 메모리 덤프 파일이다.
14	mitm.log	HTTPS 통신을 분석하기 위해 사용하는 MiTMProxy 도구에 의해 생성되는 로그 파일이다.
15	mitm.err	HTTPS 통신을 분석하기 위해 사용하는 MiTMProxy 도구에 의해 생성되는 에러 기록 로그 파일이다.
16	tlsmaster.txt	HTTPS를 해독하기 위해 공개키를 수집하는데, 이 공개키 정보가 기록되는 파일이다.
17	suricata	수리카타 도구에 의해 생성되는 로그 파일이 저장되는 디렉터리다.
18	network	HTTP 통신에서 Body 값을 파일로 저장한 디렉터리다.
19	task.json	악성코드 분석을 위해 사용한 샌드박스의 정보를 기록한 json 파일이다.

구체적으로 시그니처를 제작하고 싶다면 먼저 파이썬 프로그래밍을 공부한 후 다음 파일에 기록된 함수를 이용한다. abstracts.py는 앞서 종속 영역인 cuckoo.common.abstracts가 가리키는 곳이기도 하다.

```
/usr/local/lib/python2.7/dist-packages/cuckoo/common/abstracts.py
```

추가적으로 시그니처 생성에 대한 간략한 정보는 다음 사이트를 참고한다.

https://cuckoo.sh/docs/customization/signatures.html

쿠쿠 시그니처를 제작하고 커뮤니티를 통해 배포한다면 쿠쿠 샌드박스를 사용하는 분석가들과 정보를 공유한다고 볼 수 있다. 뿐만 아니라 자체적으로 시그니처를 기반으로 공통 행위를 추적하고 악성코드 유형을 분류할 수도 있어 매우 유용하다. 하지만 파이썬 언어에 대한 이해가 먼저 선행돼야 하고, 어떤 행위를 탐지할 것인지에 대한 경험이나 정보력이 뒷받침되지 않는다면 시그니처를 만들긴 매우 어려울 것이다.

다행인 것은 야라의 최신 버전인 3.7.1에서 쿠쿠 모듈이 도입됐으며, 도입된 모듈은 방금 다룬 쿠쿠 시그니처를 야라 룰로 대체할 수 있다. 관련 정보는 다음 주소에서 확인한다.

https://yara.readthedocs.io/en/v3.7.1/modules/cuckoo.html

아직 쿠쿠 샌드박스는 야라 3.7.1 버전을 지원하고 있지 않으므로 사용할 수 없지만 곧 도입된다면 패턴과 시그니처에 관련해서는 야라만 이해하면 될 것 같다.

Cuckoo Sandbox

네트워크 라우팅 구축

쿠쿠 샌드박스는 분석가의 위치를 숨길 수 있도록 은닉 네트워크를 제공한다. 제17장에서는 네트워크 위치를 숨길 수 있는 은닉 네트워크 관련 기능을 추가하는 방법을 설명한다.

웹을 이용한 악성코드 감염이나 악성코드는 C&C 서버와 통신을 하는데 있어 부수적인 조건이 존재할 수 있어 일부 악성코드의 경우 별도의 네트워크 방식을 이용해 악성코드를 분석할 필요가 있다. 이러한 상황을 해소하고자 쿠쿠 샌드박스는 다양한 네트워크 라우팅을 지원한다. 표 17-1은 쿠쿠 샌드박스에서 사용할 수 있는 라우팅 방법이다. 참고로 iptables를 통해 vboxnet0 인터페이스를 ens33 인터페이스로 포워딩되도록 설정해 인터넷이 되도록 구성한 것은 Simple Global Routing이라 부른다.

표 17-1 쿠쿠 샌드박스의 라우팅 종류

	라우팅 종류	설명
1	None Routing	샌드박스에 어떤 라우팅도 설정하지 않는 것을 None Routing이라 부르며 이 라우팅을 선택하면 Simple Global Routing을 사용한다.
2	Drop Routing	샌드박스의 네트워크 트래픽이 외부로 나가는 것을 차단한다.

3	Internet Routing	샌드박스가 인터넷을 사용할 수 있도록 설정하는 라우팅이다. 이 설정을 기본 값으로 사용하면 Simple Global Routing은 필요 없다. 악성코드가 인터넷 통신을 하며 악의적인 행위를 하기에 쿠쿠 샌드박스에서는 더티 라인Dirty Line이라 부른다.
4	InetSim Routing	InetSim은 악성코드가 주로 요구하는 네트워크 환경을 시뮬레이션할 수 있도록 제작된 도구다. 일부 악성코드는 InetSim으로 구성한 가짜 C&C에 속아 동작하게 할 수 있다.
5	Tor Routing	모든 샌드박스의 통신을 토르Tor 네트워크를 이용하도록 구성한다. 토르 네트워크는 은닉 활동을 하는데 적합한 네트워크이며 인터넷의 무법지대인 딥웹DeepWeb에 방문할 때 자주 사용된다.
6	VPN Routing	가상 사설망으로 설명되는 VPN은 호스트와 호스트 사이를 연결하는 터미널로 사전에 여러 개 정의한 VPN 중 하나를 선택해 샌드박스가 통신하도록 구성한다.

라우팅을 구성할 땐 rooter 옵션을 사용한다. rooter에 관한 설명은 **제7장, '제 12절 네트워크 라우팅을 위한 rooter'**를 참고한다.

제 1절 기본 라우팅

기본 라우팅은 다음 세 가지를 의미한다. 이는 추가적인 도구 설치없이 iptables를 이용해 구현하는 형태를 가진다.

- None Routing
- Drop Routing
- Internet Routing

라우팅은 routing.conf의 [routing] 섹션에서 설정한다. [routing] 섹션의 내용을 살펴보면 다음과 같이 다섯 가지 옵션을 설정할 수 있다.

- **route**: 어떤 라우팅을 기본 값으로 가질 것인가를 결정짓는 옵션이다. None 으로 설정하면 기본 값을 가지지 않겠다는 의미를 가지며 다른 라우팅 방법을 설정하면 해당 라우팅이 기본 라우팅으로 설정된다. 사용할 수 있는 값으

로는 none, drop, internet, inetsim 그리고 tor가 있다.

- internet: 외부와 통신하기 위해서 어떤 네트워크 인터페이스를 사용할 것인지를 묻는 옵션이다. 만약 버추얼박스 호스트 전용 네트워크만 구성해 인터넷이 되지 않는 상황에서 이 기능을 이용하면 인터넷 통신을 할 수 있다. 필자가 구축한 우분투 16.04의 네트워크 인터페이스는 ens33이며, 각자의 환경에서 ifconfig 명령으로 인터페이스를 확인한 후 설정하는 것이 좋다.

- rt_table: internet 옵션과 함께 사용한다. rt_table에 설정한 인터페이스의 트래픽을 routing.conf 설정 파일의 internet 옵션에 기록한 인터페이스로 라우팅한다는 의미를 가진다.

rt_table을 설정하려면 /etc/iproute2/rt_tables의 파일을 수정한다. 고유 식별 번호와 internet 라우팅을 사용할 네트워크 인터페이스를 기록한다.

코드 17-1 rt_table 설정

```
hakawati@Cuckoo-Core:~$ sudo vim /etc/iproute2/rt_tables
1    #
2    # reserved values
3    #
4    255      local
5    254      main
6    253      default
7    0        unspec
8    #
9    # local
10   #
11   #1       inr.ruhep
12
13   200      vboxnet0
```

우리는 Simple Global Routing 즉, iptables 설정을 이용해 vboxnet0 네트워크 인터페이스 트래픽을 ens33 네트워크 인터페이스를 통해 외부와 통신되도록 설정했었다. 이 설정을 코드 17-2와 같이 초기화한다.

코드 17-2 iptables 정책 초기화

```
hakawati@Cuckoo-Core:~$ sudo iptables -F

hakawati@Cuckoo-Core:~$ sudo netfilter-persistent save
run-parts: executing /usr/share/netfilter-persistent/plugins.d/15-ip4tables
save
run-parts: executing /usr/share/netfilter-persistent/plugins.d/25-ip6tables save
```

routing.conf 파일을 설정한다. drop의 경우 샌드박스 네트워크가 외부로 빠져나가는 것을 차단하며, 해당 기능의 사용 유무는 분석 요청 시 결정되기에 yes로 활성화한다.

코드 17-3 routing.conf 설정 파일의 [routing] 섹션 내용

```
hakawati@Cuckoo-Core:~$ vim $cwd/conf/routing.conf
1      [routing]
13     route = internet
19     internet = ens33
26     rt_table = vboxnet0
36     auto_rt = auto
44     drop = yes
```

설정이 완료됐다면, 설정한 라우팅을 쿡쿠 샌드박스가 사용할 수 있도록 rooter를 실행한다. 임시적으로 루트 권한을 할당받기 때문에 우분투 운영체제에 로그인한 계정의 비밀번호를 요구하며, 쿡쿠 코어 실행 전에 실행돼야 하기에 코드 17-4와 같이 실행한다.

코드 17-4 쿡쿠 샌드박스 rooter 실행

```
hakawati@Cuckoo-Core:~$ supervisorctl stop all
```

```
cuckoo:cuckoo-daemon: stopped
cuckoo:cuckoo-process_0: stopped
cuckoo:cuckoo-process_3: stopped
cuckoo:cuckoo-process_2: stopped
cuckoo:cuckoo-process_1: stopped
```

```
hakawati@Cuckoo-Core:~$ cuckoo -d rooter --sudo -g $USER
```

```
hakawati@Cuckoo-Core:~$ supervisorctl reload
Restarted supervisord
```

쿠쿠 코어가 재실행되면 rooter를 실행한 터미널에는 코드 17-5와 같은 로그가 출력되는 것을 볼 수 있다.

코드 17-5 쿠쿠 샌드박스 rooter 실행

```
hakawati@Cuckoo-Core:~$ cuckoo -d rooter --sudo -g $USER
2018-03-02 11:34:15,521 [cuckoo.apps.rooter] DEBUG: Processing command: forward_
drop
2018-03-02 11:34:15,529 [cuckoo.apps.rooter] DEBUG: Processing command: state_
disable
2018-03-02 11:34:15,546 [cuckoo.apps.rooter] DEBUG: Processing command: state_
enable
2018-03-02 11:34:15,554 [cuckoo.apps.rooter] DEBUG: Processing command: nic_
available ens33
2018-03-02 11:34:15,564 [cuckoo.apps.rooter] DEBUG: Processing command: rt_
available ens33
2018-03-02 11:34:15,572 [cuckoo.apps.rooter] DEBUG: Processing command: disable_
nat ens33
2018-03-02 11:34:15,589 [cuckoo.apps.rooter] DEBUG: Processing command: enable_
nat ens33
2018-03-02 11:34:15,601 [cuckoo.apps.rooter] DEBUG: Processing command: flush_
rttable ens33
2018-03-02 11:34:15,613 [cuckoo.apps.rooter] DEBUG: Processing command: init_
rttable ens33 ens33
2018-03-02 11:34:16,451 [cuckoo.apps.rooter] DEBUG: Processing command: forward_
```

```
disable vboxnet0 ens33 192.168.56.10
```

쿠쿠 웹 서비스에 라우터 기능을 반영하기 위해 uWSGI를 재시작한다.

코드 17-6 uWSGI 서비스 재시작

```
hakawati@Cuckoo-Core:~$ sudo systemctl restart uwsgi.service
```

쿠쿠 웹 서비스에서 악성코드 분석을 요청하면 우측 제어창에 네트워크 라우팅이 활성화된 것을 볼 수 있다. 우리가 설정한 것은 일반 라우팅인 NONE, 인터넷 통신을 차단하는 DROP, 인터넷 통신이 가능한 INTERNET이 활성화된 것을 볼 수 있으며, 직접 설정하지 않았음에도 기본 설정이 INTERNET으로 설정된 것도 볼 수 있다.

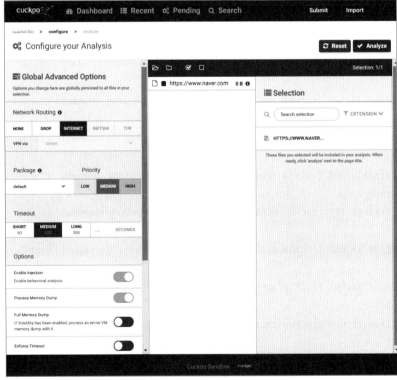

그림 17-1 네트워크 라우팅 기능 활성화

제 2절 inetsim 설치 및 쿠쿠 샌드박스 연동

인터넷이 발전함에 따라 대부분의 악성코드는 C&C와의 통신이 매우 중요한 요소로 자리잡았다. C&C 서버와 통신하는 내용을 분석해 웹 서버를 구축하고, 구축한 서버와 악성코드가 통신하도록 프록시를 운영할 수 있지만, 이는 많은 시간을 소비하게 된다. 이러한 애로사항을 해결하기 위해 C&C 서버가 운영중인 것처럼 악성코드를 속이는 시뮬레이션 서버를 쉽게 구축하는 기술이 있다. 쿠쿠 샌드박스에서 사용하는 inetsim이란 도구도 있지만, 분석가가 직접 악성코드를 분석하기 위해 사용하는 샌드박스에 윈도우 응용프로그램 형태로 설치해 사용할 수 있는 FakeNet-NG 도구도 추천한다.

---

https://www.fireeye.com/blog/threat-research/2016/08/fakenet-ng_next_gen.html

---

inetsim 설치 및 설정

inetsim 설치는 코드 17-7과 같이 저장소를 등록하고 apt 명령을 이용해 간단하게 설치할 수 있다. 먼저 inetsim을 배포하는 저장소를 등록하고 키를 추가하고 저장소 업데이트를 진행한다.

코드 17-7 inetsim 저장소 등록 및 업데이트

```
hakawati@Cuckoo-Core:~$ echo "deb http://www.inetsim.org/debian/ binary/" |
                        sudo tee -a /etc/apt/sources.list.d/inetsim.list
deb http://www.inetsim.org/debian/ binary/
```

```
hakawati@Cuckoo-Core:~$ wget -O - http://www.inetsim.org/inetsim-archive-
                        signing-key.asc | sudo apt-key add -
--2018-03-02 14:57:05--  http://www.inetsim.org/inetsim-archive-signing-key.asc
Resolving www.inetsim.org (www.inetsim.org)... 85.214.152.164
Connecting to www.inetsim.org (www.inetsim.org)|85.214.152.164|:80... connected.
```

```
HTTP request sent, awaiting response... 200 OK
Length: 3458 (3.4K) [text/plain]
Saving to: 'STDOUT'

-                           100%[=====================================
====>]   3.38K  --.-KB/s    in 0.001s

2018-03-02 14:57:06 (4.20 MB/s) - written to stdout [3458/3458]
OK
```

```
hakawati@Cuckoo-Core:~$ sudo apt update
                          ...snip...
Get:3 http://www.inetsim.org/debian binary/ InRelease [2,228 B]
Get:4 http://www.inetsim.org/debian binary/ Packages [822 B]
                          ...snip...
```

코드 17-8과 같이 inetsim을 설치한다. 집필하는 기준으로 설치되는 inetsim의 버전은 1.2.7-1이다.

코드 17-8 inetsim 설치

```
hakawati@Cuckoo-Core:~$ sudo apt install -y inetsim
                          ...snip...
Setting up inetsim (1.2.7-1) ...
 Creating default SSL key and certificate... done.
Not starting INetSim. Edit /etc/default/inetsim to enable.
Processing triggers for systemd (229-4ubuntu19) ...
Processing triggers for ureadahead (0.100.0-19) ...
```

inetsim이 systemctl 서비스로 운영 관리를 할 수 있도록 설정을 변경한다. inetsim 운영 설정 파일인 /etc/default/inetsim의 9행 ENABLED 옵션을 1로 설정하면 systemctl 명령으로 inetsim 서비스를 관리할 수 있다.

코드 17-9 inetsim 운영 설정 변경

```
hakawati@Cuckoo-Core:~$ sudo vim /etc/default/inetsim
                              ...snip...
5    # Options to pass to inetsim.
6    DAEMON_ARGS=""
7
8    # Whether or not to run the internet simulation suite; set to 0 to disable.
9    ENABLED=1
10
11   # Wether or not to run the automatic configuration script; set to 0 to
     disable.
12   AUTO_CONF=0
```

아주 간단한 형태의 inetsim 설정을 진행한다. inetsim은 여러 유형의 서버를 다양
한 형태로 설정할 수 있는데, 이 설정을 /etc/inetsim/inetsim.conf 파일에서 진행한
다. 70행에 설정하는 service_bind_address 옵션은 inetsim에 의해 동작하는 웹 서
비스, DNS 서비스, FTP 서비스, SMTP 서비스 등 약 18개의 네트워크 서비스에 할
당하는 IP다.

코드 17-10 inetsim 바인드 IP 설정

```
hakawati@Cuckoo-Core:~$ sudo vim /etc/inetsim/inetsim.conf
                              ...snip...
60   #####################################
61   # service_bind_address
62   #
63   # IP address to bind services to
64   #
65   # Syntax: service_bind_address <IP address>
66   #
67   # Default: 127.0.0.1
68   #
69   #service_bind_address    10.10.10.1
70   service_bind_address    192.168.56.1
```

...snip...

208행에 설정하는 dns_default_ip는 DNS 서버 주소를 설정하는 부분으로 악성코드
가 IP가 아닌 도메인으로 C&C 서버와 통신한다면 어떤 도메인이든 이 옵션에 설정
된 IP와 통신을 하게 된다. 만약 특정 도메인에 매핑되는 특정 IP를 할당하고 싶다면
234행에서 설명하는 내용을 참고해 구성한다.

코드 17-11 DNS 서비스 IP 설정

```
                           ...snip...
198    ######################################
199    # dns_default_ip
200    #
201    # Default IP address to return with DNS replies
202    #
203    # Syntax: dns_default_ip <IP address>
204    #
205    # Default: 127.0.0.1
206    #
207    #dns_default_ip          10.10.10.1
208    dns_default_ip   192.168.56.1
                           ...snip...
```

다양한 서버를 구축하고 구성하는 것은 어떤 악성코드를 만나는가에 따라 달라지기
에 이 책에서는 inetsim의 모든 기능을 언급하지 않는다. 한 가지 알아두면 좋은 기
능은 악성코드가 특정 파일을 요청할 때 해당 파일이 존재하는 것처럼 가짜 파일을
제공해주는 기능이다. inetsim이 가짜 파일을 저장하고 관리하는 디렉터리는 /var/
lib/inetsim/http/fakefiles다. 대략적인 설정이 끝났으니 inetsim 서비스를 실행하
며, 부팅 시 자동실행은 설치단계에서 설정됐기에 별도로 설정하지 않는다.

코드 17-12 inetsim 서비스 실행 및 자동실행 등록

```
hakawati@Cuckoo-Core:~$ sudo systemctl start inetsim
```

inetsim 서비스가 실행되면 다양한 서버가 실행되는 것을 확인할 수 있다.

코드 17-13 inetsim이 사용하는 네트워크 서비스 확인

```
hakawati@Cuckoo-Core:~$ sudo netstat -lntp | grep inetsim
tcp        0      0 127.0.0.1:19            0.0.0.0:*               LISTEN
9637/inetsim_charge
tcp        0      0 127.0.0.1:21            0.0.0.0:*               LISTEN
9619/inetsim_ftp_21
tcp        0      0 127.0.0.1:53            0.0.0.0:*               LISTEN
9612/inetsim_dns_53
tcp        0      0 127.0.0.1:25            0.0.0.0:*               LISTEN
9615/inetsim_smtp_2
tcp        0      0 127.0.0.1:443           0.0.0.0:*               LISTEN
9614/inetsim_https_
tcp        0      0 127.0.0.1:990           0.0.0.0:*               LISTEN
9620/inetsim_ftps_9
tcp        0      0 127.0.0.1:1             0.0.0.0:*               LISTEN
9639/inetsim_dummy_
tcp        0      0 127.0.0.1:995           0.0.0.0:*               LISTEN
9618/inetsim_pop3s_
tcp        0      0 127.0.0.1:37            0.0.0.0:*               LISTEN
9627/inetsim_time_3
tcp        0      0 127.0.0.1:7             0.0.0.0:*               LISTEN
9631/inetsim_echo_7
tcp        0      0 127.0.0.1:9             0.0.0.0:*               LISTEN
9633/inetsim_discar
tcp        0      0 127.0.0.1:6667          0.0.0.0:*               LISTEN
9622/inetsim_irc_66
tcp        0      0 127.0.0.1:13            0.0.0.0:*               LISTEN
9629/inetsim_daytim
tcp        0      0 127.0.0.1:110           0.0.0.0:*               LISTEN
```

```
9617/inetsim_pop3_1
tcp        0      0 127.0.0.1:79          0.0.0.0:*              LISTEN
9624/inetsim_finger
tcp        0      0 127.0.0.1:17          0.0.0.0:*              LISTEN
9635/inetsim_quotd_
tcp        0      0 127.0.0.1:113         0.0.0.0:*              LISTEN
9625/inetsim_ident_
tcp        0      0 127.0.0.1:465         0.0.0.0:*              LISTEN
9616/inetsim_smtps_
```

inetsim과 쿠쿠 샌드박스 연동

routing.conf에서 inetsim을 사용하도록 활성화한다.

코드 17-14 inetsim과 쿠쿠 샌드박스 연동 설정

```
hakawati@Cuckoo-Core:~$ vim $cwd/conf/routing.conf
46   [inetsim]
47   # Route a VM to your local InetSim setup (could in theory also be any
     other
48   # type of web service / etc).
49   enabled = yes
50   server = 192.168.56.1
```

rooter는 이미 실행됐다면 재시작하지 않아도 된다. 쿠쿠 코어와 웹 서비스를 재시작한다.

```
hakawati@Cuckoo-Core:~$ supervisorctl reload
Restarted supervisord
hakawati@Cuckoo-Core:~$ sudo systemctl restart uwsgi.service
```

기존의 분석에 이용했던 518.exe 악성코드를 보고서 재생성이 아닌 다시 분석을 요청한다. 분석 요청할 때 네트워크 라우팅을 INETSIM으로 설정한다.

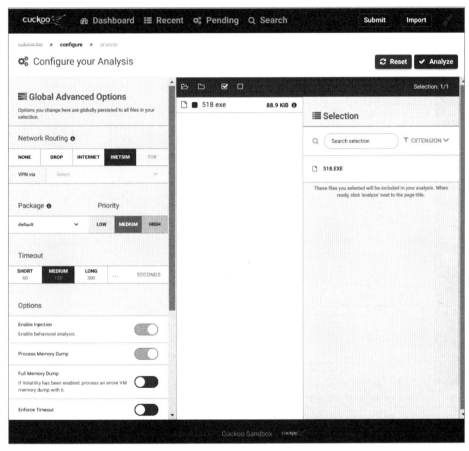

그림 17-2 INETSIM으로 네트워크 라우팅 설정

그림 17-3과 같이 inetsim을 사용하지 않고 518.exe를 분석했을 땐, www.kmsuuy. com 도메인은 비활성화된 도메인이므로 추가 정보가 출력되지 않았다.

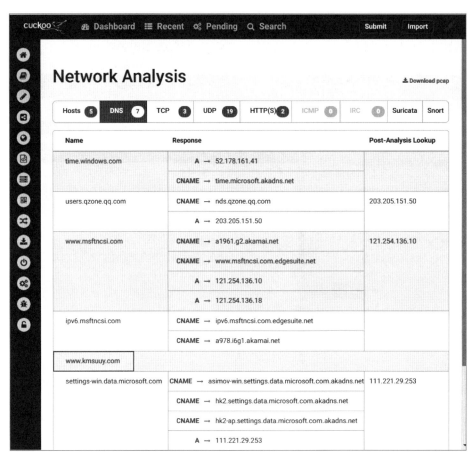

그림 17-3 inetsim 비활성화 때 DNS 분석 정보

inetsim 기능을 사용할 경우 도메인은 IP를 할당 받아 C&C가 온라인이 된 것처럼 악성코드를 속이는 것을 볼 수 있다.

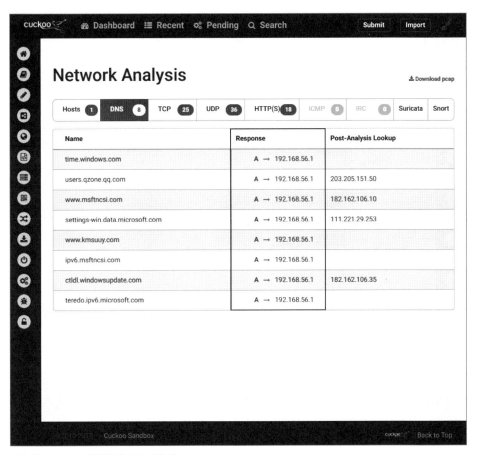

그림 17-4 inetsim 활성화 때 DNS 분석 정보

그림 17-5와 같이 HTTP 통신 분석 정보에서 www.kmsuuy.com의 통신 내용을 살펴보면 inetsim을 활성화하지 않았을 때 볼 수 없는 ver, mac 파라미터가 사용되는 것을 알 수 있다.

그림 17-5 HTTP 분석 정보

C&C 서버가 온라인이기만 해도 활동을 시작하는 악성코드가 있다면, inetsim에 의해 좀 더 다양한 악성코드 행위 정보를 만나볼 수 있다.

제 3절 토르 설치 및 쿠쿠 샌드박스 연동

토르^{Tor}는 익명성을 보장하는 네트워크 기술이다. 토르는 미 국방부에서 1997년 개발한 어니언 라우팅$^{Onion Routing}$이라는 기술을 발전시켜 2002년에 완성했다. 2004년 세계적인 심포지엄인 USENIX에서 발표와 동시에 오픈소스로 공개했고 현재 토르 프로젝트라는 비영리 재단을 설립하고 전자 프론티어 재단^{EFF - Electronic Frontier Foundation}에서 지속적으로 지원한다.

그림 17-6 토르 로고

이 네트워크의 가장 큰 특징은 익명성을 너무 강하게 보장하므로 토르 네트워크를 이용해야 접속할 수 있는 웹 사이트들이 만들어지기 시작했다. 마약과 같은 불법적인 물건을 판매하는 실크로드^{silkroad} 마켓은 토르를 이용해야 접근이 가능했다. 이를 계기로 점차 사회적으로 위법한 물건과 정보가 토르 네트워크에서 거래되고, 오늘날 딥웹^{Deep Web} 또는 다크 웹^{Dark Web}이라는 생태계가 만들어졌다. 또 다른 예로, 랜섬웨어 악성코드에 감염돼 공격자로부터 금전적인 무언가를 협박당할 때, 공격자는 토르 네트워크를 이용해 결제하도록 요구한다. 이렇게 복잡하게 협박하는 이유는 토르의 익명성을 이용해 수사 기관으로부터 추적을 피하기 위함이다.

토르 네트워크에 사용되는 컴퓨터를 노드^{Node}(또는 엔트리 노드^{Entry Node})라고 부른다. 토르 네트워크 사용자가 방문하고 싶은 웹 서비스를 요청하면 경유 노드를 거쳐 출구 노드^{Exit Node}에 도달한다. 출구 노드에서는 전달받은 패킷을 최종 해제하고 웹 사이트에 방문한다. 몇 개의 경유 노드를 사용하는지, 어떤 출구 노드를 사용하는지는 처음 토르 서비스가 시작될 때 결정된다. 익명성을 강하게 보장하는 이유는 하나의 노드를 지날 때마다 암호화된 패킷이 하나씩 복호화하기에 출구 노드에 도착하기 전 엔트리 노드에서는 패킷 내용을 살펴볼 수 없기 때문이다.

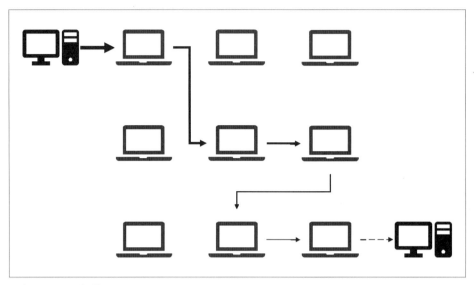

그림 17-7 토르 네트워크

토르 네트워크의 단점은 노드를 통과할 때마다 암호를 해제하기에 속도가 느리며, 최종 출구 노드의 지리적 위치에 따른 특성과 출구 노드가 서비스 받는 인터넷 속도에 영향을 받는다. 또한 출구 노드에서는 모든 토르 패킷의 암호화가 해제된 상태이므로 출구 노드 운영자는 자신의 노드를 이용하는 사용자의 행위를 도청, 감시할 수 있다.

토르 설치

토르 설치는 코드 17-15와 같이 저장소를 등록하고 apt 명령을 이용해 간단하게 설치할 수 있다. 토르를 배포하는 저장소를 등록하고 키를 추가한 후 저장소 업데이트를 진행한다.

코드 17-15 토르 저장소 등록 및 업데이트

```
hakawati@Cuckoo-Core:~$ echo "deb http://deb.torproject.org/torproject.org
                         xenial main" | sudo tee -a /etc/apt/sources.list.d/tor_
```

```
                        network.list
deb http://deb.torproject.org/torproject.org xenial main
```

```
hakawati@Cuckoo-Core:~$ gpg --keyserver keys.gnupg.net --recv A3C4F0F979CAA22CD
                        BA8F512EE8CBC9E886DDD89
gpg: keyring `/home/hakawati/.gnupg/secring.gpg' created
gpg: keyring `/home/hakawati/.gnupg/pubring.gpg' created
gpg: requesting key 886DDD89 from hkp server keys.gnupg.net
gpg: /home/hakawati/.gnupg/trustdb.gpg: trustdb created
gpg: key 886DDD89: public key "deb.torproject.org archive signing key" imported
gpg: no ultimately trusted keys found
gpg: Total number processed: 1
gpg:               imported: 1  (RSA: 1)
```

```
hakawati@Cuckoo-Core:~$ gpg --export A3C4F0F979CAA22CDBA8F512EE8CBC9E886DDD89 |
                        sudo apt-key add -
OK
```

```
hakawati@Cuckoo-Core:~$ sudo apt update
                        ...snip...
Get:4 http://deb.torproject.org/torproject.org xenial InRelease [3,536 B]
Get:5 http://deb.torproject.org/torproject.org xenial/main amd64 Packages [4,604
B]
Get:6 http://deb.torproject.org/torproject.org xenial/main i386 Packages [4,602
B]
                        ...snip...
```

토르 설치 파일을 관리하는 저장소를 등록하고 갱신했으므로 코드 17-16과 같이 토르를 설치한다. 집필하는 기준으로 설치되는 토르 버전은 0.3.2.10-1~xenial+1이다.

코드 17-16 토르 설치

```
hakawati@Cuckoo-Core:~$ sudo apt install -y tor
                        ...snip...
Creating one for you again.
Setting up torsocks (2.1.0-2) ...
Setting up tor-geoipdb (0.3.2.9-1~xenial+1) ...
```

```
Processing triggers for systemd (229-4ubuntu19) ...
Processing triggers for ureadahead (0.100.0-19) ...
```

설치한 토르 서비스의 동작 방식을 설정한다. TransPort는 포워딩을 설정하는 것으로 이 옵션에 지정한 IP와 포트로 들어오는 패킷을 토르가 사용하는 IP와 포트로 전달하는 역할을 한다. DNSPort는 DNS와 통신하는 포트인 53을 토르 네트워크에서 이용할 경우 별도의 포트인 5353으로 통신하도록 설정하는 부분이다.

코드 17-17 토르 설정

```
hakawati@Cuckoo-Core:~$ sudo vim /etc/tor/torrc
                             ...snip...
233    #%include /etc/torrc.d/
234    #%include /etc/torrc.custom
235    TransPort 192.168.56.1:9040
236    DNSPort 192.168.56.1:5353
```

토르 설정을 변경했으므로 서비스를 다시 시작한다. 부팅 시 자동실행 설정은 토르 설치 시 설정됐기에 별도로 설정하지 않는다.

코드 17-18 토르 서비스 재실행

```
hakawati@Cuckoo-Core:~$ sudo systemctl start tor@default.service
```

토르와 쿡쿠 샌드박스 연동

토르를 연동하기 위해 쿡쿠 샌드박스의 라우팅을 설정한다. 이 설정에는 dnsport와 proxyport 두 가지 옵션이 있으며, 이 값은 /etc/tor/torrc에 설정한 DNSPort의 포트와 TransPort의 포트를 설정한다.

코드 17-19 쿠쿠 샌드박스에서 토르 라우팅 설정

```
hakawati@Cuckoo-Core:~$ vim $cwd/conf/routing.conf
                        ...snip...
52   [tor]
53   # Route a VM through Tor, requires a local setup of Tor (please refer to
our
54   # documentation).
55   enabled = yes
56   dnsport = 5353
57   proxyport = 9040
                        ...snip...
```

변경한 설정을 적용하기 위해 쿠쿠 코어를 재시작하며, 쿠쿠 웹 서비스에서 라우팅 기능 중 TOR 버튼을 활성화하기 위해 웹 서비스도 재시작한다. 쿠쿠 샌드박스의 라우팅을 위해 rooter 명령으로 실행한 프로세스는 실행중이라면 굳이 재시작하지 않아도 된다.

코드 17-20 토르 기능 적용을 위한 쿠쿠 코어 및 쿠쿠 웹 서비스 재시작

```
hakawati@Cuckoo-Core:~$ supervisorctl reload
Restarted supervisord
```

```
hakawati@Cuckoo-Core:~$ sudo systemctl reload uwsgi.service
```

토르 네트워크가 잘 동작하는지 확인하기 위해 사용자가 사용하는 IP와 국가를 출력하는 웹 서비스를 분석 요청해 결과를 확인한다. 이 웹 서비스의 주소는 다음과 같다.

```
http://www.ipconfig.co.kr/
```

분석을 요청할 때 라우팅에서 TOR를 선택한다.

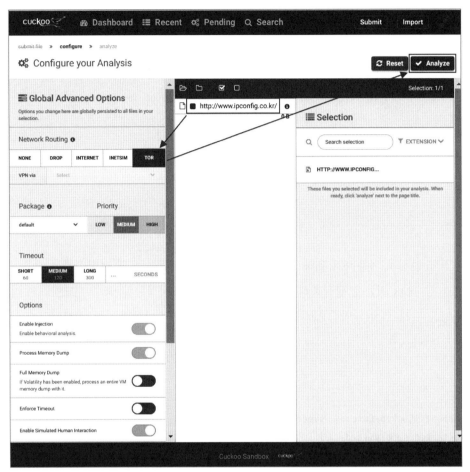

그림 17-8 토르를 이용한 웹 사이트 분석

분석이 끝난 결과 중 스크린샷을 보면, 그림 17-9와 같이 다른 국가의 IP로 웹 사이트에 방문한 것을 확인할 수 있다. 이 결과는 사용자마다 다르며, 필자의 토르 네트워크 구성의 출구 노드가 독일의 IP인 것을 확인할 수 있다.

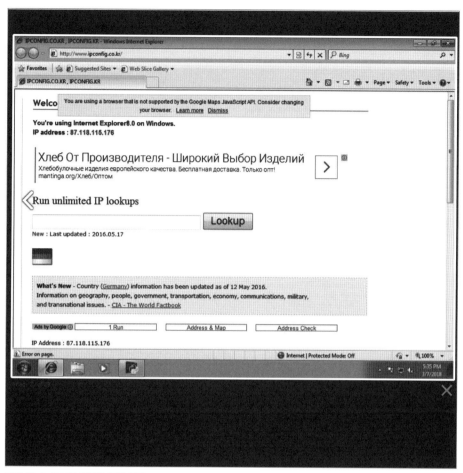

그림 17-9 토르를 이용한 분석 결과

출구 노드를 변경해 다른 국가의 IP를 사용하고 싶다면 토르 서비스를 재시작한다.

코드 17-21 토르 서비스 재시작

```
hakawati@Cuckoo-Core:~$ sudo systemctl reload tor@default.service
```

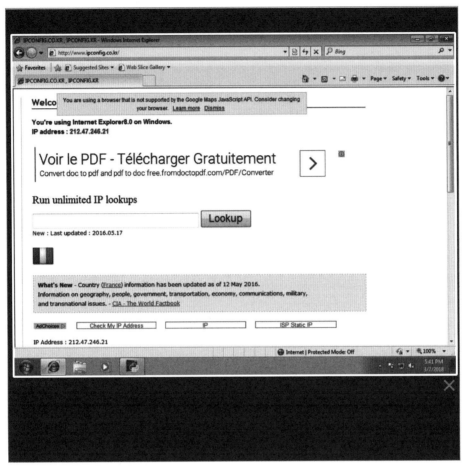

그림 17-10 토르 서비스 재시작을 통한 출구 노드 변경

제 4절 VPN 설치 및 쿡쿠 샌드박스 연동

쿡쿠 샌드박스 2.0.5.3 버전에서 VPN을 구축해 이용하는 것은 각각의 샌드박스에 독
립적으로 기능을 부여해 운영하도록 구성돼 있지 않아 불완전한 기능이다. 이 문제
가 개선된 후 다양한 경로를 통해 구성 방법을 공유할 예정이다.

Cuckoo Sandbox

4편

악성코드 분석 유형 확장 및
쿠쿠 샌드박스 운영 팁

제 4편 악성코드 분석 유형 확장에서 다양한 악성코드 분석을 위해 샌드박스 환경을 변경할 때 다음과 같은 주의사항이 있다.

- 주의사항
  - 설치와 구동 테스트가 끝났다면 agent.py를 꼭 실행한다.
  - agent.py 실행 후 새로운 스냅샷을 찍는다.
  - 스냅샷으로 복구 후 정상적으로 샌드박스가 실행되는지 확인한다.
  - 문서형 악성코드의 파일명이 한글이면 쿠쿠는 분석하지 않는다(2.0.6 버전에서 개선).
  - 최대한 패치가 되지 않은 버전으로 응용프로그램을 설치한다.
  - 설치가 끝났으면, 응용프로그램의 업데이트를 비활성화한다.
  - 추가 설정 사항이 있는지 설치한 프로그램을 실행해 본다.
  - 운영체제 언어에 따라 설치 응용프로그램을 다르게 설치해야 할 수 있다.
  - 무료 응용프로그램의 옛 버전은 다음 사이트에서 구할 수 있다.

http://www.oldversion.com

Cuckoo Sandbox

응용프로그램 추가를 통한 확장

윈도우에서 기본으로 분석해주는 악성코드가 아닌 다른 유형의 악성코드를 알아본 후 분석하기 위한 설정을 진행해보자.

쿠쿠 샌드박스는 윈도우에서 기본으로 실행되는 악성코드뿐만 아니라 샌드박스에 응용프로그램을 추가로 설치해서 분석할 수 있는 악성코드 유형을 확장할 수 있다. 표 18-1은 쿠쿠 샌드박스가 분석할 수 있는 악성코드 유형을 요구사항 기준으로 분류했다.

표 18-1 쿠쿠 샌드박스가 분석 가능한 유형

	요구사항	유형
1	없음	COM CPL DLL EXE G e JS HTA MSI PS1 PY VBS WSF ZIP

2	MS 오피스	DOC PPT PUB XLS
3	파이어폭스	
4	자바	JAR Java
5	아크로뱃 PDF 리더	PDF
6	한컴 오피스	HWP

제18장에서는 윈도우에서 기본으로 분석해주는 악성코드가 아닌 다른 유형의 악성
코드를 분석하기 위한 설정을 진행한다.

- 인터넷 익스플로러로 URL을 분석하는 기능은 구현돼 있지만 분석가에 따라
  다른 브라우저의 분석이 필요할 수 있다. 쿠쿠 샌드박스는 인터넷 익스플로
  러가 아닌 파이어폭스 브라우저를 이용한 URL 분석을 지원한다. 이 내용을
  '제 1절 파이어폭스를 이용한 URL 분석'에서 다룬다.
- 자바는 다양한 플랫폼에서 운영할 수 있는 뛰어난 프로그래밍 언어다. 자바
  유형의 악성코드는 자바 가상머신^{JVM - Java Virtual Machine}의 취약성을 이용한 악
  성코드 유포 형태나 자바로 컴파일한 악성코드가 그 예다. 쿠쿠 샌드박스를
  이용해 자바 악성코드를 분석하는 방법은 **'제 2절 JAR 파일 분석'**에서 다룬다.
- PDF 리더의 취약성을 이용해 악성코드를 유포할 수 있다. 이 방법을 이용한
  악성코드 유포 방식은 대부분 이메일을 통해 유입되며, 첨부된 파일을 실행

하는데 있어 의심을 할 수 없도록 사회공학기법까지 사용한 공격을 스피어
피싱^{Spear Phishing}이라 부른다. 쿠쿠 샌드박스를 이용해 PDF 악성코드를 분석
하는 방법은 '**제 3절 PDF 파일 분석**'에서 다룬다.

- '**제4절 기타 문서형 악성코드 구축 팁**'에서는 MS 오피스와 한글 오피스 파일을
분석하기 위해 고려해야 할 팁을 이야기한다. 구축 방법과 설정 방법을 다루
지 않은 이유는 유료 소프트웨어이기 때문이다.
- '**제 5절 플래시 플레이어 설치**'는 쿠쿠 샌드박스에서 이 파일 분석을 제공하지
않지만, 플래시 플레이어는 브라우저나 오피스 응용프로그램과 함께 동작하
기에 추가로 설치하면 좋다.

제 1절 파이어폭스를 이용한 URL 분석

쿠쿠 샌드박스는 파이어폭스 애드온 유형의 악성코드 분석이 아닌 URL을 분석하는
형태로 구성돼 있다. 샌드박스에 파이어폭스 10 버전을 설치한다.

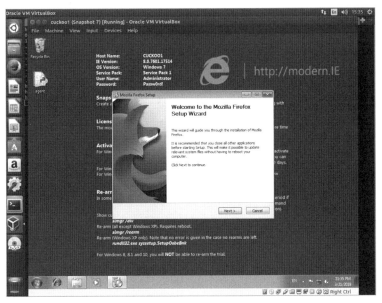

그림 18-1 파이어폭스 설치 실행

설치하는 과정에 나오는 질문의 순서는 그림 18-2와 같다. 첫 번째 질문은 구성 설정을 선택하는 것으로 일반적인 옵션인 standard를 선택한다. 다음 경로는 기본 경로로 설정하며, 기본 웹 브라우저 선택을 해제한다.

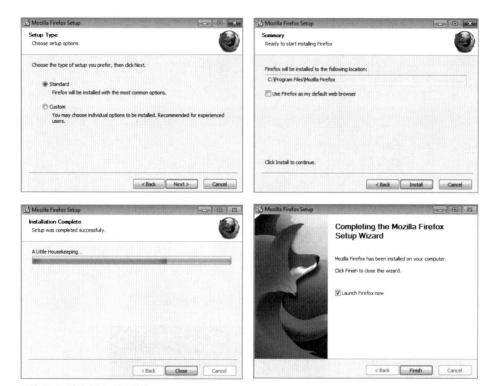

그림 18-2 파이어폭스 설치 과정

설치가 끝났다면 꼭 파이어폭스를 실행한다. 동작하는데 추가 설정 메시지 창이 실행되면 메시지 창이 종료되기 전까지 분석하지 않기 때문이다.

그림 18-3 파이어폭스 실행

그림 18-4와 같이 파이어폭스 설정이 끝났으니 파이어폭스를 종료하고, agent.py를
실행한다.

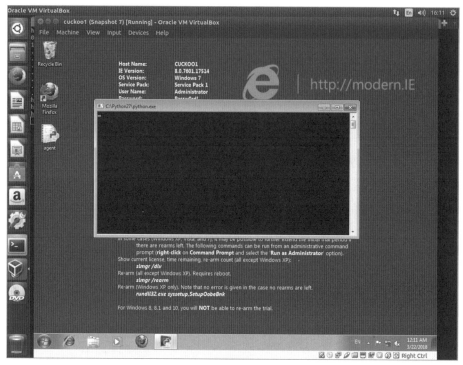

그림 18-4 agent.py 실행

샌드박스 설정을 변경했으니 스냅샷을 다시 구성한다.

코드 18-1 파이어폭스 설치 후 스냅샷 설정

```
hakawati@Cuckoo-Core:~$ VBoxManage snapshot "cuckoo1" take "firefox" --pause
0%...10%...20%...30%...40%...50%...60%...70%...80%...90%...100%
Snapshot taken. UUID: c2860a7c-1813-4cab-abf1-710b185443d7

hakawati@Cuckoo-Core:~$ VBoxManage controlvm "cuckoo1" poweroff
0%...10%...20%...30%...40%...50%...60%...70%...80%...90%...100%

hakawati@Cuckoo-Core:~$ VBoxManage snapshot "cuckoo1" restorecurrent
Restoring snapshot c2860a7c-1813-4cab-abf1-710b185443d7
0%...10%...20%...30%...40%...50%...60%...70%...80%...90%...100%
```

이제 파이어폭스를 이용한 분석이 가능하다. 분석할 때 주의할 점은 다음과 같다.

- 파이어폭스는 특정 버전을 설치할 필요는 없으나 필자는 10 버전을 설치한다.
- 분석 요청 시 패키지는 ff로 지정해야 한다.

이 기능은 URL만 분석하는 점이 아쉬운 부분이다. 다음 주소에서 볼 수 있는 분석보고서는 2015년에 발행된 APT 공격 보고서로 어도비 플래시 플레이어로 파이어폭스 플러그인으로 위장한 RAT 유형의 악성코드가 실행되는 것을 확인할 수 있다. 이러한 이유로 플러그인을 설치하는 기능과 파이어폭스의 보안 기능을 비활성화하는 구성으로 발전하길 기대한다.

https://www.arbornetworks.com/blog/asert/wp-content/uploads/2016/01/ASERT-Threat-Intelligence-Brief-2015-08-Uncovering-the-Seven-Point-Dagger.pdf

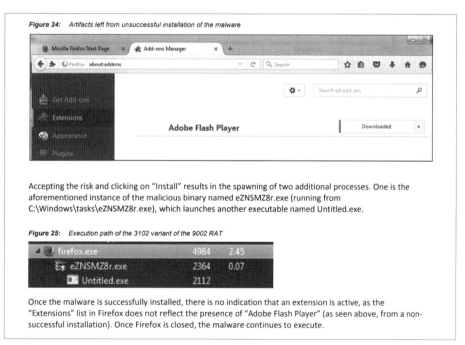

그림 18-5 파이어폭스 애드온을 이용한 악성코드 실행 관련 자료

제 2절 JAR 파일 분석

웹 사이트를 해킹해 악성코드를 유포하는 드라이브-바이 다운로드 공격을 구성하기
위해 자바 취약성을 이용한다. 이 공격에서 JAR 파일은 HTML의 〈applet〉 태그를 사
용한다. 다른 경우로 JAR 파일 자체가 최종적인 악성코드 역할을 하기도 한다. 이런
유형의 악성코드를 분석하기 위해 샌드박스에 자바 7 업데이트 0 버전을 설치하며,
분석할 악성코드 유형에 따라 다른 자바 버전을 설치해도 좋다.

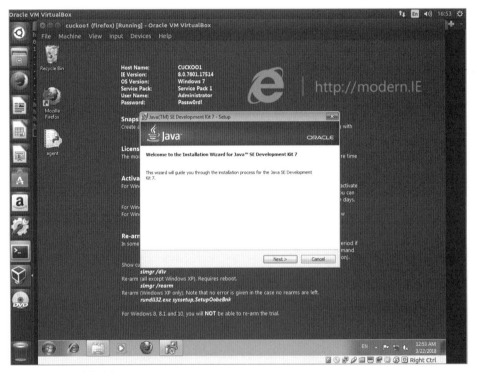

그림 18-6 자바 설치 실행

기본 설정으로 설치를 진행한다.

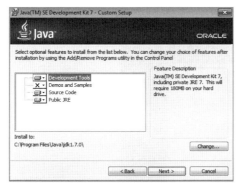

그림 18-7 자바 설치 과정

설치가 끝났다면 시작 〉 Control Panel 〉 Programs 〉 Java를 실행한다. 실행된 창에
서 Update 카테고리를 선택해 Check for Updates Automatically 체크 박스를 해제하

고 알림창이 실행되면 Never Check를 선택한다.

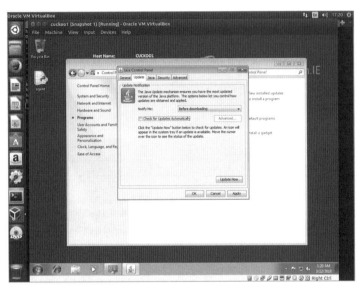

그림 18-8 자바 업데이트 비활성화

자바 설치와 설정이 끝났다면 agent.py를 실행한다.

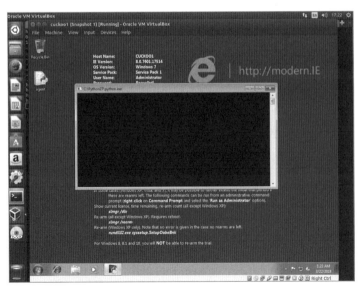

그림 18-9 agent.py 실행

샌드박스 설정을 변경했으니 스냅샷을 다시 구성한다.

코드 18-2 자바 설치 후 스냅샷 설정

```
hakawati@Cuckoo-Core:~$ VBoxManage snapshot "cuckoo1" take "java" --pause
0%...10%...20%...30%...40%...50%...60%...70%...80%...90%...100%
Snapshot taken. UUID: 56dba4db-038b-4ba2-b3a0-28e92ba141ce
```

```
hakawati@Cuckoo-Core:~$ VBoxManage controlvm "cuckoo1" poweroff
0%...10%...20%...30%...40%...50%...60%...70%...80%...90%...100%
```

```
hakawati@Cuckoo-Core:~$ VBoxManage snapshot "cuckoo1" restorecurrent
Restoring snapshot 56dba4db-038b-4ba2-b3a0-28e92ba141ce
0%...10%...20%...30%...40%...50%...60%...70%...80%...90%...100%
```

쿡쿠 웹 서비스에 접속해 JAR 파일 분석을 요청한다. 우리가 분석할 Invitation.jar는 APT 공격에 관한 내용을 다룬 다음 보고서에서 언급된 RAT 유형의 악성코드다.

https://www.fidelissecurity.com/sites/default/files/FTA_1013_RAT_in_a_jar.pdf

Indicators and Mitigation Strategies

The following will present detailed information about some of the phishing emails observed and the attached malware:

1. **Invitation.jar**

```
File Name:  Invitation.jar
File Size:  43866 bytes
MD5:        859c4c667dd0f44f80b60242d93c4b0f
SHA1:       40859bc18ea0ffa9bcf5af699336fbdbfd6be7f1
```

The "Invitation.jar" malware was sent in a phishing email that contained some of the following details:

From	Sarah Alexander <mthomas3@myblueIight[.]com>
Subject	Invitation
Date	Sun, 4 May 2014 08:44:53 GMT
Attachment	Invitation.jar
Reply-To	marvinflames@gmail.com
X-Originating-Ip	87.117.232[.]203
Message body	*Hello,* *I cordially invite you to our anniversary* *It is a celebration of life and love.* *Just like yesterday, we have grown maturely in our relationship.* *We are happy and hope you can join us on our day.* *Check attachment for Venue, Dress code, Program event and Date.* *Thank you all.*

그림 18-10 보고서에 언급된 Invitation.jar

그림 18-11과 같이 악성코드가 실행되고, 실행할 때 사용된 커맨드 명령 등을 살펴볼 수 있다.

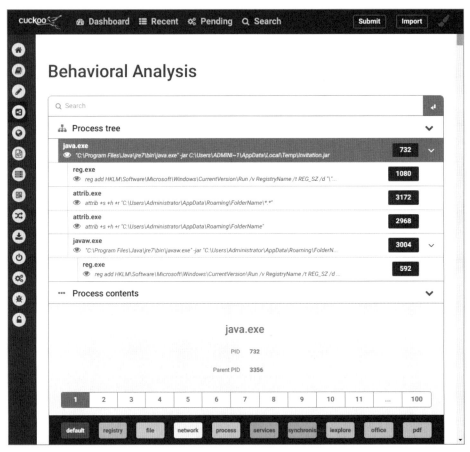

그림 18-11 Invitation.jar 동적 분석 결과

네트워크 분석에서 DNS 정보를 살펴보면 magnumbiz.no-ip.biz라는 C&C 도메인을 볼 수 있다. no-ip 도메인은 무료로 사용할 수 있는 DDNS 서비스다. 도메인과 IP가 1:1로 매핑되는 시스템이 DNS라면 DDNS는 하나의 도메인에 여러 IP가 매핑되는 1:N 구조를 가진다.

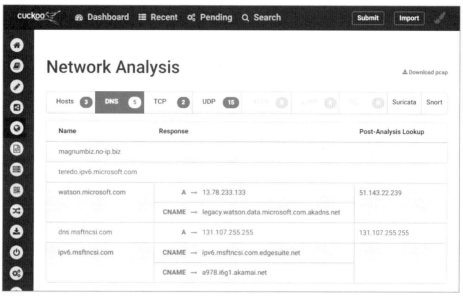

그림 18-12 Invitation.jar 악성코드가 통신하는 C&C 서버의 도메인 주소

브라우저에서 실행되는 JAR 유형의 악성코드인 경우 submit 하위 명령을 이용한다. 우리가 분석하는 Invitation.jar 파일은 브라우저에서 실행하는 파일이 아니지만 브라우저에서 실행해 분석하고 싶다면 다음과 같이 submit 하위 명령으로 분석 요청한다.

코드 18-3 applet 패키지 선택해 JAR 파일 분석

```
hakawati@Cuckoo-Core:~$ cuckoo submit --package applet Invitation.jar
Success: File "/tmp/cuckoo-tmp/tmpkkaeeu/Invitation.jar" added as task with ID
#7
```

제 3절 PDF 파일 분석

PDF를 실행하는 응용프로그램의 취약성을 사용해 메모리를 장악하고, CPU에게 특정 파일을 다운로드하고 실행하도록 명령하는 형태를 가진다. 쿠쿠 샌드박스는 PDF 파일 분석을 위해 PDF가 실행되는 어도비 리더를 분석하도록 구성돼 있다. 우리는 어도비 리더 9.0 버전을 설치한다.

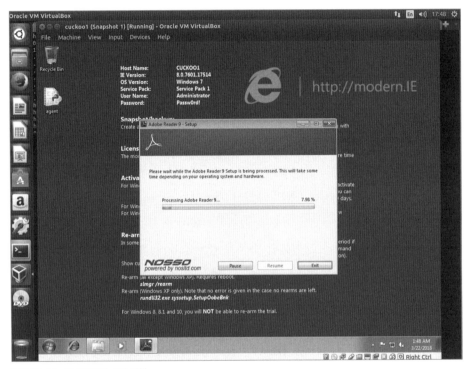

그림 18-13 어도비 리더 설치 실행

어도비 리더 설치는 설정 변경 없이 그대로 설치한다.

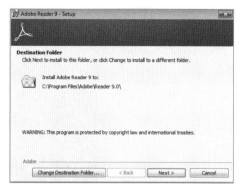
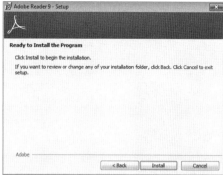
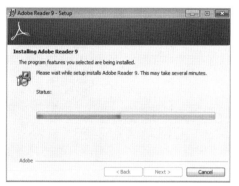

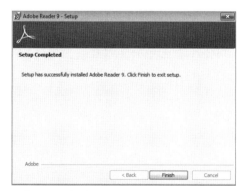

그림 18-14 어도비 리더 설치 과정

설치가 끝났다면 바탕화면에 생성된 어도비 리더 아이콘을 실행한다. 첫 실행 시 라이선스 동의에 관한 알림창이 실행되며 Accept 버튼을 클릭한다.

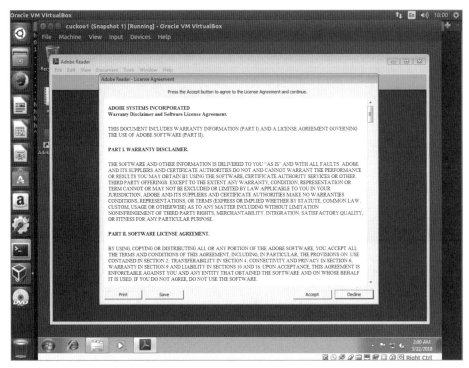

그림 18-15 어도비 리더 라이선스 동의 창

상단 Edit 카테고리를 선택하고 **Preferences…**를 선택하면 다양한 설정을 할 수 있다. 여러 요소 중 필자가 생각하는 설정 부분은 다음과 같으며 핵심 목표는 고의적으로 취약하게 만들어 원활하게 악성코드가 동작하는 것이다.

- General > Application Startup의 Check for updates 비활성화
- JavaScript > JavaScript Security의 Enable global object security policy 비활성화
- Security > Digital Signatures의 Verify signatures when the document is opened 비활성화

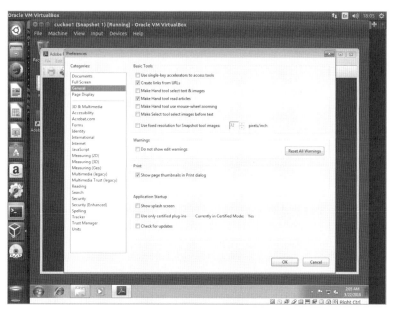

그림 18-16 어도비 리더 설정

어도비 리더 설치와 설정이 끝났다면 agent.py를 실행한다.

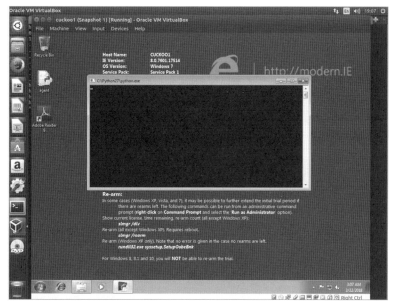

그림 18-17 agent.py 실행

샌드박스 설정을 변경했으니 스냅샷을 다시 구성한다.

코드 19-4 자바 설치 후 스냅샷 설정

```
hakawati@Cuckoo-Core:~$ VBoxManage snapshot "cuckoo1" take "pdf" --pause
0%...10%...20%...30%...40%...50%...60%...70%...80%...90%...100%
Snapshot taken. UUID: 1479bb92-4b00-4823-8ac9-e7604f4380e8
```

```
hakawati@Cuckoo-Core:~$ VBoxManage controlvm "cuckoo1" poweroff
0%...10%...20%...30%...40%...50%...60%...70%...80%...90%...100%
```

```
hakawati@Cuckoo-Core:~$ VBoxManage snapshot "cuckoo1" restorecurrent
Restoring snapshot 1479bb92-4b00-4823-8ac9-e7604f4380e8
0%...10%...20%...30%...40%...50%...60%...70%...80%...90%...100%
```

제공한 News Release.pdf를 분석하고 정적 분석 정보를 보면 메타데이터와 자바스
크립트를 사용하는 것을 볼 수 있다.

그림 18-18 News Release.pdf의 메타데이터

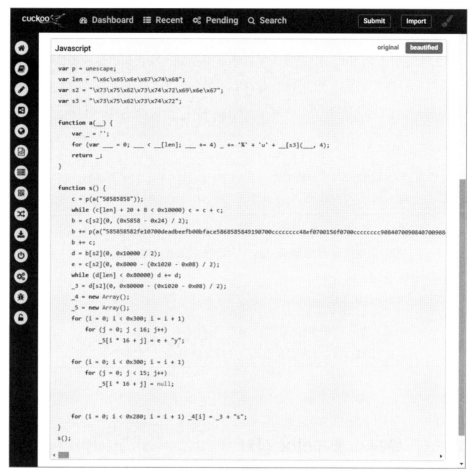

그림 18-19 News Release.pdf 자바스크립트 블럭 내용

News Release.pdf는 어도비 에디터 9.0에서 제작돼 정보가 잘 추출됐지만, PDF의 버전과 PDF를 실행하는 응용프로그램의 종류에 따라 분석 데이터를 보지 못할 경우도 있다. 샌드박스별로 어도비 리더를 버전별로 설치해 운영하는 것이 좋다.

제 4절 기타 문서형 악성코드 구축 팁

MS 오피스, 한글 악성코드를 분석하기 위해 필자가 테스트한 버전을 구축할 때 고려했던 사항 등을 살펴본다. 팁 형태로 살펴보는 이유는 무료로 사용할 수 있는 응용프로그램이 아니므로 설치 방법이나 구성 방법을 함께 할 수 없기 때문이다.

- MS 오피스
  - 설치한 버전은 2010이다.
  - 테스트로 실행해 추가 알림창이 실행되는지 확인하고 적절히 처리한다.
  - 매크로를 자동으로 실행하도록 구성한다(각각의 응용프로그램마다 설정).
  - 기타 취약하게 구성할 수 있는 다양한 설정을 고려한다.
- 한글 오피스
  - 설치한 버전은 2010이다.
  - 운영체제가 지원하는 언어에 맞게 설치 프로그램을 구한다.
  - 분석할 때 패키지 유형을 hwp로 지정해서 요청한다.

제 5절 플래시 플레이어 설치

추가적으로 설치하면 좋은 응용프로그램은 어도비 플래시 플레이어다. 이 프로그램은 브라우저나 오피스 응용프로그램 등에 종속적으로 동작하는 플러그인 형태를 가진다. 공격자는 이 응용프로그램에서 취약성을 찾아 악성코드를 유포하는 등 다양한 공격을 진행한다. swf 파일 자체를 업로드해 분석하는 것은 아니지만, 다른 공격 유형을 분석하는 과정에 유용하게 활용할 수 있다.

- 어도비 플래시 플레이어
  - 어도비 플래시 플레이어 10을 설치한다.
  - 인터넷 익스플로러에서 사용하는 플래시 플레이어를 설치한다.

쿠쿠 샌드박스 운영 팁

마지막으로 지난 시간동안 쿠쿠 샌드박스를 다루고, 이 책을 집필하기 위해 여러 번 재설치하면서 알게된 쿠쿠 샌드박스 운영 팁에 대한 이야기를 하려 한다.

제 1절 우분투 운영체제의 데몬 관리

쿠쿠 샌드박스를 운영하면서 여러 장애가 발생할 수 있다. 필자가 장애를 처리하면서 다뤘던 내용이다. 쿠쿠 샌드박스를 운영하기 위해 Nginx, uWSGI, 몽고DB, 일래스틱서치 등 다양한 응용프로그램을 운영했으며, 이러한 응용프로그램을 서비스로 실행하고 재시작 시 자동으로 실행하도록 구성했다. 하지만 의도했던 것과 다르게 동작하지 않을 수 있다. 잘 동작하는지 그렇지 않은지 확인하는 방법으로 다음 명령을 자주 사용했다. systemctl --failed 명령은 시스템이 부팅한 후 서비스 실행에 문제가 있는 경우 실패 이유를 출력한다.

코드 19-1 서비스 실행 성공 유무 확인

```
hakawati@Cuckoo-Core:~$ systemctl --failed
```

코드 19-2는 systemctl --failed 명령에서 nginx 서비스 실행이 실패했음을 나타내는 에러다.

코드 19-2 서비스 실행 실패 에러 메시지

```
UNIT          LOAD   ACTIVE SUB    DESCRIPTION
● nginx.service loaded failed failed A high performance web server and a
reverse

LOAD   = Reflects whether the unit definition was properly loaded.
ACTIVE = The high-level unit activation state, i.e. generalization of SUB.
SUB    = The low-level unit activation state, values depend on unit type.

1 loaded units listed. Pass --all to see loaded but inactive units, too.
To show all installed unit files use 'systemctl list-unit-files'.
```

제 2절 쿠쿠 데몬 관리

supervisor로 쿠쿠 샌드박스를 운영할 때 코드 19-3과 같이 쿠쿠 코어가 실행되지 않거나, 우리가 실행하고 싶었던 쿠쿠 서비스가 동작하지 않을 수 있다.

코드 19-3 supervisor로 운영하는 쿠쿠 서비스 상태 정보

```
hakawati@Cuckoo-Core:~$ supervisorctl status
cuckoo:cuckoo-daemon           BACKOFF   Exited too quickly (process log may
have details)
cuckoo:cuckoo-process_0        RUNNING   pid 3905, uptime 0:00:05
cuckoo:cuckoo-process_1        RUNNING   pid 3908, uptime 0:00:05
cuckoo:cuckoo-process_2        RUNNING   pid 3907, uptime 0:00:05
cuckoo:cuckoo-process_3        RUNNING   pid 3906, uptime 0:00:05
distributed                    STOPPED   Not started
```

$cwd/log/cuckoo.log 파일은 쿠쿠 코어가 제대로 실행된 이후 로그를 살펴볼 때 필요한 로그 파일이고, 위와 같은 문제에서는 $cwd/supervisord/log.log를 살펴보는 것이 좋다.

코드 19-4 supervisor로 운영하는 쿠쿠 서비스 상태 정보

```
hakawati@Cuckoo-Core:~$ tail -f .cuckoo/supervisord/log.log
                            ...snip...
2018-03-30 11:53:00,664 INFO exited: cuckoo-daemon (exit status 0; not expected)
2018-03-30 11:53:02,168 INFO spawned: 'cuckoo-daemon' with pid 3971
2018-03-30 11:53:03,638 INFO exited: cuckoo-daemon (exit status 0; not expected)
2018-03-30 11:53:05,687 INFO spawned: 'cuckoo-daemon' with pid 3981
2018-03-30 11:53:07,117 INFO exited: cuckoo-daemon (exit status 0; not expected)
2018-03-30 11:53:10,123 INFO spawned: 'cuckoo-daemon' with pid 3989
2018-03-30 11:53:11,566 INFO exited: cuckoo-daemon (exit status 0; not expected)
2018-03-30 11:53:12,568 INFO gave up: cuckoo-daemon entered FATAL state, too
many start retries too quickly
```

쿠쿠 코어 서비스 실행이 불가능할 경우 위 로그와 같이 출력되는데, 구체적으로 어떤 문제에 의해 실행하지 못했는지는 알 수 없다. 이러한 상황에 봉착했을 때 supervisorctl이 아닌 cuckoo -d 명령으로 쿠쿠 코어를 실행해 구체적인 문제를 확인할 수 있다. postgresql 서비스가 운영되지 않았으므로 쿠쿠 코어 서비스가 동작하지 않았음을 확인할 수 있다.

코드 19-5 쿠쿠 코어 실행 및 문제 확인

```
hakawati@Cuckoo-Core:~$ cuckoo -d
                            ...snip...
2018-03-30 12:00:50,972 [cuckoo] CRITICAL: CuckooDatabaseError: Unable to
create or connect to database: (psycopg2.OperationalError) could not connect to
server: Connection refused
        Is the server running on host "192.168.0.100" and accepting
        TCP/IP connections on port 5432?
```

사내 시스템이 아닌 개인 연구 목적으로 쿠쿠 샌드박스를 운영한다면 supervisor를 이용해 쿠쿠 코어를 실행하는 것보다 터미널에서 실행해 실시간으로 로그를 볼 수 있도록 운영하는 것을 추천한다.

제 3절 NginX와 uWSGI 운영에서 대용량 파일 처리 문제

용량이 큰 파일을 업로드하거나, 용량이 큰 분석 결과 보고서를 다운로드하는 것이 문제가 될 수 있다. 다음 에러는 api 서버를 이용해 분석 결과 보고서를 다운로드 요청을 했는데, 파일의 용량이 크기에 타임 아웃으로 연결이 종료된 내용이다.

코드 19-6 NginX 에러 로그 확인

```
hakawati@Cuckoo-Core:~$ tail /var/log/nginx/error.log
                        ...snip...
2018/05/17 15:03:00 [error] 62429#62429: *111 upstream timed out (110: Connection
timed out) while reading response header from upstream, client: 192.168.0.100,
server: , request: "GET /tasks/report/185/all HTTP/1.1", upstream: "uwsgi://
unix:/run/uwsgi/app/cuckoo-api/socket", host: "192.168.0.100:8090"
```

연결 세션에 반응이 없어 강제로 종료된 것으로, 반응이 있을 때까지 유지시간을 강제로 설정하는 형태로 해결할 수 있다. 쿠쿠에서 서비스와 연동하는 서버의 설정 파일이 저장돼 있는 /etc/nginx/sites-available/의 설정 파일을 다음과 같이 수정한다. uwsgi_read_timeout 값을 설정하지 않으면 기본으로 60초로 설정된다. 코드 19-7과 같이 5분으로 설정한 후 5분 안에 파일 업로드나 다운로드가 끝나지 않으면 다시 upstream timed out 에러를 보게 된다. 상황에 따라 적절한 시간으로 설정하는 것이 좋다.

코드 19-7 NginX 설정 변경

```
hakawati@Cuckoo-Core:~$      sudo vim /etc/nginx/sites-available/cuckoo-api
1       upstream _uwsgi_cuckoo_api {
2           server unix:/run/uwsgi/app/cuckoo-api/socket;
3       }
4
5       server {
6           listen 192.168.0.100:8090;
7
8           # REST API app
9           location / {
10              client_max_body_size 1G;
11              uwsgi_read_timeout 600;
12              uwsgi_pass  _uwsgi_cuckoo_api;
13              include     uwsgi_params;
14          }
15      }
```

웹 서버에서 유사한 에러가 발생할 경우 /etc/nginx/sites-available/cuckoo-web 파일을 동일한 방식으로 수정한다. 설정이 변경됐으니, NginX 서비스를 재시작한다. 설정 파일만 변경해 재시작할 경우 reload 명령을 이용하는 것을 추천한다.

코드 19-8 NginX 서비스 설정 적용

```
hakawati@Cuckoo-Core:~$ sudo systemctl reload nginx.service
```

제 4절 분석 결과 대용량 데이터 처리

악성코드의 행위가 많을 경우 분석 결과 데이터 용량이 클 수 있다. 쿠쿠 샌드박스 기본 설정으로 128MB로 설정돼 있으며, 만약 분석 데이터가 128MB 이상 클 경우 일부 데이터만 전송하므로 모든 분석 결과를 받을 수 없다. 쿠쿠 설정 파일에서 분석 데이터 수용 용량을 설정할 수 있다.

[resultserver] 섹션의 upload_max_size 옵션은 샌드박스에서 결과 서버로 업로드 할 수 있는 최대 크기를 의미한다. upload_max_size 옵션과 유사하게 [processing] 섹션의 analysis_size_limit가 있는데, 이 옵션은 단일 분석 결과 파일의 최대 크기를 나타내며, 이 값은 수정할 필요는 없다.

코드 19-9 분석 수용 데이터 크기 변경

```
hakawati@Cuckoo-Core:~$ vim $cwd/conf/cuckoo.conf
                          ...snip...
80       [resultserver]
                          ...snip...
99       upload_max_size = 671088640
100
101      [processing]
                          ...snip...
105      analysis_size_limit = 134217728
                          ...snip...
```

제 5절   일래스틱서치 필드 한계치 설정

일래스틱서치와 함께 쿠쿠 샌드박스를 구축해 사용할 경우 코드 19-10과 같은 에러가 발생할 수 있다. 에러를 읽어보면 필드가 1000으로 설정돼 있는데 이 설정 최대치를 넘겼기 때문에 발생한 문제다.

코드 19-10 일래스틱서치 에러

```
[elasticsearch] WARNING: POST http://192.168.0.100:9200/cuckoo-2017/cuckoo
```

```
[status:400 request:0.102s]
[cuckoo.core.plugins] WARNING: The reporting module "ElasticSearch" returned
the following error: Failed to save results in ElasticSearch for task #479:
TransportError(400, u'illegal_argument_exception', u'Limit of total fields [1000]
in index [cuckoo-2017] has been exceeded')
```

필드 최대치를 코드 19-11과 같이 수정한다.

코드 19-11 일래스틱서치 필드 한계치 재설정

```
hakawati@Cuckoo-Core:~$ curl -XPUT '192.168.0.100:9200/cuckoo*/_settings' -d
                       '{"index.mapping.total_fields.limit": 3000}'
{"acknowledged":true}
```

제 6절 쿠쿠 샌드박스 업그레이드

이 책의 탈고를 마무리할 때 쿠쿠 2.0.6 버전이 공개됐다. 새로운 버전은 다음과 같은 내용을 이야기한다.

- 정확한 이슈 보고를 위한 커뮤니티 가이드라인 소개

```
https://cuckoo.sh/docs/introduction/community.html
```

- 새로운 분석 확장자 지원
  - 인코딩된 자바스크립트 .jse
  - 인터넷 바로 가기 파일 .url
  - 엑셀의 웹 쿼리(.iqy)

- ○ 데이터 교환(.slk)
- 쿠쿠 웹 서비스에서 샌드박스와 실시간 상호작용
  - ○ 버추얼박스와 KVM이 설치된 리눅스에서 가능
  - ○ Guacamole 추가 설치 및 설정 필요
- PDF나 오피스 문서의 유니코드 파일 이름 지원
- 64비트 윈도우 분석 지원 개선
- 쿠쿠 동작 성능 개선
- 새로운 피드백 양식

쿠쿠 샌드박스 버전 업데이트는 1.x 버전일 때 처음부터 설치하고 데이터베이스 호환 문제도 다양한 방법으로 해결해야 했다. 이러한 문제를 해결하고 좀 더 쉬운 설치 방법을 제공하고자 코드 19-12와 같이 pip 명령을 지원하기 시작했다.

코드 19-12 Pip를 이용한 쿠쿠 업그레이드

```
hakawati@Cuckoo-Core:~$ sudo -H pip install -U cuckoo==2.0.6
                            ...snip...
Successfully uninstalled egghatch-0.2.1
  Found existing installation: peepdf 0.3.6
    Uninstalling peepdf-0.3.6:
      Successfully uninstalled peepdf-0.3.6
  Found existing installation: SFlock 0.2.20
    Uninstalling SFlock-0.2.20:
      Successfully uninstalled SFlock-0.2.20
  Found existing installation: Cuckoo 2.0.5.3
    Uninstalling Cuckoo-2.0.5.3:
      Successfully uninstalled Cuckoo-2.0.5.3
Successfully installed cuckoo-2.0.6 egghatch-0.2.2 future-0.16.0 peepdf-0.4.1
pycrypto-2.6.1 pyguacamole-0.6 roach-0.1.2 sflock-0.3.5
```

업데이트가 끝났을 때 모든 시스템이 즉각 잘 동작하면 좋겠지만, 몽고DB 스키마 버전의 변경으로 웹 서비스가 실행되지 않는 것을 확인할 수 있다. 다음과 같이 로그

내용을 확인하려면 Nginx와 uWSGI 서비스를 종료한 후 테스트한다.

코드 19-13 웹 서버 에러 메시지

```
hakawati@Cuckoo-Core:~$ cuckoo web -H 192.168.0.100
2018-06-08 09:59:57,305 [cuckoo.core.database] WARNING: Database schema version
mismatch: found 181be2111077, expected cb1024e614b7.
2018-06-08 09:59:57,305 [cuckoo.core.database] ERROR: Optionally make a backup
and then apply the latest database migration(s) by running:
2018-06-08 09:59:57,306 [cuckoo.core.database] INFO: $ cuckoo migrate
```

에러 메시지에서 확인할 수 있듯이 migrate 하위 명령을 사용해 몽고DB 데이터베이스 문제를 해결하고 Nginx와 uWSGI 서비스를 다시 구동해 웹 서비스가 잘 동작하는 것을 확인할 수 있다.

코드 19-14 몽고DB 문제 해결

```
hakawati@Cuckoo-Core:~$ cuckoo migrate
INFO  [alembic.runtime.migration] Context impl PostgresqlImpl.
INFO  [alembic.runtime.migration] Will assume transactional DDL.
INFO  [alembic.runtime.migration] Running upgrade 181be2111077 -> cb1024e614b7,
add rcparams field to machine (from Cuckoo 2.0.5 to 2.0.6)
>>> Your database migration was successful!
hgfsx
```

| 마무리하며 |

오랫동안 쿡쿠 샌드박스를 다뤄왔다. 쿡쿠 샌드박스가 2.0.x 버전이 공개됐을 때 쿡쿠 샌드박스에 관한 책을 써보자 생각했다. 그렇게 집필 형태로 이 도구에 관한 첫 글을 쓴 것이 2017년 4월 14일이다. 1년이 넘는 시간동안 수많은 기능을 테스트하고, 소스코드를 분석했으며, 집필하기 위해 반복 테스트했던 시간이 힘들었지만 기능 구현에 성공할 때마다 성취감에 즐거움을 느꼈다.

아직 쿡쿠 샌드박스의 모든 것을 다루진 못했다. 이제 겨우 윈도우 기반 악성코드만 다뤘을 뿐 OSX, 리눅스, 안드로이드 플랫폼 확장도 도전해야 할 부분이다. 심지어 퇴고하고 있는 지금 쿡쿠 샌드박스는 새로운 버전을 공개했고, 심지어 우분투도 새로운 버전을 공개했다. 쿡쿠 샌드박스는 항상 발전하고 새로운 모습으로 변하고 있다.

이 책에서 하지 못한, 그리고 앞으로 알게될 쿡쿠 샌드박스와 관련있는 다양한 정보는 필자의 블로그에 포스팅하려 한다.

---

www.hakawati.co.kr

그 외에 이 책을 읽고 쿡쿠 샌드박스에 매료된 독자분이 오픈소스 프로젝트에 참가하길 바라며, 이 책을 따라하면서 고민한 부분을 필자 블로그의 방명록을 이용해 필자와 소통해도 감사할 것 같다.

| 찾아보기 |

ㄱ

가상머신 44
가상머신 모니터 44
게임 핵 27
공개출처정보 31
관계형 데이터베이스 관리 시스템 146
구조화 질의어 149
기법 30

ㄴ

네트워크 연결 정보 27
네트워크 침입 방지 357
네트워크 침입 탐지 시스템 349

ㄷ

다크 웹 425
데이터 무결성 195
도커 40
동적 분석 27
드라이브-바이 다운로드 112
디버깅 27
디스어셈블 27
디컴파일 27
딥웹 425

ㄹ

레디스 376
레지스트리 실행 정보 27
롤링 해시 195
루씬 327
루트킷 335
리틀 엔디안 206

ㅁ

말테고 37
맨디언트 207
명시적 링킹 208
모리스 웜 25
몽고DB 149
묵시적 링킹 208
문서 지향 데이터베이스 150
문자열 추출 27

ㅂ

바이러스토탈 32
바이트 오더 206
백도어 27
버추얼박스 44
베이스라인 분석 345
볼라틸리티 335

브릿지드 61
빅 엔디안 207

ㅅ

상세 분석 27
색인 327
샌드박스 44
셸코드 27
수리카타 239
스노트 239
시그니처 198
시퀄라이트 146
심각도 198
싱크홀 126

ㅇ

악성 소프트웨어 25
엔트로피 212
일래스틱서치 327
오픈스택 40
웹셸 27
인증서 고정 237

ㅈ

장고 웹 프레임워크 107

전술 30

절차 30

정적 분석 27

정체성 194

제어 메시지 프로토콜 238

중첩 가상화 49

지능형 지속 공격 36

ㅊ

초동 분석 27

취약성 27

ㅋ

쿠쿠 샌드박스 15

ㅌ

토르 424

ㅍ

파워쉘 223

파일 구조 분석 27

파일 시스템 변경 정보 27

패럴렐즈 44

패킹 27

퍼지 195

펄 언어 95

프로세스 실행 정보 27

피스와이즈 해시 195

ㅎ

하이퍼-V 44

하이퍼바이저 44

해시 30

호스트 231

호스트 흔적 정보 30

호스트-온리 61

A

A 레코드 203

AAA 레코드 203

AES 108, 210

B

BSON 150

Buslogic 69

C

C&C 28

Capstone 107

CNAME 203

CRC32 193

CTPH 195

Cuckoo Sandbox 15

D

DBMS 145

DHCP 122

Django 107

DNS 232

DSA 210

F

Flask 웹 프레임워크 108

Fog 프로젝트 153

FOSS 39

I

IAT 208

ICMP 238

ICMP Flood DDoS 238

IDE 70

Imphash 207

IoC 36

iptables 128

J

JSON 150

L

LSI Logic 69

LSI Logic SAS 69

M

Malwr.com 34

MD5 193

MISP 375

N

NAT 61

Nginx 253

NoSQL 146

NVMe 70

O

OLE 구조 107

OpenSSL 108

OSINT 31

CUCKOO SANDBOX

쿠쿠 샌드박스 구축과 확장 + 운영 팁

발 행 | 2018년 8월 29일

지은이 | 최 우 석

펴낸이 | 권 성 준
편집장 | 황 영 주
편 집 | 이 지 은
디자인 | 박 주 란

에이콘출판주식회사
서울특별시 양천구 국회대로 287 (목동)
전화 02-2653-7600, 팩스 02-2653-0433
www.acornpub.co.kr / editor@acornpub.co.kr

한국어판 ⓒ 에이콘출판주식회사, 2018, Printed in Korea.
ISBN 979-11-6175-195-5
ISBN 978-89-6077-104-8 (세트)
http://www.acornpub.co.kr/book/cuckoo-sandbox

이 도서의 국립중앙도서관 출판시도서목록(CIP)은 서지정보유통지원시스템 홈페이지(http://seoji.nl.go.kr)와
국가자료공동목록시스템(http://www.nl.go.kr/kolisnet)에서 이용하실 수 있습니다.(CIP제어번호: CIP2018025463)

책값은 뒤표지에 있습니다.

P

PCI 익스프레스 70

Perl 95

Piecewise 195

pillow 라이브러리 140

pip 104

PostgreSQL 146

R

RAT 27

RDBMS 145

Rolling 195

RSA 210

S

SATA 70

SCSI 70

SHA1 193

SHA256 193

SHA512 193

Smurf 공격 238

SQL 인젝션 27

ssdeep 193

sysctl 130

T

TCP 235

tcpdump 102

ThreatMiner 36

TTPs 30

U

UAC 135

UDP 235

urlscan.io 33

uWSGI 253

V

VB스크립트 223

VM웨어 44

VT-x 49

W

Werkzeug 108

WSL 40

X

XML-RPC 120

Y

YARA 107

에이콘출판의 기틀을 마련하신 故 정완재 선생님 (1935-2004)